JN086890

公認会計士　甲南大学教授
古田清和 著

取締役会等の意思決定援助

会計的アプローチから

商事法務

はしがき

日本の企業が多く採用している形態である株式会社において、取締役会はその企業の経営の中心をなすものである。上位機関の株主総会は、最高意思決定機関と位置づけられ、経営の重要な方針を決定すると言われるが、実際のところは、時間的・場所的な制約を含めて必ずしも活性化されていない。

株式会社は、監査等の機関設計で、監査役会設置会社、監査等委員会設置会社、指名委員会等設置会社に大きく分類される。どのような形態であれ、各会社に設定され、取締役で構成される取締役会は、企業経営の中核となる。そこでは、様々な議論がされ、経営方針や利害関係者等への開示が決定される。株主総会が最高機関であるが、実質は取締役会が決定していることを踏まえ、もっと活性化すべきである。この背景として、企業活動は計数化され、財務諸表として現れることがある。すなわち、計数化される情報は、会計の原理に基づくものであるため、会計的アプローチを手段として、法的な取締役会や私的な経営会議など（以下「取締役会等」という）をいかに運営し、意思決定のよりどころとするかを考察する。

筆者は、公認会計士として監査業務に携わったのち、大学教員として、教育・研究とともに、社外監査役・社外取締役・社外監査等委員としての経験を積み重ねることができた。複数の会社の実際の取締役会にも多く出席し、意見を述べる機会が与えられた。その中で、取締役会の構成員が、事前準備に始まり、その議論の過程、株主をはじめとする利害関係者との関連性や、また投資等の意思決定の場面に遭遇している状況を見てきた。振り返ってみると、決定内容が、成功や成長につながった場合もあり、また失敗や撤退せざるをえなかった場合もあった。取締役会は、単純な意思決定に留まるのではなく、会社の大きな方向性などを十分に議論する場として広く認識されるようになってきている。

特に、経理や管理部門以外の取締役に対して、会計的な理解が十分ではない場合もあり、会計で表す複雑な企業活動を理解することが進むように会計的アプローチを提示することとした。決して細部にこだわるわけではないが、その手段として、財務会計・管理会計・会計監査を連携させながら、会社法・金融商品取引法・税法にも触れ、概説することとする。

財務会計・管理会計・会計監査は個々に独立するわけではなく、相互依存的であることを念頭に置き説明する。財務会計と管理会計のボーダレス、財務会計と会計監査、管理会計と内部監査、会計監査と監査役等監査など相互の関係性を理解することが、今後の取締役会等の運営や意思決定に役立つことになる。

第1章では基礎編として各種アプローチについて、第2章は応用編として各アプローチの相互関連性について、第3章は実践編として取締役会等で取り扱う議題について取り上げている。第4章は参考事項として、会社法や金融商品取引法に基づく決定事項等を取り上げている。各位の理解の程度に応じて参照していただければよい。なお、この出版は、2021年に国内研究期間をいただき、その成果につき甲南大学の伊藤忠兵衛出版助成を受けての出版であり、関係各位に謝意を申し上げたい。また出版に当たり、研究期間中に的確な指導・助言をいただいた日本大学の堀江正之教授に感謝するとともに、株式会社商事法務の樋口久隆氏、浅沼亨氏に尽力いただいた。さらに古田祐希子公認会計士とは日常の何気ない会話や議論の中から多くのものを活かすことができた。

2022年6月

古田　清和

目　次

第1章　基礎編 ……1

第1節　財務会計のアプローチ・2

1　決算書と財務諸表・2

(1)　財務諸表としての決算書・2
(2)　決算発表の流れ・2
(3)　決算書の入手方法・4
(4)　企業環境の変化・5

2　会計方針・6

(1)　会計方針の定義・6
(2)　基準適用の原則的な取扱い・7
(3)　会計方針の変更と会計上の原則的な取扱い・8
(4)　会計上の見積りの変更・10
(5)　会計方針の変更との区別が困難なケース・10
(6)　過去の誤謬の訂正・11
(7)　その他の個別論点・12

3　業績修正・13

(1)　業績修正の概要・13
(2)　適時開示に関する実務要領・13
(3)　業績修正の具体例・14
(4)　業績修正の検討・16

第2節　管理会計のアプローチ・18

1　管理会計の基本・18

2　管理会計と費用の分類・19

(1)　固定費と変動費（操業度に関連した分類）・19
(2)　直接費と間接費（販売商品との関連による分類）・21
(3)　個別費と期間費（費用収益対応の原則に関連した分類）・22
(4)　人件費と変動費・固定費との関係・22

3　営業費用と配賦・24
(1)　営業費用と損益計算書・24
(2)　配賦計算・25
4　原価管理と原価企画・26
(1)　コストマネジメント・26
(2)　原価企画・28
5　企業価値・30
(1)　企業価値と会計公準・30
(2)　価値測定のための３要素・32
6　経営と会計に関する事例・33

第３節　監査のアプローチ・36
1　会計監査・36
(1)　監査の定義・36
(2)　企業を取り巻くリスクへの対応・36
2　監査役等と監査人・37
(1)　実務における監査役等と会計監査人の連携・37
(2)　監査基準における監査人と監査役等との連携・40
(3)　会社法と金融商品取引法における監査役等と監査人の連携に関連する規定・43
(4)　内部統制監査の基準における規定・44
(5)　監査役等と監査人との連携の方法、時期及び情報・意見交換事項・44
(6)　監査契約の新規締結時、監査契約更新時又は業務執行社員若しくは監査役等の交代時におけるそれぞれの監査体制等に関する事項・45
(7)　連携の時期及び情報・意見交換すべき基本的事項の例示・45
(8)　品質管理レビューの結果についての対応・46
(9)　有事の連携・47
3　財務数値と監査役等・49
(1)　会社法の計算書類等との関連（会社法上の対応）・49
(2)　対処すべき課題・事業等のリスクなどの項目等（金融商品取引法上の対応）・50

第４節　税務と国際化を踏まえて・53
1　法人税のしくみ・53
(1)　課税所得の概要・54
(2)　課税所得の計算（企業利益と課税所得の調整）・55
(3)　有税と無税・56
(4)　事業年度・57
2　経済的利益の供与・57
(1)　役員に対する経済的利益・57
(2)　会社と役員との間の取引・58
(3)　親会社子会社間取引の税務・58
3　税効果会計と繰延税金資産の回収可能性・61
(1)　会計と税務の乖離・61
(2)　会計の考え方と税務の考え方・61
(3)　税効果会計の考え方と税効果の意味・63
(4)　税効果の意味・64
(5)　財務諸表上の税効果・68
(6)　繰延税金資産の回収可能性・69
(7)　税効果関係の注記事例・74
5　国際化（IFRS との関連性）・77
(1)　コンバージェンスとアドプション・77
(2)　国際財務報告基準（IFRS）の考え方について・78
6　国際化に向けての社内体制整備・83
(1)　会計・税務への影響・83
(2)　業務プロセス・内部統制への影響・84
(3)　システムや組織への影響・86
(4)　管理会計への影響・87
(5)　検討課題・87
7　海外事業等への対応事例・88
(1)　海外事業の監督・88
(2)　監査役等による海外事業リスク・89

第2章　応用編 ……………………………………………… 91

第1節　財務会計と管理会計・92

1　財務会計と管理会計の関連性・92
2　人件費の捉え方・93
3　債権管理と与信管理・94
(1)　貸倒れの意義と貸倒引当金の設定・94
(2)　決算における貸倒引当金の設定方法・94
(3)　債権区分と貸倒引当金・94
(4)　与信管理・96
4　予算管理の意義と役割・100
(1)　予　算・100
(2)　予算編成・101
(3)　貸倒引当金と予算策定の実務・101
5　会計基準の適用・103
(1)　会計基準の適用の変化への対応・103
(2)　収益認識基準に関する事例・104

第2節　財務会計と監査人・110

1　不正リスク対応・110
(1)　「監査における不正リスク対応基準」の概要・110
(2)　財務諸表の監査における不正（監査基準委員会報告書240）・112
2　監査人の交代・119
(1)　監査人の交代に関する説明・情報提供・120
(2)　監査人の交代理由の開示についての考え方・121
3　監査法人のガバナンス・コード・123
(1)　概　要・123
(2)　透明性の確保・124
(3)　監査法人のガバナンス・コードの活用・125
(4)　監査法人のローテーションと監査法人内の監査チームローテーション・126

4　監査上の主要な検討事項・128
(1)　「監査上の主要な検討事項」の導入・128
(2)　監査基準委員会報告書の内容・132
5　監査上の主要な検討事項の事例・137
(1)　監査上の主要な検討事項（ＫＡＭ）の決定・137
(2)　ＫＡＭ記載内容の検討（監基法701）・138
(3)　ＫＡＭに対する監査人の対応（12項(4)）・138
(4)　監査報告書におけるＫＡＭの具体例・138
6　会計監査人との対応・141
(1)　退職給付債務（PBO）積立不足に関する事例・141
(2)　監査人からの指摘に対する一般的な対応・147
(3)　監査役等監査への活用と実効性の向上・148
(4)　会計監査人の選解任について・148
(5)　業務執行者と監督者との関係・151

第３節　管理会計と内部監査・153

1　管理会計と内部統制・153
(1)　内部統制の目的と構成要素・153
(2)　内部統制の限界・156
(3)　内部監査部門・158
2　財務報告の信頼性に係る内部統制と管理会計・159

第４節　監査役等と内部監査・163

1　監査役等の制度・163
2　内部監査部門との連携・166
(1)　内部監査の概要・166
(2)　監査役等と内部監査部門との連携・167

第3章　実践編 ……… 171

第1節　行政処分・172

1　行政処分と行政指導・172
2　行政処分の開示事例・172
(1)　医薬品業の開示事例・173
(2)　製造業の開示事例・176

第2節　課徴金等・180

1　開示事例集・課徴金検査事例集・180
(1)　開示事例集と課徴金検査事例集・180
(2)　課徴金の概要・181
2　循環取引の開示事例・182
(1)　法令違反の概要・183
(2)　不正な会計処理の概要・183
(3)　不正の原因とその是正策・184
(4)　循環取引・185
(5)　取締役会の視点・190

第3節　税務調査・192

1　税務調査の概要・192
(1)　税務調査の概要・192
(2)　税務調査の種類・193
(3)　税務調査の主体・194
(4)　税務調査の範囲・195
(5)　税務調査の対象期間・195
(6)　税務調査の対象会社・195
(7)　税務調査手続・196
2　税務調査の対応・198
(1)　税務調査前の対応・198
(2)　税務調査中の対応・201

(3)　税務調査後の対策・202
(4)　調査指摘事項のフォローと取締役会・203

第４節　内部統制の不備への対応・204

1　開示書類の監査・204
2　内部統制報告書と監査役等・206
(1)　内部統制の不備に関するコミュニケーション・206
(2)　内部統制の不備の識別・207
(3)　重要な不備の報告（不備に関するコミュニケーション）・209
(4)　取締役会の視点・209

第５節　人材確保・213

1　指名報酬員会・213
2　ハラスメント・217
(1)　ハラスメントの概念と行為類型・217
(2)　ハラスメント対策・219

第６節　投資意思決定・222

1　投資をするかどうかの意思決定・222
(1)　貨幣の時間価値・222
(2)　新規投資案の評価・224
2　撤退に関する意思決定・230
3　有価証券の取得・232
(1)　政策保有株・232
(2)　非公開株式の算定評価方法・232

第７節　取締役会の実効性評価・235

1　コーポレートガバナンス・コードによる評価・235
2　評価事例・237
(1)　取締役会の構成について・237
(2)　取締役会の運営について・238

(3)　取締役会の決議事項及び報告事項の棲み分けについて・238
(4)　取締役会での議論について・239
(5)　役員に必要な知識のうち、今後、会社から習得に向けた支援が必要であると思われるもの・240
(6)　株主（投資家）との対話について・240
(7)　社外取締役自身の取組みの評価について・241
(8)　取締役会運営全般について・241
3　取締役会で議論すべき案件・242
(1)　経営会議との関係性、連携の在り方について・242
(2)　社外役員への適時的確な情報提供・243
(3)　取締役会の参加者としての執行役員の取締役会出席の是非・243
(4)　その他・243

第4章　参考事項　株主総会と取締役会…………245

第1節　株主総会の機関としての機能・246
1　株主総会の決議事項・246
(1)　普通（通常）決議事項・246
(2)　特別決議・247
(3)　特殊の決議・248
(4)　勧告的決議・248
(5)　報告事項・248
2　株主総会の議案・248
(1)　剰余金の処分議案・250
(2)　定款変更議案・252
(3)　取締役選任議案・252
(4)　監査等委員である取締役選任議案・254
(5)　監査役選任議案・255
(6)　会計監査人の選任・解任・不再任に関する議案・257

第2節　取締役会の機関としての概要と機能・259

1　取締役会の決議事項・259

2　各機関設計における取締役会の違い・261

(1)　取締役会の位置づけ及び役割の違い・261

(2)　取締役会の運営の違い・261

(3)　内部統制システム・261

(4)　取締役会の具体的な運営・263

3　コーポレートガバナンス・264

(1)　コーポレートガバナンス・コード・264

(2)　コーポレートガバナンスの開示資料・267

(3)　社外取締役・269

参考資料・参考文献・271

事項索引・275

第 1 章

基礎編

第１節　財務会計のアプローチ

1　決算書と財務諸表

(1)　財務諸表としての決算書

企業の決算書は、一定期間の経営成績を示す**損益計算書**、一時点の財政状態を示す**貸借対照表**、一定期間のお金の出し入れを示す**キャッシュ・フロー計算書**が重要な財務諸表となる。これらの決算書を通じて利害関係者に企業の内容を報告している。また、決算書は株主などをはじめとする企業外部の利害関係者に対して正しい情報を開示するという点から、会社法や金融商品取引法などにより、作成方法や表示を規制している。また、企業集団の決算書としては**連結財務諸表**がある。

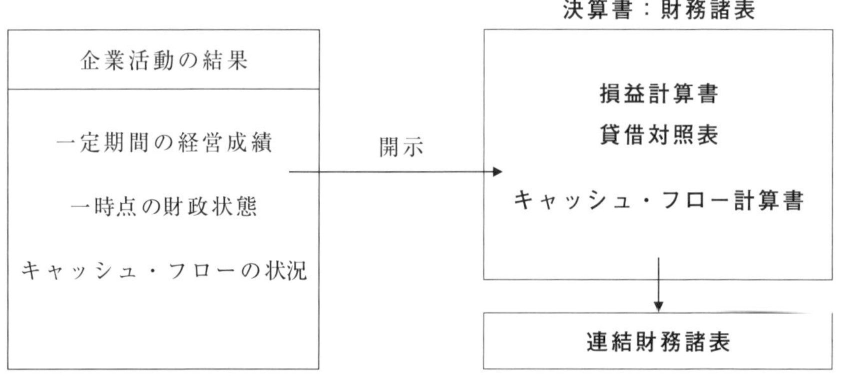

(2)　決算発表の流れ

株式を公開（上場等）している場合、不特定多数の投資家から資金を調達して企業活動を実践しているので、株主を含む投資家に対し企業の財務内容について情報を伝える必要がある。これを**開示**（ディスクロージャー）という。証券取引所に上場している場合、取引所の規則により、決算等の内容を発表する必要があり、これを**決算短信**といい、一定期間ごとに開示する必要がある。つまり一定の間隔で決算内容を外部公表することになる。決算短信には連結決算を中心に個別決算の内容も含まれる。また決算数値だけではなく、年度末決算においては翌年度の業績予想に関する金額の掲載が必要となる。

会社の年度末の決算日程についてみると、決算日から２～３週間くらいで通常の場合は決算数値が固まることになる。これは最終利益の金額について会社が作成を終了するという意味である。決算日からこの間、監査法人や公認会計士による監査が並行して行われており、決算の処理や金額に関する監査が終了すると確定し、決算の処理について適正であるということになる。次に財務諸表の開示内容に移り、４から５日かかる見込みとなる。確定した財務諸表により取締役会の承認をとり、軽微な修正については社長一任の決議をとる場合もある。その後最終の公表資料の内容が確定する。速報性の観点から監査の終了を前提とはせずに、決算短信として開示されることになり、プレス発表ともいう。さらに注記事項の内容や追加情報・後発事象の有無・監査報告の内容が検討され、再度取締役会の決議がとられ、株主総会の開催日に向かって招集手続となる。この流れは淡々と過ぎていくように見えるが、実際はそうではない。会社側ではいわゆる社内説明という作業があり、関係部門に対して経理部門から逐次報告がなされていく。最初は例えば速報値で流れるが、ある程度の段階で確定値となる。この作業にかなりの労力を割いて行う会社もあるようだが、社内の情報システムを用いて閲覧を工夫することにより軽減が図られてきている。速報値としての情報も注意を要するが、確定値としての情報はインサイダー情報の取扱いにも留意するため取締役会への上程や構成メンバーへの説明を工夫し効率化する必要がある。様々な工程を経て通常では30日程度で決算発表が可能になり、開示された決算内容の要約が翌日の経済紙等に掲載される。

また会社と監査人との間でもまた監査人と監査役等との間でも相互のコミュニケーションが必要となる。有価証券報告書の提出までにKAM（監査上の重要な検討事項）についての相互理解も必要になる。

四半期決算では経営者が目先の利益にとらわれて長期的な視点に立った経営の妨げになるという見方もあるが、株主や投資家にいち早く経営状況を伝えるという点で有意義な点もある。また投資家の視点も社会情勢から変化することもある。さらに財務情報のIT化が進んできているため、インターネット上のホームページで多くの企業が決算内容を開示し、またアナリスト向けに詳細な分析情報を提供している企業もある。

⑶　決算書の入手方法

決算書を入手する方法は、入手しようとする立場と会社の種類により異なる。まず企業では公開会社と非公開会社で異なり、公開会社は情報開示を行っているので、比較的入手が簡単である。入手しようとする立場を分けてみると、株主の立場からは、通常株主総会の召集通知の添付書類として決算書等が送付（電磁的情報による場合もある）されてくる。株主としての権利行使を企業の決算の内容を知って行うためである。投資家の立場では、株主ではないので企業と直接、決算の情報をやり取りするわけではない。しかし、今後投資をしようとする場合、企業の状況を把握するための情報が必要となる。そこで会社は投資家に向けて有価証券報告書を作成して一般の縦覧に供している。インターネットで財務局や取引所にアクセスして閲覧することもでき、企業のホームページに自ら開示している場合もあるので入手可能である。また決算発表といって報道機関向けに取引所等でも開示される。専門家向けの説明会等を行う場合もある。

利害関係者の立場からは、投資家のようにコストをかけることなく興味を持っている部分を簡単に入手できることが望ましい。その場合にもっとも有効なのは各企業のホームページにアクセスして、そこに掲載されている決算書等から入手する方法となる。

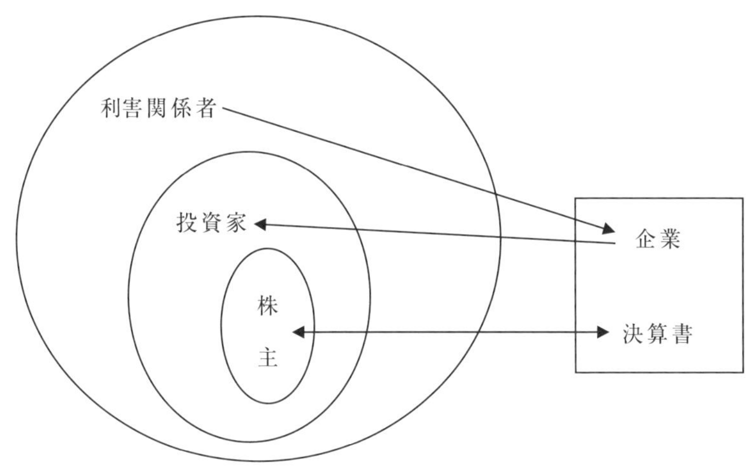

一方、非公開会社の場合は入手するのは困難になる。株主の立場からは、公開会社と同様に株主総会の招集通知の添付書類として決算書等が入手可能である。もしなされていない場合は請求するようにする。また投資家からは非公開ゆえそもそも投資の対象にはなりにくい。利害関係者の場合は、取引を始めるなど様々な関係で会社の決算の内容が知りたい場合もある。そのような場合は直接企業に申し出ることになる。公表して特段問題がない場合は公表可能である。仮に公表しない場合は、決算について問題があるのかもしれない。その際公告しているかどうか確認してみることになる。会社法上は公告（電磁的方法を含む）する必要があるが、非公開会社の場合すべての会社が公告しているわけではない。あとは企業のパンフレット等の冊子を入手すると一部の数字が掲載されている場合もあり、企業の担当者と話している場合に一部の数字を訊ける場合もある。

⑷　企業環境の変化

ここ十数年の間に日本経済はリーマンショックとその後の景気後退、デフレや低金利政策、さらに自然災害やパンデミックなどにより、企業経営が大きく影響を受け、会計制度も大きく変化してきている。20世紀までは会社法・金融商品取引法・税法がトライアングル体制といわれ、会計の基準とされていた。21世紀に入り、会計の透明性を高めるために会計制度が順次改正され、連結財務諸表、包括利益、税効果会計・時価会計・減損会計・退職給付会計、キャッシュ・フローの重視、収益認識などが挙げられる。国際化・IT化・リモート化など新たな視点から会計制度に対応できなければ国際的には生き残れなくなってきている。そのため、スタンダードとなってきている会計制度を見ていくには、会計に対する基本を理解しておく必要がある。

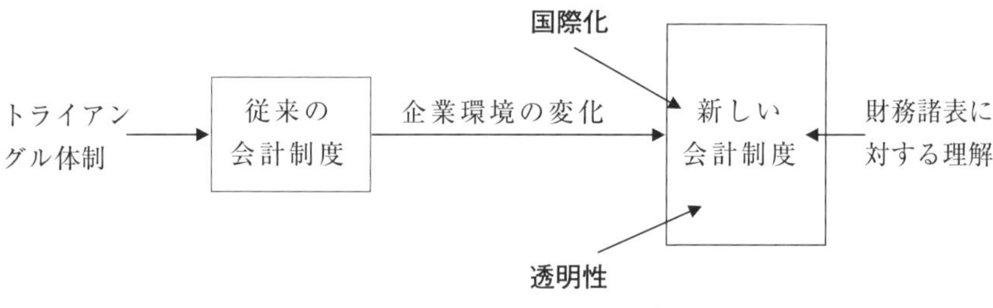

2　会計方針

(1)　会計方針の定義

国際的な会計基準では、会計方針と表示方法とは切り離して定義される。よって、会計上の取扱いが異なるものは、別々に定義することが適当であると考えられ、国際的な会計基準とのコンバージェンスとの観点も踏まえ、会計方針の開示、会計上の変更及び誤謬の訂正に関する会計基準（企業会計基準第24号最終改正2020年３月、以下「基準」という）では、会計方針と表示方法とを別々に定義した上で、それぞれについての取扱いを定めている（基準37）。

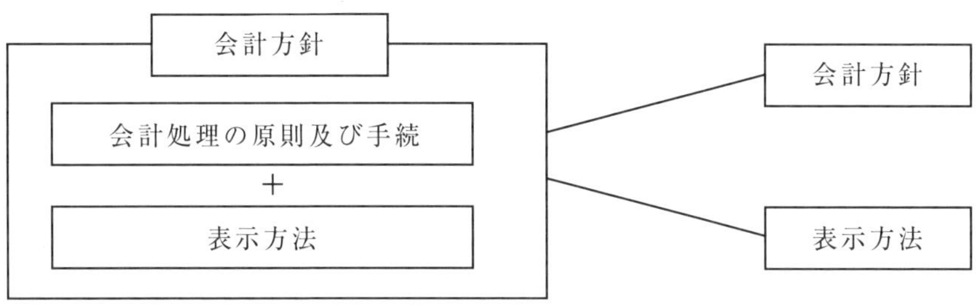

⑵　基準適用の原則的な取扱い

用語の定義は次のとおりである（基準4)。

① **会計方針**　財務諸表の作成にあたって採用した会計処理の原則及び手続

② **表示方法**　財務諸表の作成にあたって採用した表示の方法（注記による開示も含む）をいう。財務諸表の科目分類、科目配列及び報告様式を含む

③ **会計上の見積り**　資産及び負債や収益及び費用等の額に不確実性がある場合において、財務諸表作成時に入手可能な情報に基づいて、その合理的な金額を算出すること

会計上の変更及び過去の誤謬の訂正は、原則として次表のとおりに取り扱われる。会計上の見積りの変更については、従来の取扱いと同様に遡及処理しないものとされたが、その他については、遡及処理することとされている。遡及処理については、国際的な会計基準を参考に、それぞれの変更項目により、「**遡及適用**」、「**財務諸表の組替え**」、「**修正再表示**」に分けて定義されている（基準４)。

		従来の取扱い	基準適用後の原則的な取扱い
会計上の変更	**会計方針の変更**	変更の影響を当期の財務諸表に反映	**遡及処理する（遡及適用）**
	表示方法の変更	当期の財務諸表から変更	**遡及処理する（財務諸表の組替え）**
	会計上の見積りの変更	変更の影響を当期の財務諸表を反映	従来の取扱いと同様に、**遡及処理しない**
過去の誤謬の訂正		前期損益修正として処理	**遡及処理する（修正再表示）**

⑶　会計方針の変更と会計上の原則的な取扱い

①　自発的な会計方針の変更（正当な理由による会計方針の変更）の場合

新たな会計方針を過去の期間のすべてに遡及適用する（基準６⑵）。なお、遡及適用する期間は、必要な場合には、会社設立時までさかのぼることになるものと考えられる。

②　遡及適用の場合の表示上の取扱い

遡及適用する場合には、遡及適用の影響額を、表示する財務諸表のうち、最も古い期間の期首の資産、負債及び純資産の額に反映するとともに、各期間の財務諸表には、各期間の影響額を反映させる（基準７）。

例えば、第×２期に棚卸資産の評価方法を総平均法から先入先出法に変更した場合、第×１期の財務諸表について、先入先出法により遡及処理を行い、その数値を基に第×２期の財務諸表を作成することになる。二期比較の財務諸表では、遡及処理後の第×１期財務諸表と第×２期財務諸表を開示することになる。

設　例（参考　適用指針第 24 号設例 1-1）

【前提条件】

① A社は当連結会計年度（×４年４月期）より、通常の販売目的で保有する棚卸資産（商品）の評価方法を総平均法から先入先出法に変更した。

② 先入先出法を過去の連結会計年度から遡及適用すること（原則的な取扱い）は可能である。

③ 前連結会計年度（×３年３月期）の当該棚卸資産の増減について、先入先出法を遡及適用した場合の金額と、従来の方法である総平均法との差額及びそれに関する税金費用の影響は次のとおりである。なお、払出高はすべて販売に対応するものである。実効税率 30 %とする。

	前連結会計年度期首残高	前連結会計年度仕入高	前連結会計年度払出高	前連結会計年度期末残高
総平均法（従来の方法）	140	6,350	6,090	400
先入先出法を遡及適用した場合	200	6,350	6,050	500
税引前当期純利益への影響	60	–	△ 40	100
法人税等調整額への影響	18	–	△ 12	30
当期純利益への影響	42	–	△ 28	70

比較方式で表した前連結会計年度における連結財務諸表についての影響額

【前期の貸借対照表】

	遡及前：総平均法	遡及後：先入先出法	差額
棚卸資産	400	500	100
繰延税金資産	500	470	△ 30
利益剰余金	726	796	70
負債・純資産合計	1,200	1,270	70

【前期の損益計算書】

	遡及前：総平均法	遡及後：先入先出法	差額
売上高	6,300	6,300	—
売上原価	6,090	6,050	△ 40
税引前当期純利益	210	250	40
当期純利益	126	154	28

具体的には、会社法の**計算書類**であれば、単年度表示のため、**当期首の数値に反映する**こととなり、**有価証券報告書**であれば、二期比較で開示するため、**前期首の数値に反映する**こととなると考えられる。ただし、帳簿まで直すか、あるいは、帳簿は直さずあくまでも計算書類・有価証券報告書における表示上の問題として期首の数値まで反映させる方法もあると思われる。

⑷　会計上の見積りの変更

会計上の見積りに関しては、従来、過去の財務諸表に遡って処理することは求められておらず、また、国際的な会計基準においても、新しい情報によってもたらされるものであるとの認識から、遡及処理をせず、影響を将来に向けて認識するという考え方がとられている。このため、会計上の見積りの変更に関しては、従来の取扱いと同様に遡及処理をせず、その影響を当期以降の財務諸表において認識することとされた（基準 17、55）。

この結果、以下の会計処理を行う。

・当該変更が**変更期間のみに影響**する場合は**当該変更期間に会計処理**

・当該変更が**将来の期間にも影響**する場合は**将来にわたり会計処理**

⑸　会計方針の変更との区別が困難なケース

①　会計方針の変更との区別が困難な場合

会計方針の変更を会計上の見積りの変更と区別することが困難な場合については、会計上の見積りの変更と同様に取り扱い、遡及適用は行わないこととされている。ただし、一定の注記を行う必要がある（基準 19）。

②　減価償却方法の変更の取扱い

従来わが国では、減価償却方法が会計方針の1つとされており、**減価償却方法の変更**は会計方針の変更として取り扱われているが、国際的な会計基準においては、会計上の見積りの変更と同様に取り扱い、遡及適用の対象とはされていないため、減価償却方法の変更についての取扱いが検討された結果、有形固定資産等の減価償却方法及び無形固定資産の償却方法は、会計方針に該当するが、減価償却方法の変更は、会計方針の変更を会計上の見積りの変更と区別することが困難な場合（基準19）に該当するものとし、会計上の見積りの変更と同様に扱い、遡及適用は行わないこととされた（基準20）。

⑹　過去の誤謬の訂正

従来、過去の財務諸表における誤謬が発見された場合には、過去の誤謬は前期損益修正項目として当期の損益で修正する方法が示されており、修正再表示する方法は定められていなかったが、基準においては次の方法により「**修正再表示**」を行うこととし、**遡及処理する**こととなった（基準21）。

①　表示期間より前の期間の修正再表示による累積的影響額は、最も古い期間の期首の資産、負債及び純資産の額に反映する。

②　表示する過去の各期間の財務諸表には、当該各期間の影響額を反映する。

なお、過去の誤謬については、修正再表示が実務上不可能な場合の取扱いは、会計基準上は明示されていない。ただし、まれに実務において誤謬の修正再表示が不可能な場合が生じる可能性を否定するものではないとされている（基準67）。また、過去の誤謬を前期損益修正項目として当期の特別損益で修正する従来の取扱いは、比較情報として表示される過去の財務諸表を修正再表示する方法に変更されることになったが、重要性の判断に基づいて、過去の財務諸表を修正再表示しない場合は、損益計算書上、その性質により、営業損益または営業外損益として認識するものと考えられる（基準65）。

以上から、会計方針や表示方法の変更、過去の誤謬の訂正があった場合には、あたかも新たな会計方針や表示方法等を過去の財務諸表にさかのぼって適用していたかのように会計処理または表示の変更等を行うこととなる。

(7)　その他の個別論点

①　重要性

会計基準のすべての項目について、財務諸表利用者の意思決定への影響に照らした重要性が考慮され、金額的重要性と質的重要性の両面を考慮して判断することとされている。金額的重要性の具体的な判断基準は、企業の個々の状況によって異なり得ると考えられるが、ｉ）損益への影響額または累積的影響額が重要であるかどうかにより判断する考え方、ⅱ）損益の趨勢に重要な影響を与えているかどうかにより判断する考え方、ⅲ）財務諸表項目への影響が重要であるかどうかにより判断する考え方などが挙げられている。また、質的重要性は、企業の経営環境、財務諸表項目の性質、または誤謬が生じた原因などにより判断することが考えられる（基準35参照）。

②　過去の誤謬と会社法決算との関係

過去の誤謬の訂正を行う場合、会社法上、以下の２つの処理が考えられる。

ｉ）過去の誤謬に重要性があり、会社法の過年度の計算書類も修正を行う必要があると判断した場合に、過年度の計算書類及び会計帳簿を修正するケース。この場合、修正後の当該過年度の計算書類について、監査及び株主総会等の承認等の確定手続をすべて行い適法に確定させる必要がある。当期の計算書類は、修正後の過年度の計算書類及び会計帳簿を基礎として、それらとの連続性を保った上で作成されることとなる。したがって、この場合には過年度の分配可能額にも影響が生じることになる。

ⅱ）過年度の計算書類及び会計帳簿を修正しないケース。これは、本会計基準によって可能となったものであるが、この場合、確定済みの過年度の計算書類の修正は行わず、当期の計算書類は、当期の期首残高として、前期末の期末残高に誤謬の修正の累積的影響額を加えたものを用いて作成されることになる。したがって、過年度の分配可能額の計算には影響は及ばないこととなる。

③　過去の誤謬と訂正報告書との関係

過去の誤謬を修正再表示する場合は、その項目が重要であると判断した場合と考えられるので、その場合には重要な事項の変更その他公益または投資家保護のため訂正の必要がある場合に相当し、訂正報告書を提出する必要がある場合が多いと思われる（金融商品取引法24の2参照）。

④　原価計算における簡便的な方法

会計方針の変更が製造原価等に影響を与える場合には、原則的には棚卸資産及び売上原価等の金額の計算において新たな会計方針により算定する必要があるが、簡便的に、製造原価における影響額を算出した上で、棚卸資産及び売上原価等に合理的な方法で配賦する方法も考えられる。また、差額に重要性が乏しいと考えられる場合には、全額売上原価に含めて処理する方法も容認されている（基準46）。

3　業績修正

⑴　業績修正の概要

東京証券取引所を例にすると、適時開示規則において業績予想の修正に関して規定しており、同規則2条1項4号（及び同取扱い）で「公表された直近の業績予想値（予算）から、売上高においては±10％、営業利益、経常利益又は当期純利益においては±30％の乖離が見込まれる場合に開示が必要」となっている。

最近の業績予想の修正は、上記基準値にとらわれず事実が生じれば開示する方向である。経済環境・経営環境・事業環境の変化が激しいため、当初の想定通りに売上や利益が計上さされることは難しい。ただし、一度増額修正して、再度減額修正するような開示になると、監査人等外部からみると企業内の管理システムの有効性に疑義が生ずるともいえる。取締役会では、このような経営の根幹にかかわることについて、真摯に議論することが必要である。

⑵　適時開示に関する実務要領

適時開示を行う場合には、通常、①適時開示を行う必要があるかを検討し、②適時開示のスケジュール等を確認したうえで、③適時開示資料を作成し、④適時開示を行うという手続が必要となる。なお開示様式例は実務上の便宜のため参考として掲載しているものであり、開示資料の作成にあたっては、「開示事項及び開示・記載上の注意」を参照する必要がある。

(3)　業績修正の具体例

具体的に、実際の業績予想の修正に関する**適時開示の事例**を見る。以下は2021年8月10日に公表されたスポーツ用品メーカーY社の業績予想修正である。前年の決算短信において当年度の業績予想を開示しているが、その後の状況の変化等により、第1四半期の決算短信の開示に合わせて、第2四半期及び通期の業績を修正している、第2四半期と通期で業績予想を開示しているため対象となる。売上高10％、利益30％以上の変動という基準に基づくものであるが、必ずしも基準値を満たさないと公表しないというわけではなく、会社が開示すべきと判断すれば、適時に行うことになる。また注目すべきは、修正の理由である。

業績予想の修正に関するお知らせ

最近の業績動向を踏まえ、2021年5月12日に公表した業績予想を下記の通り修正しましたのでお知らせいたします。

記

1．業績予想の修正について

2022年3月期第2四半期（累計）連結業績予想値の修正（2021年4月1日～2021年9月30日）

	売上高	営業利益	経常利益	親会社株主に帰属する当期純利益	1株当たり当期純利益
	百万円	百万円	百万円	百万円	円　銭
前回発表予想（A）	31,500	1,300	1,300	900	10.28
今回発表予想（B）	35,000	3,000	3,100	2,300	26.27
増減額（B-A）	3,500	1,700	1,800	1,400	

増減率（%）	11,1 %	130.8 %	138.5 %	155.6 %	
（ご参考）前期第2四半期実績（2021年3月期第2四半期）	22,093	△ 215	144	△ 73	△ 0.84

2022年3月期連結業績予想値の修正（2021年4月1日～2022年3月31日）

	売上高	営業利益	経常利益	親会社株主に帰属する当期純利益	1株当たり当期純利益
	百万円	百万円	百万円	百万円	円　銭
前回発表予想（A）	63,000	2,200	2,200	1,400	15.99
今回発表予想（B）	68,000	4,000	4,100	3,000	34.26
増減額（B-A）	5,000	1,800	1,900	1,600	
増減率（%）	7,9 %	81.8 %	86.4 %	114.3 %	
（ご参考）前期実績（2021年3月期）	51,554	1,032	1,823	1,1102	12.59

2．修正の理由

依然として新型コロナウイルス感染症の感染状況が深刻化している地域においてはその影響が継続することが見込まれますが、ワクチン接種が進むこと等によりスポーツ活動が再開し、徐々に業績への影響は縮小に向かう想定としております。売上高については、○○において△△代表チーム契約の話題高揚等により当初の想定を上回る水準で推移していることや、□□における▽▽の好調により期初の予想を上回る見込みです。日本国内は、第1四半期における新型コロナウイルス感染症拡大による影響が当初の想定よりも限定的であったものの、足元の感染再拡大の状況も踏まえ慎重な見通しとしております。利益につきましては、売上増に伴う売上総利益の増加、自社工場稼働回復等に伴う売上総利益率の改善を見込んでおります。

以上のような状況を踏まえ、上記のとおり、2022年3月期第2四半期（累計）および通期連結業績予想を修正いたします。

（注）上記の業績予想は、現時点において入手可能な情報に基づいて作成したも

のであり、実際の業績は、今後の様々な要因により業績予想とは異なる可能性があります。

⑷　業績修正の検討

上記事例のように、対外的な修正開示については一定のルールに基づくものになるが、企業内部ではどのような視点となるであろうか。

取締役会における業績修正の検討にあたり、財務会計については、まず業績修正をするに至った増減金額が、増減分析等から妥当であること、さらに修正開示の必要性を把握してから、実際の開示までの期間は妥当かどうか、つまり開示のタイミングである。一方開示を回避するような、基準の10％、30％を回避するような会計処理がなされていないかどうかである。収益認識の時点を遅らせることで、四半期開示であれば３か月延長されることになる。

企業内部においては前年における決算短信での開示の根拠となるのは、予算である。予算の策定時における金額は取締役会の決議を前提にするので、業績予想の修正と当初予算の整合性がとれなくなっているということである。次いで、修正に対応してどのように予算を修正するかの問題になる。外部に開示されるのは企業全体の金額であるが、部門別に当然展開されるはずであるので、修正原因となった部門との関連性が問題となる。ここで、外部開示用の予算と内部運用上の予算が並列することも考えられる。特に内部用は業績評価との関係からは、変更させることで整合性がとれなくなる場合もあるが、取締役会における決議の在り方でもある。さらに中期経営（利益）計画を作成している場合は翌年以降の金額への影響をどのように把握するかという問題がある。また、当初予算策定時になぜ見通せなかったのか、その要因も分析が必要になる。

監査では、修正理由の妥当性になる。その他、特に増加修正になった場合はどのように業績評価に反映させるか、あるいはさせないのか、が関連してくる。また決算短信等の開示事項は監査人の監査対象とはなっておらず、さらに、現時点での入手可能な情報に基づいて作成したものであり、決算の着地点とは異なる可能性はある。

さらに、「金融商品取引法における課徴金事例集～不公正取引編～『監視委コラム』」（2021年）にもあるように、業績修正情報の管理はインサイダー情報ともなり、株価への影響も考えられることから注意を要する。

- 社内における業績予想等の修正情報の管理は、特に注意を有する。
- 2005年の課徴金制度の導入以降、ほぼ毎年、証券取引等監視委員会では「業績予想等の修正」を重要事実とするインサイダー取引規制違反を勧告している。
- 業績予想修正は、他の重要事実と異なり、四半期決算等を契機に1年間に複数回発生する場合もあることが、業績予想修正を重要事実とするインサイダー取引が行われやすい要因の1つと考えられる。
- だからこそ、上場会社において、業績予想修正に関する適切な情報管理態勢を構築することはもちろんのこと、上場会社の役職員らにおいても、情報管理やインサイダー取引の意識を高めておくことが重要である。
- 会議や酒席等の様々な場面で、自身が所属する会社の業績の良し悪しが、話題になることもあるかもしれないが、「何を話してはいけないのか」「何なら話せるのか」等を改めて意識・確認しておくことが、自身や会社を守ることにつながるだろう。

第２節　管理会計のアプローチ

1　管理会計の基本

企業の一定期間の経営成績や一時点の財政状態などを伝達する手段のうち、企業の利害関係者に対して企業に対する意思決定に有用な情報を提供する**財務会計**に対し企業経営者に対して企業の継続・繁栄に有用な情報を提供する**管理会計**がある。管理会計は企業内部のルールであるため、法律や制度の規制は受けない仕組みであり、経営管理に有用かつ必要な会計情報を経営者や管理者に提供している。管理会計は財務会計との関連からは影響を受けることになる。管理会計は財務会計と**有機的に関連**しており独立して存在しているものではない。財務会計は経営者や管理者にとって意思決定を行うには情報量が少なく、経営管理に必要な情報を管理会計に求める側面がある。つまり管理会計は経営管理に必要な会計情報を提供するための会計といえる。

ここで情報の側面から整理し直してみると、計数では金額の場合もあれば数量の場合もあるが、これらは数字に基づく**定量的情報**である。また、数字以外にも紙面や電子媒体で文章や図表として伝達する**定性的情報**もある。

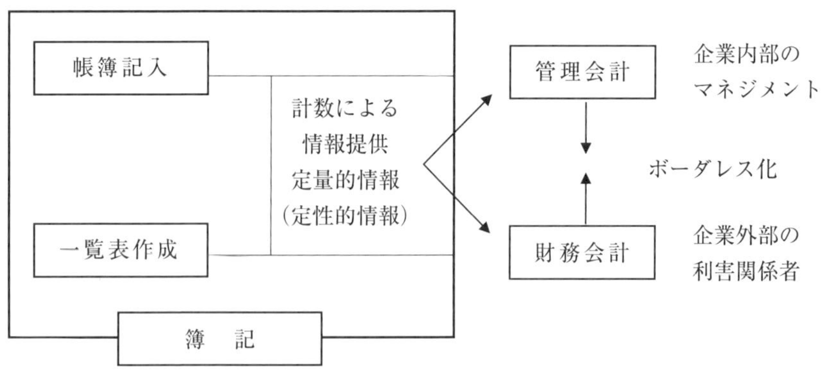

開示される情報という面からみると、定量的情報のみでなく定性的情報（例えば、リスク情報やコーポレート・ガバナンスの状況）もその役割を担っている。また、情報の種類として、**過去情報・現在情報・将来情報**を時系列で区別して、意識しておくことも有用である。

最近では、国際化（コンバージェンス等）や実態開示の観点から、財務会計と管理会計の接近（ボーダーレス化）が顕著である。すなわち、財務諸表上で将来の見積りを現在に置き直すことが多く、税効果会計における繰延税金資産の回収可能性の検討や退職給付債務の計算局面などには管理会計で用いられている手法が使われるようになってきている。

例えば、コストの発生を正確に速く把握して会計に結びつけることが管理会計の役割であるとすると、発生したコストが財務会計の会計処理となってあらわれる。財務会計では企業の販売活動・管理活動によるコストは発生即費用となるが製造活動による発生コストは原価となり費用と資産に分かれていく。一方、管理会計においてはこの事実から原価低減を考えるとき等に利用される。

2　管理会計と費用の分類

財務会計上の費用は売上原価・製造原価、販売費及び一般管理費、営業外費用等に損益計算書では区分記載されている。管理会計はコストに関しては様々な概念による多様なコストの測定が必要となるため、様々な形で分類区分できる。

⑴　固定費と変動費（操業度に関連した分類）

基本的な分類が固定費と変動費に区分する方法である。**変動費**とは一定の販売能力（一般にいう製造業では生産量：生産能力：操業度ともいう）のもとで販売量の増加に応じて増加する費用をいい、**固定費**とは売上高・生産量・操業度・利用度等の変化にかかわらず増減しない費用をいう。製造業では、生産量や操業度・生産能力を基準にするが、販売業では販売能力や売上高に比例して増減するかどうかで費用を区分することになる。販売業における変動費には、売上原価や運賃などがある。一方、固定費には給料や家賃などがあり、仮に売上高がなくとも費用は発生することになる。両者の要素をもつ中間的な準変動費（一般に販売量ゼロでも一定額発生する費用で、電力量の基本料金など）・準固定費（一定の販売量の増加までは固定的であるが、越えると急に増加する費用で、例えば工場の生産量が増加し深夜に操業する場合に増員した人員の人件費などは、準固定費と考えられる）もある。これらの分類は通常、予算管理や意思決定に有用とされる。

この分類から費用と収益の関係は以下の式になる。

売上高（S）－変動費（V）－固定費（F）＝利益であり、また売上高－変動費＝限界利益といっている。この**限界利益**を売上高で除した比率を**限界利益率**という。

$$\frac{\text{限界利益}}{\text{売上高}} = \text{限界利益率}$$

この限界利益率は売上高が1単位増加した場合どれだけ利益の増加に貢献するかを表した比率である。限界利益を貢献利益という場合もある。

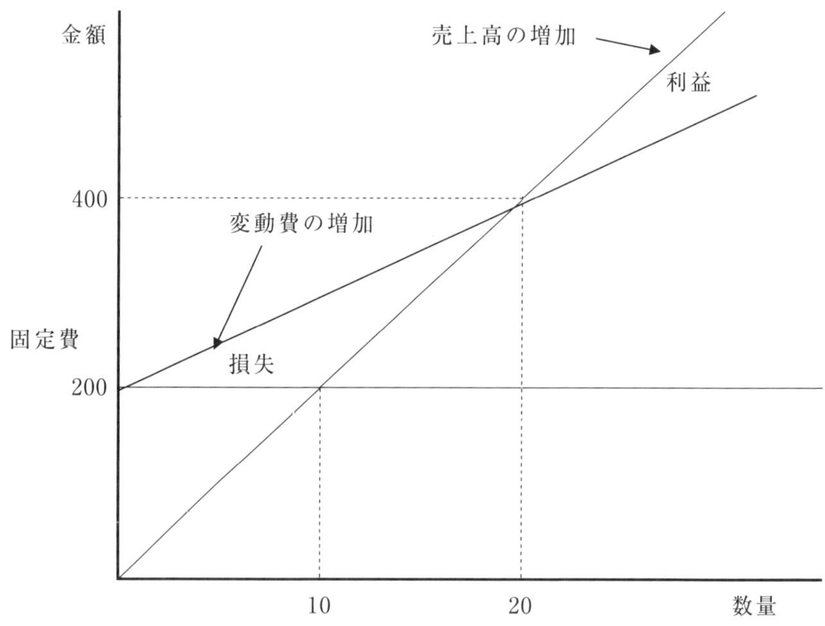

売上単価20　固定費200　売上数量1あたりの変動費10とした場合、

$$限界利益率 = \frac{限界利益}{売上高} = \frac{10}{20} = 50\,\% となる。$$

売上単価が1個あたり20千円の商品を販売し変動費が1個あたり10千円とすると1個あたり10千円の限界利益が得られることになり、固定費の200千円を回収するには200 ÷ 10 = 20個販売すればよく、売上高は400千円（20千円× 20個）となる。これは限界利益率の高い商品ほど同じ売上高なら利益を得られるということである。

例えば、1個あたり14千円で購入するという相手に販売する場合を考える。この場合1個あたり4千円の限界利益が得られるため固定費の一部が回収されるので販売が望ましいといえる。一方、10千円未満で売れば損失が発生することになり、販売しないほうが望ましい。また10千円という変動費以下の費用で処分できるなら処分したほうが有利となる。結局、価格を下げた分だけ見合う販売数量が増加すれば値引き販売も利益を生む可能性があることになる。

⑵　直接費と間接費（販売商品との関連による分類）

直接費とはある特定の部門やサービスに関連して明確に発生したことがわかる費用であり、**間接費**とはそのような関連が明確にわからない費用である。例えば、特定の部門に属する人（X営業部門に属する営業マン）の給料は直接費であり全体的な管理者（X・Y・Zの3営業部門を統括する営業部長）の給料は間接費となる、この分類は、製造業における製造原価報告書のなかで直接材料費・直接労務費・製造間接費などに区分されている。この区分と先の変動費・固定費の区分を組み合わせて以下のように分けることがある。

	固定費	変動費
直接費	直接固定費	直接変動費
間接費	間接固定費	間接変動費

一般に、この区分は財務諸表作成目的や価格決定に有用と考えられている。簡便的に管理区分を行うには明瞭であるが、具体的に費目を当てはめるのには手間を要し実効性は薄いかもしれない。

⑶　個別費と期間費（費用収益対応の原則に関連した分類）

企業の期間損益を算定するためには、当該期間の確定した収益に対して期間費用を確定させる必要がある。費用の確定は、認識された発生費用の中から費用収益対応の原則によって当該事業年度の期間費用を選定することによって行われる。費用収益対応の原則（実現した収益とそれに対応する費用を計上することによって期間損益を算定しようとする原則）における対応には、**個別的対応**（**直接的対応**）と**期間的対応**（**間接的対応**）の２つの類型がある。個別的対応とは、売上高と売上原価のように、具体的物財を媒介とした対応のことをいう。期間的対応とは、売上高と販売費及び一般管理費のように、期間を媒介とした対応をいう。この観点から費用を区分すると、直接的対応関係のある個別費と間接的対応しかない期間費とに分けられる。通常、財務諸表作成目的に有用と考えられる区分である。

⑷　人件費と変動費・固定費との関係

売上高の増減に関係なく発生する固定費として従業員の給料があると説明した。この状態は、正社員として雇用され、基本給が確保されている場合をいい、月々の固定した給料の金額を把握できるからである。しかし、残業代が上乗せされる場合は残業時間に比例して増加するので、この部分は変動費である。

ここで、ある仕事が一時的に増加した場合を考える。この仕事は季節的・需給状況の変動により偶然発生したものであり、経常的には発生するとは限らず、次もいつになるか不透明であるとする。このような状況の場合、人事担当者は、正社員を雇うのではなく、派遣やパート・アルバイトで賄おうとするはずである。そこには正社員では原則として固定給が発生しそれに加えて追加の仕事に見合う変動給の合計額が人件費として発生することになる。一方、派遣やパート・アルバイトの場合は期間限定で変動給のみの発生で済ませることが可能となる。

このような状況の背後にある考え方は、次のようなものである。企業間で利益の確保が必須となってきたことにより、企業は費用の削減を迫られることになった。そこで、着目したのが人の削減である。必要最低限の雇用に留め、必要なときに必要な人員を臨時的に雇用することで人件費の抑制を図ることにしたのである。それに伴い役員数の削減を行うことも必要になる。また熟練者や団塊世代（大量退職や技術の伝承という問題）の取扱いなど会計の領域を超える問題も出てきた。また、正社員１人に対して支払う給与額の約２倍が、法定福利費・退職引当等を含む実質的に企業が負担する人件費といわれる。退職者分の欠員を補充しない自然減の一方で派遣・アルバイト・パート等を雇い入れて必要人員数の増減に対処してきている。これは人件費の一部を固定費から変動費へ転換させ、企業の人件費を削減する行動である。しかし、利益の増加が望めない状況では、雇用の維持確保が正規雇用社員のみならず非正規雇用者にも必要であるといわれている。ここで非正規雇用とは、期間を定めた短期契約で職員を雇う雇用形態をいい、期間を特に定めない雇用契約を結ぶ正規雇用の反対語で、日本では、非正規雇用の職員には、パートタイマー、アルバイト、契約社員、派遣社員などが含まれる。またこの解決策として、ワークシェアリングが提唱されている。ワークシェアリングとは、従業員１人当りの労働時間を減らし、その減らした分で他の従業員の雇用を維持したり、雇用を増やしたりする仕組みのことをいう。不況時に緊急避難的に従業員の数を減らさないようにする方式や雇用創出のため社会全体として個人の労働時間を減らす方式や高齢者・主婦などに多様な就業機会を提供する方式などがある。

リモートの新形態では、時間管理の把握が困難になるといわれる。会社等の作業拠点である場所までの往復時間が短縮もしくは零になるが、その作業過程ではなく成果物で評価されると時間給という概念が成立しにくくなるからである。

3　営業費用と配賦

(1)　営業費用と損益計算書

製造業では材料を調達（材料費）し、労働（労務費）や外部委託（外注加工費）と経費をかけて製品を製造し、それを販売する営業形態を取っている。その場合には、コスト・費用・原価の流れは以下のようになっている。

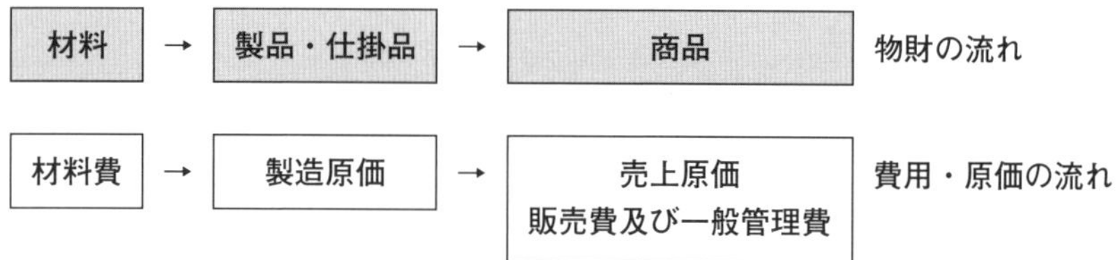

損益計算書の営業利益までの表示は、大きく売上高・売上原価・販売費及び一般管理費の３区分になっている。これらの損益計算書はあくまでも製商品という物財を対象としている。基本的に管理会計の損益も同様に考えられている。製造活動において、発生コストは原価となり、それが販売されれば費用に、未販売の在庫は棚卸資産となるが、管理面では発生即費用という特徴がある。

ところで現在社会においては役務提供・サービス提供を本業とする企業の割合が高くなっており、損益計算書で企業実態をどのように表すかが難しくなっている。サービス業の場合に考えられるのは以下のような損益計算書である。

Ⅰ	営業収益	80,000	千円
Ⅱ	営業費用	70,000	
	営業利益	10,000	

営業収益・営業費用という区分のみで、物財の移動が伴わず、売上原価が発生しないためシンプルな対比であるが、これでは十分な情報とはいえない。会社が複数の事業を展開している場合、どの事業でどのくらい利益を計上しているのかを明示するには、改めて事業ごとのセグメント情報として作成することになる。

(2)　配賦計算

また、各事業の固有の費用は明確だが、販売費及び一般管理費を各事業部費用の中へ含める手続が必要で、これを**配賦**または**配賦計算**という。一定の基準を用いて発生した費用を各営業費に加算している。例えば、発生した販売費及び一般管理費 10,000 を各事業の営業費用を基準に配賦すると各事業への配賦額は以下のようになる。この配賦する基準を**配賦基準**という。

単位：千円	金額	配賦のための算式	配賦額	集計額
X事業営業費用	21,000	$10,000 \times \frac{21000}{60000}$	3,500	24,500
Y事業営業費用	21,000	$10,000 \times \frac{21000}{60000}$	3,500	24,500
Z事業営業費用	18,000	$10,000 \times \frac{18000}{60000}$	3,000	21,000
販売費及び一般管理費	10,000		△ 10,000	―
合計	70,000			

製造業では直接製造に関連しない費用、工場長の給料や研究開発的な活動コストは成功していないと製品原価に含められない。このような費用は部門共通費といわれ何らかの基準で振り分けなければならない。管理部や研究開発部の費用は製品とは直接関係ないが製造される製品の原価に含めて集計することになる。すなわち部門共通費（管理部や研究開発部の費用）は何らかの基準で該当

する複数の部門（各製造部）に振り分ける必要がある。これには部門共通費を振り分ける基準が必要となるが、コストの発生を十分に観察して作ることになる。例えば地代や家賃・建物の減価償却費などは床面積比により配賦することが可能になる。

各製造部門では直接労務費としての人件費が発生しているはずであるが、製造現場では省力化・IT 化・自動化により人件費の占める割合がかなり減少してきており、生産現場の実態（労働の結果）が製品原価に正確に反映されなくなっているといわれている。また操業度が低下した場合はいわゆる派遣切り等の問題もあり、人件費全体を間接費として捉え配賦する方法など、人件費を取り巻く課題は多いといえる。

4　原価管理と原価企画

(1)　コストマネジメント

コストマネジメントとは**原価管理**といわれており、伝統的コストマネジメントと戦略的コストマネジメントに分けられる。

①　伝統的コストマネジメント

原価計算の仕組みを通じて原価の発生をコントロールし、原価低減・原価引き下げ・原価予測等の管理を行うものである。しかし、コストマネジメントを行うために必要な原価計算の仕組みが機能しなくなっているといわれ、このままでは企業間競争を勝ち抜くことが困難となってきており、伝統的コストマネジメントについて問題点が指摘されている。

例えば、製造原価を直接材料費・直接労務費・経費に三分割することが工場の実態を反映せずあまり意味を持たなくなっている。原価を製品別に把握する場合、製品別に明確な因果関係に基づいて把握できる費目は直課し、製品ごとに跡付ける根拠が存在しない費目に対しては配賦という手続をとる。財務会計的には、原価計算基準において直接労務費は直課することになっているため、配賦することはできないが、管理会計的には実態がより現れるなら配賦することも可能と考えるべきである。

つまり、金額的重要性と直課の可能性の両方を勘案して新しい費目分類を採用すべきと考えられる。なお、製造原価に占める人件費の割合が変動していることに留意する必要があり、人件費を固定費か変動費かどちらで捉まえるのかという問題もあり、工場で発生する人件費をそのまま労務費として認識すると、製造原価に占める割合が大きく変動してしまうことになる。

②　**戦略的コストマネジメント**

管理会計は原価計算と製造原価により発展してきており、製造段階を管理対象としてきており、標準原価計算が主として利用されてきていたが、製造業でも販売費及び一般管理費は増加しており、また他の費目もある。製造原価のみのコストマネジメントを考えるのではなく、すべてのコストや費用をその対象とし、全体的な成果を評価すべきである。原価管理により原価低減をはかるという考え方よりも、必要な原価は維持しながら全体のコスト低減を重視する傾向がある。製品開発のプロセスでコスト・コントロールが適切に行われた結果、製造現場でコストが上昇しないように維持管理されている状況となっていること、すなわち**原価維持**が必要である。

工場管理や工程管理を含むマネジメントを的確に行うことができれば付加価値を生まないコストを大幅に削減することも可能であるし、コスト低減対象以外のコストが増大することもある。製品ポートフォリオをどのように組めば収益性が向上するか、環境変化によるリスクをどのように分散すればよいのか、品質・価格・信頼性・納期といった顧客の関心事についてバランスをどうとるのか、多様なサービス業が生まれてきていることを考えるとサービス業における**戦略的コストマネジメント**を行う必要がある。それには、日常業務の中から会計情報を十分に活用し、組織変革の糸口を見出し、組織のあり方や戦略の方向性を導き出すことにコストマネジメントを活用し、企業の価値創造活動に関与する様々な要素に気を配り、その全体的な最適状況と利益環境を生み出す必要がある。

ここで改めてコストの発生について整理しておく。

	費目	内容	基準
製造現場	原材料費	原材料を使用する	使用量
	労務費	作業者が働く	作業時間
	外注加工費	業務を委託する	契約単価
	経費	設備が稼動する	稼働時間
販売業やサービス業	原価	商品を販売する	物量ベース
	営業費用	サービスを提供する	物量ベース

⑵　原価企画

①　原価企画

原価企画（target costing, target cost management）とは「製品の企画・開発に当たって、顧客ニーズに適合する品質・価格・信頼性・納期等の目標を設定し、調達・制作から販売までのプロセスのなかで、目標を達成しようとする利益管理活動である。」といえる。つまり、**原価企画**は製品開発活動全般にわたる戦略的コストマネジメントである。製品の開発・製造・販売に要したコストを回収し適正レベルの満足な利益を計上できる製品価格が製造企業にとっての適正価格である。製造業では、コストの発生原因が確定する時点で十分な検討を行っておく必要があり、コストの源（上流）で管理を徹底しておかないと開発の後期の段階（下流）で予想以上の高コストになることがある。

製造業以外での原価企画は、新規事業を開発し、参入投資するために行う戦略的な費用管理であるといえる。新規事業を開発・投資・販売に要した費用を回収し満足な利益を上げられる価格（販売業の販売価格・サービス業の提供価格）が製造業以外の会社にとっての適正価格となる。購入する消費者やサービスを享受するユーザーについてのニーズは把握する必要があるが、予測が困難な場合も多く、企業がコントロールしにくい要素に依存するよりは、コントロールしやすい費用を制御するほうが、利益は確実に得られる。費用の発生原因が確定する時点すなわち投資意思決定の段階までに十分な検討・管理を徹底しておかないと事業参入の後半の段階すなわち設備投資に着手してからでは費用低減の余地はあまり残されていないため、事前に以下の算式により費用を試算していくことになる。例えば、新規事業のために、設備投資（減価償却資産の取得）をすることが意思決定されたとして、その後に投資額が決定される。その資産を使用することにより獲得されると見込まれる収益（キャッシュ・フロー）と見込まれる利益が決定されると、逆算で費用すなわち減価償却費が決定され、さらに設備への投資額が決定されることになる。

目標コスト＝希望獲得収益―希望利益

25年間のプロジェクトを行い、次のように希望獲得収益と希望利益を見積もる。

	1～5年	6～20年	21～25年	累計
希望獲得収益 希望利益	7億円 0億円	8億円 3億円	6億円 1億円	185億円 50億円
目標費用 経常費用	7億円 4億円	5億円 2億円	5億円 3億円	135億円 65億円
差引償却費	3億円	3億円	2億円	70億円

最初の５年間は初期投資の開発費用等が負担になるためにスタート時は赤字ではじまり５年間で均衡するようにするため希望利益は０とする。次の15年間は、安定的に収益・利益とも計上される。最後の５年は、老朽化等により維持管理修繕の費用が多く発生するため利益金額は減少する。償却費以外の経常費用も先の前提から初期と後半に多く発生すると考え差引の減価償却費は累計で70億円と算定される。言い替えればこの金額をベースに投資できる金額が決定されるということになる。この償却を定額法か定率法どちらで行うか、また耐用年数を何年にするかは制度会計の問題であり、それにより実際の損益は各年度により異なるが、原価企画とした場合の投資額の決定としての見積りである。

② 原価企画の欠点

製造業における原価企画は高品質・低コストを維持するのに優れており、製造業以外においても原価企画は安定した収益・利益をあげ低い費用を維持していくための戦略的コストマネジメントといえる。一方、必然的に付随する欠点（逆機能）として、一般的には次の３つである。

ｉ）製造業や製造業以外においても事業の多様化細分化が進展しライフサイクルも短くなっており、すべての事業戦略に原価企画を実施すると供給側が疲弊してしまう。

ⅱ）同様に設計を担当する技術者集団や企画開発を担当する集団も多種多様になるため適用するのに疲弊してしまう。

ⅲ）このような状況ではプライスリーダーシップをすべてに対して維持するのは困難であり、大幅にプライスダウンした新規企業の参入も必然的に起こり、価格決定能力を失ってしまうことがある。

これらを克服していくには、それぞれの部門の利益に対する貢献度に応じてインセンティブを享受できるルール体制を企画開発の着手前に構築しておくことが必要となる。

5　企業価値

企業価値については管理会計の世界では、算定や増大のための方策などが取り上げられている。数学的な要素を必要としているが、ここでは、取締役会の構成員として理解しておくべき内容に絞り、複雑な数学的な要素を捨象して進めてみる。

(1)　企業価値と会計公準

企業価値は企業と価値の用語に分解できる。企業は利益等の獲得を目的として活動を行い、継続することを目的としている。価値とは経済活動を行うことにより生み出した利益やキャッシュ・フローを金額（貨幣価値）として算定されるものと考えることができる。企業はゴーイング・コンサーン（継続企業）を前提として運営される。継続企業の前提は、企業の事業は制度上存続していくので、企業による会計報告の期間は人為的な区切りである会計期間として設定される。

継続を前提とする企業では、株式を所有している株主の保有期間が永続するわけではなく、株式の所有者が変化しても継続する仕組みで成立している。時には、倒産や買収される場合もあるが、通常、倒産を前提に企業は設立されない。また企業は利益計上を目的として設立されている。したがって、様々な経済活動を行う企業に対する社会からの対価が利益とするならば、企業価値は、当該企業が将来にわたり生み出す利益の合計額（あるいは現在価値）と定義することができる。最近では、利益だけではなく、将来にわたって生み出すキャッシュ・フローも着目されている。つまり、経営には企業価値を高めることが求められるので、企業価値の増大をもたらす要因を分析・評価してそれを企業経営へと反映させることが要求される。しかし、企業価値を分析・評価することは容易ではなく、将来の予測が必要となり不確実性やリスクを伴うものであり、企業価値に対してはステークホルダーにより認識や期待が異なり、当事者間で大きな隔たりが存在するためである。

企業価値の分析・評価を、単なる分析や計算手法を理解するだけではなく、経営上、資金面、会計面、管理面でいかに活用するか理解し、企業価値を多面的に捉えることである。さらに、国際的基準を日本企業の事例に置き直して考えることである。

企業価値を生み出せないならば、市場からの撤退を迫られることになる。市場から調達した資源（インプット）に加工を加え、製品・サービス（アウトプット）を市場で販売することが企業活動であるとすれば、このプロセスを通じて付加価値を創り出すことが求められる。企業活動は、ヒト・モノ・カネ・情報といった資源を用いるが、重要性の高いカネの流れをベースに、企業の付加価値創造プロセスをみることができる。

企業は債権者や株主から資金の提供を受け、仕入先からモノを調達し、技術を含む情報と労働を加えて、得意先に製商品（サービスを含む）を提供する。インプットとアウトプットの差を効率的に生み出せていれば、得られるカネは、調達した金額を上回るものとなる。このカネを必要に応じて資金提供者に利息や配当として還元するとともに、残りを再び事業投資していくことで、企業は継続的に付加価値を増大することができる。カネの面から企業の価値増大プロセスをみると、債権者や株主から調達した資金（資本）を、企業活動を通じていかに増大させるかがポイントとなる。財務諸表で示される企業の価値増大プロセスで、儲けは損益計算書から、カネの流れの価値増大プロセスは、キャッシュ・フロー計算書を通じて確認することができる（伊藤邦雄『企業価値経営』（2021年4月、日経BP社））。なお、企業が公表している損益計算書では、企業活動によって獲得した収益から費用が控除されて、当期に株主のためにいかに利益を創出できているかを示す最終的な利益（当期純利益）が計算される。企業のステークホルダーに対するコストでは、従業員には人件費として、債権者には支払利息等で明示されるが、株主に対する配当は損益計算書に表示されない点に留意すべきである。つまり損益計算書における最終利益をもとに株主へのコストである配当が決定されるため、この最終利益は、株主に分配可能な残余利益を意味している。株主側から見れば残余利益を計算することが損益計算書の目的とされているからである。

管理会計の世界では、企業価値という視点から企業にとっての真の利益を考えていくため、株主に対するコストも差し引く必要がある。当期純利益から株主に対するコストを差し引いた金額が、最終的に企業が創造した正味の付加価値であり、それが企業にとっての利益と考えることができる。

この企業価値という考え方を入れると、企業が当期純利益で黒字を計上していても、プラスのキャッシュ・フローを獲得していても企業価値が生み出されていないという状況が十分に起こりうる。重要なのは、当期純利益から株主に対するコスト（資本コスト）を控除した利益がプラスかマイナスかである。これがプラスであれば，企業は価値を創造できていると解釈することができる。

⑵　価値測定のための３要素

企業価値の創造について、貸借対照表や損益計算書のみから十分に判断できるわけではない。企業価値の測定には、①キャッシュ・フロー、②時間価値、③資本コストの３つを理解する必要がある。投資プロジェクトと企業価値算出に関する次の事例を見てみよう。

【事例】投資プロジェクトの価値

> あるプロジェクトに10億円投資した場合、今後５年間にわたって毎年４億円のキャッシュ・インフローが確実に生まれるとする。このプロジェクトの資金提供者である銀行が３％の利子の支払いを求めているとすると、この投資プロジェクトの価値はいくらになるか？

① キャッシュ・フローとは、現金の収入・支出を意味する。事例でいえば、初期投資のキャッシュ・アウトフロー10億円と毎期獲得４億円のキャッシュ・インフローがキャッシュ・フローとなる。

② 時間価値とは、現在の100万円と１年後の100万円の価値が異なることを意味している。この投資プロジェクトでいえば、毎期４億円のキャッシュ・インフローがあるが、今期獲得する４億円のほうが、次期に獲得する４億円よりも価値があると見ることができる。

③ 資本コストとは、資金提供者が資金を拠出する際に、投資先に求める最低限の期待収益率を指す。この投資プロジェクトでいえば，資金提供者である銀行が要求する利子率である３％が資本コストとなる。なお、投資プロジェクトを通じて獲得できるキャッシュ・フローの現在価値から、キャッシュ・フローを獲得するのに必要となる投資を控除した金額を「**正味現在価値**」（NPV=Net Present Value）と呼ぶ。投資プロジェクトだけでなく、利付債や株式など様々な資産の価値金額を算定する際にもしばしば利用される考え方である。

これら３つの要素を前提とした場合に、この投資プロジェクトの価値を以下の数式に基づき算出できる。なお、銀行への利息支払・元本返済にともなうキャッシュ・アウトは考慮しないものとする。

正味現在価値 $= -10+4/(1.03)+4/(1.03)(1.03)+4/(1.03)(1.03)(1.03)+4/(1.03)^4+4/(1.03)^5 = 8.32$ 億円　と計算される。

6　経営と会計に関する事例

稲盛和夫は鹿児島県出身の日本の代表的な実業家である。電子・情報・セラミック等のメーカー「京セラ㈱」の創業者でもあり、理科系（技術屋）として経営や会計がよくわからない状況から出発したが、その中で自らの柔軟な発想の元で原理原則をわかりやすい形で表し、現在の大企業に育て上げる自己の経営の柱とした。また、現在のKDDIの前身である「第二電電㈱」を創業し、異業種である電気通信事業にも参入した。また、2010年１月に日本航空の代表取締役会長として日航再建に取り組むよう当時の首相から要請され、同年２月から、無給で務め、短期間で再建し再上場に結びつけた。

企業の業績すなわち経営成績は、損益計算書によって開示・公表される。投資家や株主が注目するのは売上高や利益の金額とそれらの推移である。前年よりも売上高や利益が増加していれば増収増益といって好感触で受け容れられる。損益計算では、利益は収益（売上高等）から費用（売上原価・経費等）を差し引いて求められるが、売上高を増やす一方で経費を減らすことにより利益を増やすことができるという極めて当然な言葉が述べられている。しかし、現在の企業を取り巻く環境は極めて厳しく、売上高を増やしながら経費を減らすことは容易ではないことも述べられている。あくまでも稲盛氏の経営の原点、基本原則が述べられている（『稲盛和夫の実学　経営と会計』（日経ビジネス人文庫、2000年）「序章　私の会計学の思想」35頁より）。出典はバブル経済崩壊後に出版されたが、経営と会計の基本的な考え方を実践的基本原則として示されている。これらの原則は、現在の会計の特徴からも先見性がある。

まず、キャッシュ・フロー計算書の重要性を説き、利益すなわち儲かればお金が残るはずであるし、経営者は利益を出すばかりではなく、お金も増やす必要があることを述べている。

企業の経済活動でモノが動いたりサービス（役務ともいう）を提供したりさらにお金が動くときは、それを示す証憑類（伝票等）が必ず対になっている必要があると説く。納品すれば同時に売上を計上して、売上伝票が起票されなければならない。現在のIT・ネット取引に当てはめてみれば、システムへの売上の入力を意味している。商売の現場に当てはめてみると、証拠を残し検証が可能となる監査上の立場からも重要である。また取引は二重にチェックする必要があると、現在の内部統制制度のチェック機能を重視している。さらに、利害関係者への会社情報の公開は、株主などの外部関係者だけでなく、従業員など内部に対しても行い、関係者とのコミュニケーションの重視など、透明な経営を提唱している。

上記の言葉について、稲盛氏は、採算向上と非常に関連が深く、売上を増やし、付加価値を高めていく（企業の中でいかに売れるかという工夫をして商品やサービスの価値を高める意味）にはどのようにすべきかを説いている。特に管理会計の部門である、小集団独立採算制度による経営管理システムである「アメーバ経営」を提唱実践した。「アメーバ経営」は、組織が大きくなるのに対抗して、企業を６～７人の小集団（アメーバ）ごとに組織しリーダーには経営計画・実績管理・労務管理など経営全般を任せるものである。またこの過程から経営への参加意識や、将来の経営幹部候補の養成も手がけ、さらに社会貢献として、若手経営者の育成を目的とした経営塾「盛和塾」を主宰し、日本の経営者教育にも力を入れていたが2019年に解散した。

第3節　監査のアプローチ

1　会計監査

(1)　監査の定義

お金や物財が関係するところで、また、人や企業の活動による結果が利害対立を生むようなところで監査がみられる。監査を定義すると、活動による何らかの主張があること、その主張の信頼性を確認できる確立した基準があること、主張と基準の合致の度合いを確かめ関係者に伝達することと整理される。また誰が実施者になるかで監査を区分することができ、なかでも重要なのは、法律などにより制度として確立している監査役や会計監査人などの行う株式会社の監査である。

(2)　企業を取り巻くリスクへの対応

さらに、経済活動や経済事象にはリスクが常にともなっている。代表的なリスクとして為替リスクを見てみる。円とドルなどの通貨間の交換比率である為替レートは自由経済社会のもとでは、資金の需要と供給のバランスや金利・資金移動の状況で、日々変化する。1ドル110円が、間をおかずに115円になったり105円になったりする。国際的な企業活動を行っていればこのようなリスクが取引に入り込み、リスクに関する情報がルールにのっとって、評価または測定した結果が、情報として知らされている必要がある。このような中で主題に責任を負う者、つまり経営者からの情報が信頼できるものかどうか、入手した証拠に基づき規準に照らして判断した結果を結論として報告する業務が必要になる。これが保証業務、広い意味での監査が必要となる背景になる。

株式会社（複数の会社の集合体をさす企業集団も含む）を想定すると、企業は日々経済活動を行うことにより、企業の内外でお金が増減し、また販売する商品が増減し、サービス業では商品が動くのではなく、サービスという付加価値を提供したり提供を受けたりする経済活動をしている。この結果日々の活動によって、お金・物財・付加価値等が増減し会計情報となる。これら会計情報に対して信頼できるかどうか判断するのが監査であるともいえる（『会社役員財務経理担当者のための監査入門』（同文舘、2011年））。

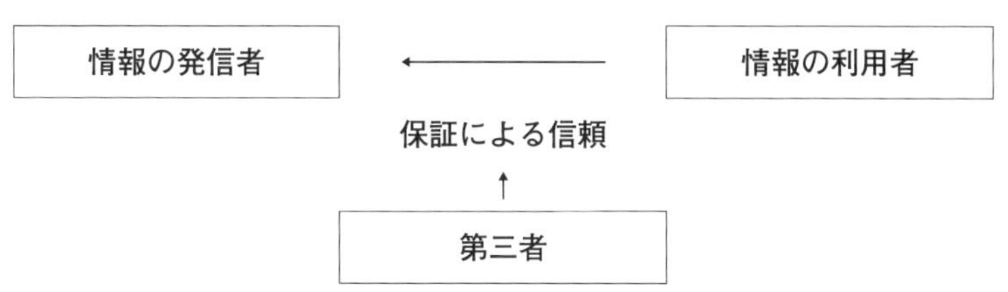

2　監査役等と監査人

(1)　実務における監査役等と会計監査人の連携

①　経営者と監査人

経営者は監査に、何を求めるのか。例えば、経営の現状と課題を利害関係者に等身大に伝えようとする経営者であれば、会計監査人と経営課題について情報を共有し、専門家としての指導や意見をディスクロージャーや経営の改善の参考にすると考えられる。また、社内の経理部門に頼りない印象を抱く場合も、会計監査を経営管理の重要な機会として活用しようとする。

一方、会社に都合のいい情報だけ示せばいいというスタンスの経営者であれば、経営課題に会計監査人を関与させないようにし、監査人には決算書にサインだけさせておけばいい。詮索したり、決算に注文を付けたりする監査人は煙たがられると考えられる。

実際の経営者のスタンスは、これほど極端ではないが、経営者や自社がどういう構えで監査人と接しているかの状況を把握しておくことが必要である。なお、会計監査人（会社法337条）とは、会社法上で、大会社等に設置される計算書類等の会計監査を行う機関をいい、公認会計士または監査法人が就任する。金融商品取引法では監査人というが実質は一体と考えてよい。

最近の会計監査人は、保証業務に特化し、会社に対する指導や会社からの問題提起に対しては消極的である。しかし、監査業務の中で、社外の目としての疑問や問いかけについては、真摯に受け止めておく必要がある。問題の発見や解決の端緒となることも考えられるからである。

② 経営課題への監査の対応

会計監査人がかかわる経営課題としては、法令・会計ルール変更への対応、外部との事業・資本の提携、事業・事業所の再編、不正経理の防止、設備の劣化にともなう大規模修繕や減損などがある。これらの経営課題への対処を会計監査人とともに進めることが望ましい。会計監査人が直接的に係り難い案件もある。最近では、収益認識基準の社内適用に係る検討とルールの構築などがあったが、このような場合は、社外のコンサルタントの力を借りることも念頭に置く必要がある。

例えば法令や会計ルールの変更がある場合、これらの変更の財務諸表への影響を先入観や部署の利害に惑わされることなく、的確に把握することである。経営者は、信頼できる経理スタッフまたは会計監査人から、変更内容とその影響を確認する必要がある。経営者は納得がいく説明があれば、受け入れることになる。仮に、損失計上を自分の任期より後に延期できないかなどと考えると、粉飾決算が発生しやすい風土ができかねない。

また、見積りについては、恣意性や経営者の判断が入り込むことも多いので客観性を確保することである。見積りは将来の影響額を計算して予測するため、計算の仕方によって結果が大きく変わる可能性がある。例えば、見積りに関する専門家を活用すれば、見積りの結果は信頼でき、会計監査人による検証も比較的容易となる。会計監査人は、社内外の専門家が計算したプロセスが常識や関係書類に照らして合理的かどうかを確認する。社内では関係書類や証憑との整合性や、見積りを的確に行うためのデータを揃えるなど、検証できるようにする必要がある。恣意性のある見積りは、結果として、後年度の財務諸表への影響や利害関係者からの企業全体や経理部門に対する不信感を残すことになりかねない。

③　会計監査人とのコミュニケーションのとり方

経営判断レベルでも、日常業務レベルでも、課題への対応に必要なのは、会計監査人への十分な情報提供である。この情報提供を円滑に行うには、会社のどの役員、従業員が、いつ、何について、会計監査人と情報を共有するかというコミュニケーションの仕組みづくりが大切である。役員とのコミュニケーションについては、会社の経営に最終的責任をもつ経営者とフランクに話し合える関係を平時から築いておくことである。ただ、監査人がフレキシブルな対応が可能かどうかは、当該監査人の、資質・能力・経験に加え、関与年数なども影響する。

経営危機や経営の重要な分岐点（有事）に直面して初めて会計監査人と意見を交わしても、経営者が会計監査人の意見やアドバイスを即座に受容することは、実際には難しいと考えられる。また監査役等（監査役若しくは監査役会又は監査委員会、監査等委員会。以下「監査役等」という）とのコミュニケーションの機会も大切である。会計監査人とともに会社に警鐘を鳴らす役割を担っているため、両者が話せる機会を決算期以外にも作っておくことが必要である。監査基準では監査人と監査役等の連携が明文化され、コミュニケーションの具体的内容については監査基準委員会報告書260「監査役とのコミュニケーション」（監基報260。最終改正2020年８月）における監査役若しくは監査役会又は監査委員会との連携項目に記載されている。

④　監査役等の会計監査人に対する視点（会計監査人の監査の相当性レビューのポイント）

監査計画のヒアリングから始まるが、形式的ではなく、時間を充分かけて、監査計画の説明を聴取することである。特に、自社の監査環境を踏まえて適合した監査計画を作成しているか、前年度までの監査結果にもとづき着眼点を織り込んでいるか、監査方針、監査重点項目や監査上の重要な検討事項（ＫＡＭ）候補等は合理的か、といった観点から質疑を行うことになる。

会計監査人の監査の相当性レビューのポイントは、監査の方法の相当性の点検と監査の結果の相当性の点検である。監査役等の立場で掌握している事実・情報や月次の数字の積み上げ、及び監査役等自身の経営実態認識と会計監査人の監査の結果との間で違和感はないかを確認することである。

経験のある監査役等及び社外監査役等が重視すべきはこの違和感である。違和感は事業リスクや会計不正の端緒となることも多いため、当年度以前の状況に、当年度以降の変更要素を加味しておくことである。

⑵　監査基準における監査人と監査役等との連携

①　監査基準における連携

監査における監査役等との連携は、不正が疑われる場合に限らず重要であると考えられることから、監査人は、監査の各段階において、適切に監査役等と協議する等、監査役等と連携を図らなければならないことが監査基準に明文化されている。

> 第三 実施基準　一 基本原則
> ７　監査人は、監査の各段階において、監査役等と協議する等適切な連携を図らなければならない。

②　監基報 260 における監査役等との連携項目

監基報 260 で規定されているコミュニケーションを行うことが要求されている事項は以下のとおりである。

・財務諸表監査に関連する監査人の責任
・計画した監査の範囲とその実施時期
・監査上の重要な発見事項

経営者確認書の草案を含み、また企業の会計実務の質的側面のうち重要なものについての監査人の見解も含まれる。

・監査人の独立性
・品質管理のシステムの整備・運用状況

会計実務の質的側面に関するコミュニケーションとしては以下の事項があげられる。

ｉ）会計方針
・会計方針の適切性、新会計基準の選択と重要な会計方針の変更

・確立された指針等がない又は業界特有の会計方針の影響

ⅱ）会計上の見積り

・経営者による会計上の見積りを必要とする事項を識別、経営者の見積りプロセス

・重要な虚偽表示リスクと経営者の偏向が存在する兆候

・見積りの不確実性に関する開示

ⅲ）財務諸表の開示

・収益認識、継続企業の前提、後発事象及び偶発事象等慎重な検討を要する事項

・財務諸表の開示の全体的な中立性、一貫性及び明瞭性

ⅳ）その他の関連する事項

・係争中の訴訟等、財務諸表に開示されている重要なリスク及び不確実性が財務諸表に与える影響の可能性

・通例でない取引が財務諸表に与えている影響の程度及び財務諸表への開示

・資産・負債の帳簿価額に影響を与える要因（例えば耐用年数の決定）

・増益効果のある虚偽表示は修正するが、減益効果のある虚偽表示は修正しない場合

③　平時の連携

実務上の連携については「監査役若しくは監査役会又は監査委員会と監査人との連携に関する共同研究報告」（以下「研究報告」という）が日本公認会計士協会と日本監査役協会（2021年4月最終改正）より改正公表されている。

ⅰ）研究報告の内容

研究報告は、監査役等と監査人がそれぞれの職責を果たす上での相互連携のあり方を示すことにより、両者の連携を強化し、**コーポレート・ガバナンスの一層の向上を目的**として両協会が共同して取りまとめたものである。

両協会は今までの共同声明等で、監査役等と監査人は、我が国のコーポレート・ガバナンスに携わる者として企業不祥事の発生を真摯に受け止め、コーポレート・ガバナンスの一層の充実に向けて、相互の連携に努め、それぞれの職責を果たしていく必要があるとしている。状況の変化を踏まえ、両協会は、研

究報告として改正公表した。

今回の内容の見直しは、主に以下の改訂や改正などの状況の変化を踏まえている。

・2020年11月改訂の監査基準

・2020年8月改正の監査基準委員会報告書260

・2019年2月公表の監査基準委員会報告書701

KAMに関して、その選定過程を追加、連携の時期及び情報・意見交換すべき基本的事項の例示においてKAMに関するコミュニケーション項目の追加等

・2021年1月改正の監査基準委員会報告書720

連携の時期及び情報・意見交換すべき基本的事項の例示にその他の記載内容に関するコミュニケーション項目（入手時期等）を追加等

ⅱ）研究報告の位置付け

会社法において、監査役等は業務監査権限を有するとともに会計監査権限を有し、会計監査人の監査の方法と結果の相当性を判断する責務を負っている。会社法397条においては、監査役の会計監査人への**報告請求権**及び会計監査人の監査役に対する**報告義務**が規定され、また、金融商品取引法193条の3においても監査人による監査役等への**通知義務**が規定されている。

これらの法令の趣旨を踏まえ、研究報告は、監査役等と監査人の相互連携の考え方についての参考となるよう、会社法及び金融商品取引法に基づくそれぞれの監査において、どのような相互連携が望ましいかとの観点からまとめられたものである。研究報告に記載されている事項は、あくまでも実務の参考に供するための例示であり、実際の連携については、各社の監査局面において両者の協議により決定されるべきものである。また、研究報告の記載内容は基本的な事項にとどまり、両協会から公表されている指針等のすべての事項を網羅するものでもない。監査役等と監査人が連携のためのコミュニケーションを図る場合には、その前提として、監査役等、監査人それぞれに求められる指針等を相互に理解しておくことが有用である。

ⅲ）監査役等と監査人との連携の必要性と効果

コーポレート・ガバナンスの充実を図るため、会社法においては監査役等の

機能強化が行われてきており、他方、不正な財務報告に対する監査人の対応を強化するため監査基準が改訂されてきた。このため、監査役等と監査人は、それぞれの監査の目的を達成するために、相互の信頼関係を基礎としながら、緊張感のある協力関係のもとでの適切な連携を図ることが必要である。特に、経営者が関与する不正な財務報告を防止し、適切に対応するためには両者の連携が重要である。監査人が遵守すべき監査基準においても規定され、また、監査役協会の監査役監査基準においても、会計監査の適正性及び信頼性の確保のために監査役が果たすべき職責が規定され、会計監査人との適切な連携を図るべきことが明確にされている。なお、最近の不正事例は、主流ではない事業部や子会社（特に海外子会社）等の親会社の監督が薄くなりがちなところに見受けられる傾向がある。

監査役等と監査人との適切な連携には両者の有効な双方向のコミュニケーションが不可欠である。監査役等と監査人は、監査上の必要な事項について情報提供と意見交換を行い、監査役等からは日常の業務監査等で知り得た情報を監査人に伝え、監査人からは会計監査で得た情報を監査役等に伝えることにより、それぞれの監査の有効性及び効率性を高めることができる。つまり監査人側においては、連携を図るためのコミュニケーションは、監査基準で強制されているものであることを監査役等は認識しておく必要がある。また、両者は連携が適切に行われるよう努めるとともに、それが適時かつ十分に行われたかを評価し、仮に連携が十分ではなく、その状況が解消できない場合には双方の監査意見にも影響する可能性がある点に留意が必要である。

(3)　会社法と金融商品取引法における監査役等と監査人の連携に関連する規定

ｉ）会社法における関連規定

・監査役等による会計監査人の監査の方法と結果の相当性の判断に関する規定（会社計算規則127条２号、128条２項２号、132条１項）

・会計監査人による法令・定款違反発見時の報告義務（会社法397条１項）

・監査役等の会計監査人に対する報告請求権（同条２項）

ⅱ）金融商品取引法における関連規定

・監査人による法令違反等事実発見時の通知義務（金融商品取引法193条の3）
・不正リスク対応基準における規定

監査における不正リスク対応基準（以下「不正対応基準」という。）では、監査人は、監査役等に不正リスクに関連して把握している事実を質問しなければならない（不正対応基準二２）とされている。また「監査人は、監査の各段階において、不正リスクの内容や程度に応じ、適切に監査役等と協議する等、監査役等との連携を図らなければならない。」とされているほか、「不正による重要な虚偽の表示の疑義があると判断した場合には、速やかに監査役等に報告するとともに、監査を完了するために必要となる監査手続の種類、時期及び範囲についても協議しなければならない。」（同17）とされている。さらに、「監査実施の過程において経営者の関与が疑われる不正を発見した場合には、監査役等に報告し、協議の上、経営者に問題点の是正等適切な措置を求めるとともに、当該不正が財務諸表に与える影響を評価しなければならない。」（同18）とされている。

(4)　内部統制監査の基準における規定

「財務報告に係る内部統制の評価及び監査の基準」（最終改正2019年12月）（以下「内統基準」という）では、監査人が内部統制監査の実施において開示すべき重要な不備を発見した場合には、当該開示すべき重要な不備の内容及びその是正結果を監査役等に報告すべきことが規定されている（内統基準Ⅲ３(5)）。また、監査人が内部統制監査の実施において不正又は法令に違反する重大な事実を発見した場合には、監査役等へ報告して適切な対応を求めることとされている（同Ⅲ３(6)）。さらに、同基準では、監査人は、効果的かつ効率的な監査を実施するために、監査役等との連携の範囲及び程度を決定しなければならないとされている（同Ⅲ３(7)）。

(5)　監査役等と監査人との連携の方法、時期及び情報・意見交換事項

監査役等と監査人の連携の方法には、面談、会合、口頭又は文書による情報交換や、監査役・監査委員による監査人の監査現場への立会などがある。監査役等と監査人は、コミュニケーションに際して関係者全員に適切に情報が伝わ

るよう努める。具体的には、監査役等は、監査人の業務執行責任者に情報が伝わるよう配慮し、監査人は、常勤監査役のみならず、必要な場合は監査役会・監査委員会とコミュニケーションを行うよう配慮する。監査役・監査委員は、職務上知り得た情報を他の監査役・監査委員と共有するよう努める。コミュニケーションにあたって、監査役等と監査人は、両者の期待に相違が生じないようにする必要がある。

⑹　監査契約の新規締結時、監査契約更新時又は業務執行社員若しくは監査役等の交代時におけるそれぞれの監査体制等に関する事項

・監査人から監査役等への報告事項や情報提供の範囲
・監査役等から監査人への情報提供の範囲
・コミュニケーションのための文書を第三者へ提示する必要が生じた場合には、その同意手続

これらの協議事項には、当然ながら企業集団に関する事項も含まれる。

⑺　連携の時期及び情報・意見交換すべき基本的事項の例示

監査役等と監査人の連携の時期と情報・意見交換すべき基本的事項については、研究報告に例示されている。監査役等と監査人は、連携の時期と情報・意見交換すべき事項の決定にあたって、連携の方法も含め、会社の規模や業種その他両者の置かれている状況に応じて両者で協議を行い、連携の効果が上がるよう努める。

時系列で見ると、監査契約・更新、監査計画、四半期レビュー時、期末監査時となり、その内容としては、品質管理体制、監査人の交代等に関する事項、実施状況、経営者確認書の草案、修正事項、内部統制、監査人の検討事項、監査人の監査報告、監査役等の監査報告などになる。

また、随時行われる内容としては、監査人が監査の実施過程で発見した違法行為又はその疑いに関連する事項、監査人が会社に影響を与える不正を発見したか疑いを抱いた事項（不正対応基準の「不正による重要な虚偽の表示の疑義」を含む)、監査人が把握する会計上の変更及び誤謬の訂正に関する事項、その他の監査上の発見事項（軽微なものは除く)、監査人の監査計画の重要な修正に関

第３節

する事項などがあり、これらに対する監査役等の対応、監査役等が監査人の監査に影響を及ぼすと判断した事項（監査役等は、その責任の範囲内において説明）などになる。

その他、内部調査委員会・第三者委員会への監査人の対応、証券取引所への監査人の対応、開示書類の訂正、過年度遡及会計基準の適用と監査人の監査対応などがあり、これらに対する監査役等の対応が必要になる。

このように、基準や法令により、監査人と監査役等は多くの連携が必要になっている。一方、取締役と監査人、取締役と監査役等の関係性はさほど多くないといえる。しかしながら、ガバナンスの向上などの観点から、これらの内容を踏まえて、取締役会等でどのように取り上げるべきか、取締役・監査役等双方の視点から柔軟に対応すべきである。

⑻　品質管理レビューの結果についての対応

監査人及び監査事務所の質の向上が、不正事案の見逃し、処理の妥当性、影響の重大性等から、求められている。随時実施される、品質管理レビューについては以下のような定めがある。

ⅰ）品質管理レビューの結果の通知については、品質管理レビュー報告書及び改善勧告書の開示を制限する一方で、品質管理レビューの結果を要約したものを監査役等へ提供することは妨げず、当該要約に基づき品質管理の状況について積極的にコミュニケーションを行い、より一層の信頼関係を築くことを期待する旨の周知を行っている。

ⅱ）具体的な通知の方法について、当面、例えば次の３つの内容をそれぞれ要約したものを、被監査会社の監査役等に対して書面で通知し、説明を行うことが考えられる。

・品質管理レビュー（フォローアップ・レビューを含む。）を受けたかどうか。

・受けた場合には、監査事務所における品質管理に関して重要な指摘があったかどうか、また、そのような指摘があった場合にはどのような対応をしているか。

・当該被監査会社の監査業務が品質管理レビューの対象業務として選定

され、かつ当該監査業務における品質管理に関して重要な指摘があった場合には、その旨及びどのような対応をしているか。

また、公認会計士・監査審査会は、監査事務所の監査の品質の確保・向上を図る観点から、監査事務所の検査で確認された指摘事例等について、年次で「監査事務所検査結果事例集」として取りまとめ、公表しているので、監査人と監査役等との連携を充実させるとの観点から、事例集に基づく対応にも留意することになる。

⑼　有事の連携

有事における連携については、「法令違反等事実又は不正の行為等が発覚した場合の監査役等の対応について～監査人から通知等を受けた場合の留意点～」（日本監査役協会平成24年４月20日）が参考になる。

ⅰ）金融商品取引法193条の３及び会社法397条の対応

監査役等は、監査人が法令違反等事実若しくは不正の行為等を発見した場合、監査人から当該事実について通知又は報告を受ける立場にある。つまりこの状況での通知又は報告を受ける場合は、事態が極めて深刻な状況となっていることが予想され、まさに有事の対応として監査役等は迅速で的確な対応が求められる。

ⅱ）監査人からの通知等に対する監査役等の対応

監査役等は、法令違反等事実若しくは不正の行為等に関する通知及び報告に加え、こうした通知又は報告の前段階として、監査人から、不適切な会計処理の端緒となり得る事実、不適切な会計処理につながるおそれのある事実や端緒等を含め、報告又は連絡等を受けることもある。

監査人から上記の通知、報告又は連絡等（以下「通知等」という）を受けた監査役等としては、有事としての対応が求められることから、改めて以下の事項について注意喚起を行う。また、監査人から通知等を受けた時点で、不適切な会計処理に関与していた、あるいはその事実に気づきながらも何ら措置も講じていなかった監査役等も、自ら準拠した行動を取ることが必要である。

監査役監査基準第 27 条

1．監査役は、企業不祥事（法令又は定款に違反する行為その他社会的非難を招く不正又は不適切な行為をいう。以下本条において同じ）が発生した場合、直ちに取締役等から報告を求め、必要に応じて調査委員会の設置を求め調査委員会から説明を受け、当該企業不祥事の事実関係の把握に努めるとともに、原因究明、損害の拡大防止、早期収束、再発防止、対外的開示のあり方等に関する取締役及び調査委員会の対応の状況について監視し検証しなければならない。

取締役の対応が適切でないと認められる場合には、監査役は、取締役に対して第三者委員会の設置の勧告を行う、あるいは自ら依頼して第三者委員会を立ち上げるなどの適切な措置を講じる。監査役は、第三者委員会の委員に就任した場合、会社に対して負っている善管注意義務を前提に、他の弁護士等の委員と協働してその職務を適正に遂行し、第三者委員会の委員に就任しない場合にも、第三者委員会の設置の経緯及び対応の状況等について、原則として当該委員会から説明を受け必要に応じて監査役会への出席を求める。

監査役監査基準第 47 条第５項

監査役は、会計監査人から取締役の職務の執行に関して不正の行為又は法令もしくは定款に違反する重大な事実（財務計算に関する書類の適正性の確保に影響を及ぼすおそれがある事実を含む）がある旨の報告等を受けた場合には、監査役会において審議のうえ、必要な調査を行い、取締役に対して助言又は勧告を行うなど、必要な措置を講じなければならない。

ⅲ）監査役監査実施要領による対応

企業不祥事発生時の対応について、実施の意義及び留意事項としては、企業不祥事への対応は監査役の中心的職責であること、企業不祥事に対して適切に対応しない監査役には法的義務違反が認定されうることが示されている。手順については５つが示されている。

・事実の把握及び拡大防止・適切な開示等の対応に関する監視・検証
・重大な企業不祥事の芽をつかんだ状況での弁護士を関与させた委員会立ち上げなど
・企業不祥事対応における弁護士等への相談
・重大な企業不祥事が公表された場合の第三者委員会との協働

・第三者委員会に対する監査役監査など

監査役の基本的職責は、企業の健全で持続的な成長を確保し社会的信頼に応える良質な企業統治体制を確立することである。監査役が会社法において非業務執行役員として選任されているのは、業務執行者だけで対処するのでは利益相反の懸念がある場合への対応が求められているからである。企業不祥事では業務執行者に対する責任追及を伴うことも多いことから、監査役が非業務執行役員として主要な役割を果たすことが会社法でそもそも想定されている。重大な企業不祥事があった場合に、監査役が、当該企業不祥事に利害関係のない者でかつ会社に対して法的に善管注意義務を負っている者として、さらには社内の事情に精通した者として、会社法上有している業務監査権限等を行使し、対外的信頼の回復に向けた原因究明や再発防止に向けた意見を述べることは、会社法が監査役に求める中心的職責である。

3　財務数値と監査役等

有価証券報告書と会社法関係書類における監査役等にとっての重要記載項目について見ていく。

(1)　会社法の計算書類等との関連（会社法上の対応）

会社法により作成が要求されている事業報告の中で記載する有価証券報告書との関連の強いものとして、取締役の職務の執行が法令及び定款に適合することを確保するための体制その他株式会社の業務の適正を確保するために必要なものとして法務省令で定める体制の整備（会社法348条3項4号）についての決定又は決議があるときは、その決定又は決議の内容の概要（会社法施行規則28条2号）がある。また、公開会社の事業報告には、株式会社の現況に関する事項、株式会社の会社役員に関する事項、株式会社の株式に関する事項及び株式会社の新株予約権等に関する事項も含めることが求められている（同規則119条）。「株式会社の現況に関する事項」については、「当該株式会社の事業が二以上の部門に分かれている場合にあっては、部門別に区別することが困難である場合を除き、その部門別に区別された事項」を記載することが要求され

（同規則120条1項）、当該事業年度の末日において主要な借入先があるときは、その借入先及び借入額（同項3号）、直前三事業年度の財産及び損益の状況（同項6号）及び重要な親会社及び子会社の状況（同項7号）のように、当該事業年度または過年度の計算関係書類の内容と密接な関係を有する記載事項も含まれている。しかも、「直前三事業年度の財産及び損益の状況」について、「当該事業年度における過年度事項が会計方針の変更その他の正当な理由により当該事業年度より前の事業年度に係る定時株主総会において承認又は報告をしたものと異なっているときは、修正後の過年度事項（同規則120条3項）を反映した事項とすることを妨げない」とされている（同条3項）。

一方、事業報告は、会計監査人の監査対象ではなく、監査役等の監査の対象とされるにとどまっている。

⑵　対処すべき課題・事業等のリスクなどの項目等（金融商品取引法上の対応）

金商法上、監査役等は提出者の役員（金融商品取引法21条1項1号かっこ書）として、有価証券報告書等（有価証券届出書を含む）などの開示書類に虚偽記載等があった場合には、記載が虚偽でありまたは欠けていることを知らず、かつ、相当な注意を用いたにもかかわらず知ることができなかったことを証明しない限り、有価証券の取得者に対して損害賠償責任を負うとされており（同法21条、22条、24条の4）、監査役等が金商法上の開示書類の内容について関与することが予定されていると考えられる。しかし、監査役等は、金商法上の開示書類について監査報告は作成せず、取締役等の職務執行の監査の一環として監査を行うにとどまり、金商法上の開示書類との関連では、監査人の監査に頼らざるを得ないと考えられる。

一方、有価証券報告書の記載事項には、監査人の監査の対象となるものは限定的である。例えば、有価証券報告書では、監査人の監査の対象とならない記載事項については、各事業年度の財務諸表（連結財務諸表を含む）等に含まれる情報と密接な関係を有するもの（前者とする）として「第2　事業の状況」の「財政状態及び経営成績及びキャッシュ・フローの状況の分析」のほか、「業績等の概要」及び「生産、受注及び販売の状況」がある。それ以外のもの（後者とする）としては、「第４　提出会社の状況」の「コーポレートガバナンスの状況」および「第２　事業の状況」の「事業等のリスク」をはじめ、「第２　事業の状況」、「第３　設備の状況」及び「第４　提出会社の状況」の記載事項のうち、前者に当たらないものが含まれる。前者については、各事業年度の財務諸表等に含まれる情報との整合性が問題となり、後者については、投資者の意思決定に重要な影響を与える情報が含まれており、その適正性・信頼性を確保する必要がある。情報開示だけでは十分ではなく、情報利用者としては、当該情報の適正性について信頼が置けなければ、当該情報を利用し意思決定することはできないと考えられる。よって、提出会社がコストや時間をかけて情報を作成しても、適正性が確保されない限り開示する意義は薄くなってしまう。なお、監査人は監査上の主要な検討事項の記載にあたって、関連する項目を参照し、相互に整合しているか検討するが、KAM の記載は監査意見とは切り離され、利害関係者への情報提供と考えられることに留意すべきである。

監基報 720「監査した財務諸表が含まれる開示書類におけるその記載内容に関連する監査人の責任」において、個々の業務の状況において別に要求される事項がない限り、監査した財務諸表及び監査報告書が含まれる開示書類における「その他の記載内容は監査意見の対象ではなく、監査人は、その他の記載内容が適切に記載されているかどうかを判断する特定の責任を有していない」（１項前段）としながら、「監査した財務諸表とその他の記載内容との重要な相違によって、監査した財務諸表の信頼性が損なわれることがあるため、監査人は、その他の記載内容を通読する」（１項後段）ものとされた。ここで、「監査した財務諸表が含まれる開示書類」は、有価証券報告書がその代表例である。「その他の記載内容」としては、経営者による事業報告、財務概要または財務ハイライト、従業員の状況、設備投資計画、財務比率、取締役の氏名及び四半期財務情報が例示されている（A3 項）。

同 720 では、「監査人は、その他の記載内容を通読することにより重要な相違を識別した場合、監査した財務諸表又はその他の記載内容を修正する必要があるかどうかを判断しなければならない」（7 項）とされている。他方、その他の記載内容に修正が必要であるにもかかわらず、経営者が修正することに同意しない場合には、監査人は、監査役等に当該事項を報告するとともに、①監基報706「独立監査人の監査報告書における強調事項区分とその他の事項区分」7項に従って監査報告書にその他の事項区分を設け、重要な相違について記載する、②監査報告書を発行しない、または、③可能な場合、監査契約を解除するという対応をとることになる（9項）。

他方、内部統制報告書の作成は取締役または執行役の職務執行であるから、監査役等の監査の対象となり、また、その監査の結果は、会社法の下での監査役等の監査報告に反映されることとなる（会社法施行規則129条1項3号、130条2項2号、131条1項2号）。したがって、内部統制報告書の承認が取締役会の決議事項かどうかにかかわらず、内部統制報告書が、財務報告に係る内部統制の評価について、すべての重要な点において適正に表示しているか否かを、監査役等としては、監査人による監査結果などを踏まえて判断する必要がある。監査役等は内部統制報告書の内容について何ら監査意見も表明しておらず、しかも、内部統制報告書の作成責任を負う者でもないため、損害賠償責任や虚偽記載等の責任と同様に不明確である。もっとも、公認会計士または監査法人の内部統制監査報告書において、無限定適正意見（内部統制監査の対象となった内部統制報告書が、一般に公正妥当と認められる財務報告に係る内部統制の評価の基準に準拠して、財務報告に係る内部統制の評価について、すべての重要な点において適正に表示していると認められる旨）が表明されている場合には、内部統制報告書が不適正であることを監査役等が知り、または疑うべき合理的な理由がない限り、監査役等は「相当な注意」を用いたと評価されてよいと思われる。

分配可能額の算定と監査について、会社計算規則の下では、利益処分案または損失処理案が計算書類に当たらないという整理がなされたため、利益（剰余金）の処分または損失の処理に関する会社の決定（株主総会決議あるいは取締役会決議）が法令または定款に適合するか否かは、会計監査人の監査の対象には含まれていない。しかし、監査役等は、取締役が株主総会に提出しようとする議案、書類その他法務省令で定めるものを調査しなければならないものとされ、剰余金の配当等その他の剰余金についての処分が法令もしくは定款に違反し、または、それが会社財産の状況その他の事情に照らして著しく不当なときは、株主総会に報告（会社法384条）すべきであるということになる。

第４節　税務と国際化を踏まえて

1　法人税のしくみ

法人税は法人の所得に対して課税され、通常は各事業年度の所得の金額を課税標準（課税標準とは税額の算定の基準となる納税者の担税力を数値により表したもの）として課せられることになる。法人への課税は一事業年度におけるすべての収益と費用の差額である企業利益に基づき税務調整を加えた課税所得（各事業年度の所得）に対して課せられる。法人税の特徴として、国に納付する国税、担税者と納税者が同一である直接税（消費税のような間接税と異なる）さらに自ら計算し自ら申告して納付する申告納税方式（固定資産税などの賦課課税方式とは異なる）の税金であることの３つの特徴が挙げられる。法人税の納税義務は事業年度終了のときに成立することから会計上は年度末に納付すべき金額を未払計上することになる。

企業会計と法人税の関係について、日本の法人税の場合、企業会計上の利益を重視し、企業会計の当期純利益をスタートとして課税所得と税額が計算される。これを確定決算主義といっている。確定した決算とは、その事業年度の決算につき株主総会の承認があったことをいうものと解されているが、通常、会社法上の大会社（資本金５億円以上又は負債総額200億円以上）等については、計算書類は株主総会の承認は要せず、報告をもって足りる。その場合計算書類の承認については株主総会以前の取締役会の決議事項となる。

企業会計上、税務調整を考慮し、あらかじめ税務上の基準（例えば税法における償却資産の耐用年数の採用等）に依る処理がなされてきた項目もある。しかし、現在の企業会計は法人税から独立した処理基準を採用してきており、税務と会計の乖離が進んでいるといえる。課税所得計算における税務基準と会計基準のズレが、企業利益と当該年度負担税額のアンバランスをもたらしてしまう

第４節

が、税効果会計を採用することにより調整が可能となる。

(1)　課税所得の概要

課税所得と企業利益の関係はどのようになっているのか。会計と税務の関係を理解する上で必要な点に限定して説明する。まず企業利益と課税所得との間に次のような関係が成り立っている。

企業利益	収益の額－費用・損失の額＝当期純利益
課税所得	**益金**の額－**損金**の額＝課税所得
	益金の額＝企業会計上の収益の額＋益金算入の額－益金不算入額
	損金の額＝企業会計上の費用・損失の額＋損金算入額－損金不算入額

つまり、企業利益と課税所得は一致するわけではなく差異が生ずる場合が多くなってきている。次に、課税所得が算定されると、課税所得に税率を乗ずると税額（課税所得×税率＝税額）が算定される。

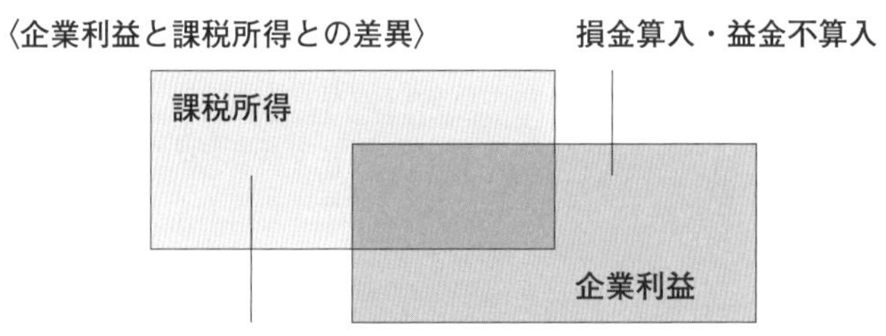

差異の中で注目するのは、会計上は費用であるが税務上の費用ではない損金不算入項目である。例えば、減価償却資産の償却超過額、寄付金・交際費、過大な役員報酬、役員賞与、などが挙げられる。また、益金不算入項目としては受取配当等の益金不算入が代表的である。

⑵　課税所得の計算（企業利益と課税所得の調整）

課税所得の計算過程を示すと、税務計算上は企業利益からスタートして加算・減算を行い、課税所得を計算するが、簡便的には税引前利益からスタートして損益計算書に計上する法人税等を除いた項目を加算・減算して算出することになる。当期純利益＝税引前利益－法人税等という算式が成り立ち、損益計算書を完成する前に税務計算を行って法人税等の金額（当期に負担する税額）を算定する必要があるからである。

税金の計上と納付に関するタイム・スケジュールについてみると、決算日を３月31日とした場合、年度末に納付する税額を、未払法人税等として貸借対照表に計上するとともに、法人税等として損益計算書に計上する。翌期に入って前年度に係わる税金の納付は２か月以内を原則とするので、５月末日までに、未払法人税等を取り崩して支払う。納付期限の末日が金融機関の休日にあたる場合は翌営業日までに行うことになる。さらに大会社などでは株主総会の終了が決算日後３か月以内になるため２か月経過時点では剰余金の処分（利益処分）等が確定しないため最終の申告書が作成できないが、この時点で仮納付することになる。その後確定までに修正事項が発生すれば総会後の申告時に訂正することになる。前年度に関する処理であるので当年度の損益計算には影響しない。期首より６か月が経過して第２四半期末日後２か月以内の11月末日までに中間納付をすることになる。この場合、前年の納付合計額の２分の１の金額を記載した申告書が一般には送付されるので、これに従い中間納付することになる。この場合、当年度の金額が確定していないので、仮払勘定を使用する。また第２四半期で決算を行っている場合には、この中間決算の金額に基づいて課税所得を計算し納付する方法も認められている。期末では税額を計算して確定させ、中間で納付した金額を控除した額を確定額としての未払法人税等にし、中間の仮勘定を整理するために中間時の仮払法人税等を取崩して損益計算書の法人税等に計上することになる。

なお、源泉税の処理については、例えば、定期預金の利息のうち15％の源泉所得税と５％の道府県民税を差し引かれて当座預金へ入金される場合、租税公課勘定で処理しておき、源泉税は当期の法人税の先払いとする考え方から期末に租税公課勘定を取崩整理し法人税等に充当する。

(3) 有税と無税

会計処理を行う場合、この処理は**有税**、それとも**無税**という言葉がよく使われる。この意味を代表的な例である交際費で説明する。交際費を支出すると会計処理上は費用処理になる。ところが税務上損金処理されるのは一定の要件に合致した場合に限られる。損金処理されないと、会計上は費用で利益を減らす方向に働くが、税務上は損金ではなく課税所得の減少はないので、この分利益より所得が大きくなり税金がかかることになる。これを有税処理といっている。会計上の費用と税務上の損金が一致すれば差は生じないので無税になる。損金不算入の場合、翌期以降において損金算入できるかどうかで区分され、交際費のようにいったん有税になればそれで課税関係が終了し当該年度で課税関係が完結し将来においても損金処理できない項目（社外流出項目）と、当期においては税務上の損金処理の条件は満たしておらず有税であるが、翌期以降、一定の要件を満たせば損金算入が可能となり無税化される留保項目とがある。例えば減価償却費の計上について税務上損金算入限度を超えて行った場合は超過分が有税となり、除却や償却が進めば無税化されることになる。

最近では、税務上の損金計上の要件は厳しくなる傾向があり、会計処理と税務処理がますます開く方向にある。会計の世界ではあるべき処理を行う必要があるため、税務上の処理は意識していても税務に従った会計処理を行うことは妥当ではない。

<table>
<tr><th>会計上</th><th>税務上</th><th>用語</th><th colspan="2">税務の取扱い</th></tr>
<tr><td>費用</td><td>損金</td><td>無税</td><td colspan="2">差は生じない</td></tr>
<tr><td rowspan="2">費用</td><td rowspan="2">損金ではない</td><td rowspan="2">有税</td><td>将来損金になる</td><td>留保項目</td></tr>
<tr><td>将来とも損金にならない</td><td>社外流出項目</td></tr>
</table>

同じ有税でも、将来無税化される場合は、損金算入時期のズレが生じているのみで、会計上の問題ではなく、後述する税効果会計を行うことによって影響

も緩和される。しかし課税されて終了というのはその支出が冗費ではなく本当に必要であったかどうか検討してみる必要があるかもしれない。

結局、会計処理と税務処理の違いにより、会計上費用と認められても、税務上損金と認められない処理を有税といい、有税処理のうちでも、将来無税となるものとならないものに分けられる。

⑷　事業年度

原則として法人の計算期間をそのまま事業年度として採用することとしている。ただし法律の規定及び予算の関係から、その計算期間は原則１年以内に止める必要がある。営業年度等の定めがない場合、その設立の日から２月以内に営業年度を定めて税務署長に届出をする必要がある。解散、合併等、特殊な事情が発生した場合のみなし事業年度では、その事業年度を区分して課税所得を計算する場合がある。なお、年度を区切ることによる課税所得の不公平性については、欠損金（課税所得のマイナス）の繰越し及び繰戻し還付制度により、ある程度補完されている。

２　経済的利益の供与

⑴　役員に対する経済的利益

法人が役員に支給する給与には、金銭以外にも、債務の免除益その他の経済的な利益も含まれる。この経済的利益とは、法人の行為によって実質的にその役員に対して給与を支給したと同様の経済的効果をもたらすものをいう。

例えば、法人が役員等に対して金銭以外の物又は権利その他の便益を提供した場合、これらの行為は役員等に対して給与を支給したと同様の経済的効果をもたらすので、原則として給与として取り扱う。役員に対して継続的に供与される経済的利益のうち、その供与される利益の額が毎月おおむね一定であるものは定期同額給与に該当し、損金の額に算入されるが、その他のものは定額同額給与に該当せず、損金の額に算入されない。ただし、法人が役員に対し経済的な利益の供与をした場合（毎月負担する住宅の光熱費など役員の個人的費用を負担した場合など）において、それが所得税法上経済的な利益として課税されないものであり、かつ、当該法人がその役員に対する給与として経理しなかったものであるときは、給与として扱われない（役員に機密費、接待費、交際費などの名義で支給した金額で費途が不明なもの又は会社業務に関係がないもの）。（基通 9-2-9～9-2-11）（国税庁タックスアンサー№ 5202）

⑵　会社と役員との間の取引

会社と役員との間の取引では、無償や廉価の取引も多く、時価等で行わないと経済的利益の供与にあたる場合が出てくるので留意が必要である。

① 資産を贈与した場合におけるその資産の時価

② 資産を無償又は時価より低額で譲渡した場合における時価と譲渡価額との差額（時価―譲渡価額＝経済的利益）

③ 債権を放棄又は免除した場合における債権の放棄額等（役員の債務を無償で引き受けた場合）

④ 無償又は低額で居住用土地又は家屋の提供をした場合（役員に社宅などを無償又は低額で提供した場合）における通常取得すべき賃貸料の額と実際徴収した賃貸料の額との差額（通常の賃料－徴収賃料＝経済的利益）

⑤ 無利息又は低率で金銭の貸付けをした場合における通常取得すべき利率により計算した利息の額と実際徴収した利息の額との差額（通常の利息－徴収利息＝経済的利益）

⑥ 役員を被保険者及び保険金受取人とする生命保険契約の保険料の額の全部又は一部を負担した場合におけるその負担した保険料の額の負担額

（法法 22、34、法令 69、70、法基通 9-2-9～9-2-11、9-2-24）

⑶　親会社子会社間取引の税務

①　税務の基本ルール

親子会社間取引における税務の基本ルールは、親会社と子会社間又は子会社相互間における取引において**適正な対価の負担**がない場合には、法人税法上、原則として**寄付金**及び**受贈益**の認定が行なわれる。対象となる取引は様々なものがあるが取引別に次のように分けられる。

<table>
<tr><th colspan="2">対象となる取引</th></tr>
<tr><td colspan="2">金銭の贈与</td></tr>
<tr><td colspan="2">資産の移転</td></tr>
<tr><td rowspan="4">利益の供与</td><td>役務の提供</td></tr>
<tr><td>債権放棄（債務免除）</td></tr>
<tr><td>債務の肩代わり</td></tr>
<tr><td>経費等の代替負担</td></tr>
</table>

また、適正な対価の授受については**時価**をもってなされているはずで、適正な対価の負担があるのが正常な取引であり、負担がないところに利益の供与が生ずることになる。

② 寄付金及び受贈益の認定

取引上で寄付金及び受贈益の認定がされる場合、一方の当事者に寄付金が認定され、他方の当事者に受贈益の認定がされることになる。さらに、適正な対価の授受がない場合、会社法上通例でない取引となり、監査役等監査の対象となる。

適正な時価ではない価額とは、誰から見ても明らかに時価ではないと思われる価額であり、取引の当事者が特殊な関係者である場合に決定されることがある価額でもあり、取引の当事者のどちらかに特別な理由がある場合に成立する価額であるということができる。

税務上の取扱いについて一覧にまとめておく。

<table>
<tr><th>取引に係わる提供者</th><th>取引に係わる相手方</th></tr>
<tr><td colspan="2">①親会社は子会社に対して金銭を無償で贈与（2000 万円）</td></tr>
<tr><td>親会社　寄付金　2000 万円</td><td>子会社　受贈益　2000 万円</td></tr>
<tr><td colspan="2">②親会社は子会社に土地（簿価 2000 万円時価 3000 万円）を無償で譲渡した。</td></tr>
<tr><td>親会社　譲渡益 1000 万円
寄付金 3000 万円　資産の時価相当額</td><td>子会社　受贈益 3000 万円
資産の時価相当額</td></tr>
</table>

第４節

<table>
<tr><td colspan="2">③親会社は子会社の債務保証（2億円）時の収受すべき保証料（0.5％）を無償とした。</td></tr>
<tr><td>親会社　寄付金　100万円</td><td>受贈益　100万円
支払手数料相当額が損金の額に算入されるので原則として課税は生じない</td></tr>
<tr><td colspan="2">④親会社は子会社へ有価証券（簿価3000万円時価4000万円）を3200万円で譲渡した</td></tr>
<tr><td>親会社　寄付金800万円　譲渡益1000万円
譲渡収益は当該資産の時価相当額となる</td><td>子会社　受贈益800万円
有価証券4000万円　資産は時価相当額</td></tr>
<tr><td colspan="2">⑤低額による役務の提供</td></tr>
<tr><td>寄付金　※※</td><td>受贈益※※　③と同様</td></tr>
<tr><td colspan="2">⑥親会社は子会社の土地（簿価3000万円時価3500万円）を5000万円の高額譲受</td></tr>
<tr><td>親会社　寄付金　1500万円
当該資産の購入価額と時価との差額が寄附金となる</td><td>受贈益（譲渡益）2000万円
通常は受贈益相当額の益金が計上されており改めて課税されることはない</td></tr>
<tr><td colspan="2">⑦役務提供の高額受入</td></tr>
<tr><td>寄付金　※※　受入れた役務提供のうち適正額については費用として計上できるがそれを越える部分については寄附金となる</td><td>受贈益　　※※
通常は受贈益相当額の益金が計上されており改めて課税されることはない</td></tr>
<tr><td colspan="2">⑧債権放棄と債務免除益</td></tr>
<tr><td>寄付金　※※　通常は貸倒損失として処理されそれが寄附金と認定される</td><td>受贈益※※</td></tr>
<tr><td colspan="2">⑨親会社は子会社の借入金2000万円の返済を無償で引き受けた。</td></tr>
<tr><td>親会社　寄付金2000万円　通常は債務引受損失として処理されそれが寄附金と認定される</td><td>子会社　受贈益2000万円</td></tr>
</table>

⑩経費等の代替負担	
寄付金　※※　通常は費用として処理されそれが寄付金と認定される	受贈益※※　⑤と同様

3　税効果会計と繰延税金資産の回収可能性

(1)　会計と税務の乖離

税効果会計とは**税金の期間配分**ともいわれ、「当期純利益」と「当該年度の法人税等負担額」との期間不均衡を是正する処理である。税効果会計の適用は、税法上、課税所得の計算、税額計算に影響を及ぼすものではなく、税効果会計を採用しても課税所得の金額すなわち税金の金額は変わらない。

税効果会計は、当年度税務上加減算された項目のうち、将来減加算されると考えられる項目を一時差異（減加算されない永久差異項目は対象外）としてとらえ、当年度会社の当期純利益計算上、考慮に入れ期間利益の歪みを是正することを目的としている。

(2)　会計の考え方と税務の考え方

会計と税務の乖離ということがよくいわれるが、具体例を用いて示していく。

税務上の耐用年数が８年の設備がある。継続的に使用しているが、５年を経過した段階で毎回リニューアルを実施することとしている。取得原価10,000,000円とし、定額法で償却する。

①　税務上の考え方

新規取得の減価償却資産については、償却可能限度額及び残存価額が廃止され、耐用年数経過時に残存簿価１円まで償却できるようになっている（平成19年度税制改正、以下の事例では１円については考慮しない）。税務上の償却限度額が損金となるため、毎年の損金算入限度額は次のようになる。５年度末のリ

ニューアル時に除却損が多額となる。

各年の減価償却費の計算　10,000,000 × 0.125 ＝ 1,250,000

５年度末の除却損の計算　10,000,000 － 1,250,000 × 5 ＝ 3,750,000

②　会計上の考え方

一方、会計上は本来の使用期間で償却するべきであると考えれば、耐用年数は５年となるので、５年度末の除却損の金額はゼロとなる。

各年の減価償却費の計算　10,000,000 × 0.2 ＝ 2,000,000

５年度末の除却損の計算　10,000,000 － 2,000,000 × 5 ＝ 0

	税務上の損金	会計上の費用
１年目から４年目の減価償却費	1,250,000	2,000,000
５年目の減価償却費	1,250,000	2,000,000
５年度末の除却損	3,750,000	0

会社が会計上の費用額で処理すると税務上の損金算入限度額を超過するので申告書上での調整が必要となる。

	税務上の損金	会計上の費用	調整額	
１年目から４年目	1,250,000	2,000,000	750,000	加算
５年目	1,250,000	2,000,000	750,000	加算
除却損	3,750,000	0	3,750,000	減算※

※相殺して 3,750,000 － 750,000 ＝ 3,000,000 の減算となる

これを受けて、税効果の計算（加減算額に実効税率を乗ずる）を行うと次のようになる。なお、実効税率は 30 ％で計算している。

	調整額①		繰延税金資産＝①× 30 ％	
１年目	750,000	加算	225,000	計上
２年目	750,000	加算	225,000	計上

３年目	750,000	加算	225,000	計上
４年目	750,000	加算	225,000	計上
５年目	3,000,000	減算	900,000	取崩

⑶　税効果会計の考え方と税効果の意味

①　税効果の内容

法人税等（法人税その他利益に関連する金額を課税標準とする税金）の額を適切に期間配分することにより税引前当期純利益と法人税等を合理的に対応させ、税金の支払があるなしにかかわらず期間に属する税額を費用として処理する方法が税効果会計である。また、企業会計上と課税所得計算上で資産又は負債の額に相違がある場合や損益の認識に期間的ずれがある場合に税効果を認識する。個別決算上の税効果は法人税法上翌期へ繰り越されていく項目（留保項目）が対象となり、交際費等の繰り越されない項目（社外流出項目）には税効果は伴わない。連結決算上では、連結上の修正項目（未実現損益の消去、貸倒引当金の修正等）にも税効果は伴う。

税効果の対象となる棚卸資産の評価損・貸倒引当金の繰入額等については、税務上課税の公平の観点から一定の要件を充たす範囲でしか費用（損金）処理が認められていない。税務上の範囲を超過して処理された金額（会計上の処理金額）については実際に損失が確定したときにはじめて税務上も認められる（税務上の認容）。すなわち税効果は会計上計上された年度に発生し、認容された年度に消滅する。

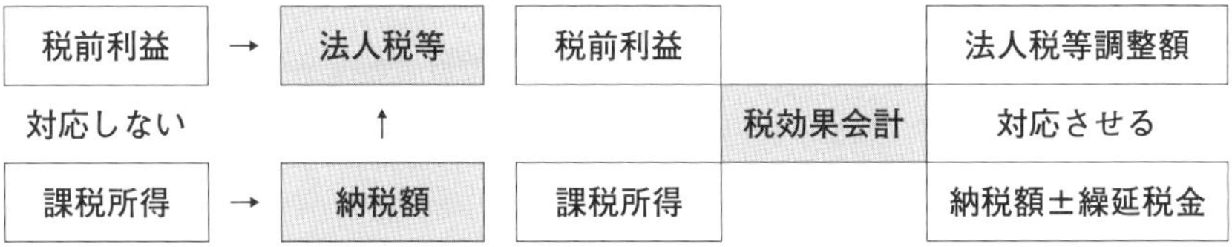

税前利益	→	法人税等	税前利益		法人税等調整額
対応しない		↑		税効果会計	対応させる
課税所得	→	納税額	課税所得		納税額±繰延税金

課税所得を基礎とした法人税等の額が費用として計上され税引前利益と課税

所得に差異のある時は法人税等の額が税引前利益と期間的に対応せず将来の法人税等の支払額に対する影響が表示されない。収益・費用が発生主義により計上されているのであれば対応する税効果も原則として発生年度に計上するべきである。税効果会計を適用すると収益としての税引前利益と費用としての法人税等の期間的対応が適正になされ、さらには期間損益の算定が適正に行われるという利点がある。

貸借対照表の資産の部に繰延税金資産（固定資産の部）が負債の部に繰延税金負債（固定負債の部）が計上され、損益計算書に当期の法人税等として納付すべき額及び税効果の適用による法人税等調整額が計上される。

⑷　税効果の意味

①　税効果の具体的な考え方

税効果の適用について具体例で説明する。

当期（X＋Ⅰ期）にパソコン１台を180千円で購入し会計上は費用処理した。一方、法人税法上は３年で均等に損金処理される場合を考える。会計上は200千円以上のものを資産計上し、200千円未満については費用処理してきた。ところが、法人税法では100千円未満のものしか即時損金処理を認められないため、会計と税務の処理の違いが起こっていて、税効果を認識することになる。実効税率は30％とし、税引前利益は500千円とする。会計上費用処理した180千円のうちX＋Ⅰ期は60千円しか損金処理が認められないため差額180－60千円が税務計算上加算される。逆にX＋Ⅱ・X＋Ⅲ期は会計上の処理はないが税務計算上X＋Ⅰ期に加算した分が60千円ずつ減算される。税金の計算は次のようになる。

（千円）

期別	X＋Ⅰ	X＋Ⅱ	X＋Ⅲ
税引前利益	500	500	500
加算	120	——	——
減算	——	60	60
課税所得	620	440	440
×３０％＝法人税	186	132	132

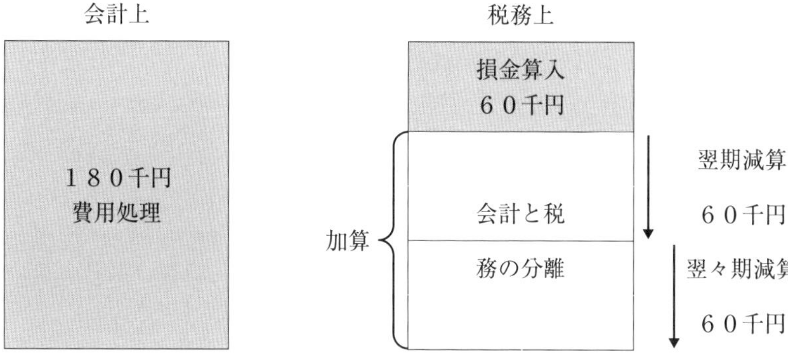

税効果会計を適用しない場合の会計処理は次のようになる。

（千円）	X＋Ⅰ	X＋Ⅱ	X＋Ⅲ	X＋Ⅰ～Ⅲ計
税引前利益	500	500	500	1,500
法人税等	186	132	132	450
当期利益	314	368	368	1,050

X＋Ⅰ期にパソコンを会計上費用処理し課税所得上の税金を186計上する。X＋Ⅱ期は中間納税分として前期の２分の１の93と期末の確定分の39の合計132を法人税等として計上する。X＋Ⅲ期は中間納税分66と期末確定分の66の処理を行う。税効果会計を適用しない場合の損益計算書は税金の金額がそのまま計上される。一方、税効果会計を適用した場合の会計処理は次のようになる。X＋Ⅰ期に会計上費用処理し課税所得上の税金を186計上し、さらに加算した120に対応する税額120×30％＝36を前払税金とみなして資産へ計上する。これが税効果の処理になる。X＋Ⅱ期も、まず中間納税分の処理としての93と期末の確定分の39の合計132を法人税等として計上し、減算した60に対応する税額60×30％＝18を資産より取り崩し費用化する。X＋Ⅲ期は中間納税分66と期末確定分の66の処理を行い、減算した60に対応する税額60×30％＝18を資産より取り崩す。

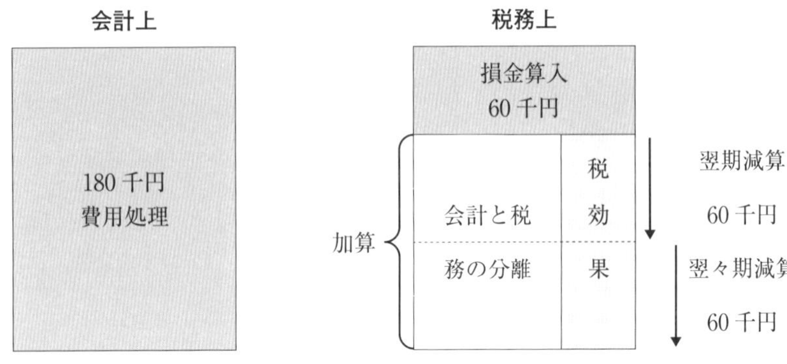

税効果会計を適用した場合の損益計算書は以下のようになる。▒部分が税効果をあらわすことになる。

（千円）	X＋Ⅰ	X＋Ⅱ	X＋Ⅲ	X＋Ⅰ～Ⅲ計
税引前利益	500	500	500	1,600
法人税等	186	132	132	450
法人税等調整額	△36	18	18	0
当期利益	350	350	350	1,050

税金の計算上加算した部分に関する税金120×30％＝36を前払税金として繰延税金資産に計上し、減算した期の税金として60×30％＝18が損益計算書上に計上される。その結果３期間にわたり税金が配分されたことになり、最終的に税引前利益に見合った法人税が計上され、その結果としての当期利益となる。ただ、税効果会計を適用しなくても適用しても納税額に変わりはなく、税効果というよりは財務諸表における税金の期間配分といえる。

税効果会計を採用しないと、法人税等として申告書で算定される納付税額が計上されているが会計上の税引前利益との相違を考慮していないので、X＋2期はX＋1期と同様な税引前利益にもかかわらず税引後利益では増益となっている。一方、税効果会計を採用する場合は、税引前利益に対応する法人税等が計上されているため税引後利益が期間損益として対応していることになる。

①　税効果のある項目とない項目

では、どのような項目に税効果を認識するのか。会計上の税引前利益と税務上の課税所得との差額について税効果があるかないかで２つに分類される。

ｉ）永久差異（税効果を認識しない項目）

永久差異とは税効果を持たない差額であり、会計上はある期間に属する収益または費用であるが税務上はどの期間の益金または損金にもならないものである。交際費・寄付金の限度超過額、受取配当の益金不算入額、損金経理した役員賞与などで永久差異項目といわれる。税効果がないので税効果の対象となることはない。

ⅱ）一時差異（税効果を認識する項目）

一時差異とは、貸借対照表（連結貸借対照表を含む）上に計上されている資産及び負債の金額と課税所得計算上の資産及び負債の金額との差額をいう。税効果をもつ差額であり会計上の損益計算と税務上の所得計算とで期間帰属に差があるものである。また、将来の課税所得と相殺可能な繰越欠損金等（繰越外国税額控除を含む）についても、一時差異と同様に取り扱うことになる。一時差異のうち、一時差異が解消するときに税務申告上その期の課税所得を減額する効果を持つもの（将来減算一時差異）と、一時差異が解消するときに税務申告上その期の課税所得を増額する効果を持つもの（将来加算一時差異）とに分かれる。

将来減算一時差異の例示	将来加算一時差異の例示
引当金の繰入限度超過額 役員退職慰労引当金 棚卸資産の評価損の自己否認額 有価証券の評価損の自己否認額 減価償却費の限度超過額 長期前払費用の償却限度超過額 未払事業税 一括償却資産の償却限度超過額	剰余金処分方式による圧縮積立金 剰余金処分方式による特別償却準備金 剰余金処分方式による租税特別措置法の諸準備金

結局、引当金の繰入限度超過額、資産評価損の自己否認額、剰余金処分により設定された特別償却準備金などが一時差異項目で期間差異項目ともいわれ、

これらの項目に税効果の修正が必要となる。実務的には法人税申告書の別表四の留保欄に計上され別表五（一）に転記される項目を原則として対象とする。

⑸　財務諸表上の税効果

①　税効果の適用

税効果会計が適用される会社の範囲は、財務諸表規則が適用される有価証券報告書提出会社のほか、会社法上の大会社についても税効果会計を適用することが必要であり、また、連結子会社及び持分法の対象となる関連会社に該当する会社法上の中小会社についても、個別財務諸表で税効果会計を適用し連結に含めるのが適当であると考えられる。会社法上も税効果会計を導入するため法令等が改正され、強制ではないが、導入可能な状況になっている。

税務上の課税所得と企業会計上の利益とでは期間帰属の認識が違うため、差異が生じることは避けられない。よって、企業会計上で前払税金として「将来の期間利益に対応すべき税額で当期に支払うもの」及び未払税金として「当期の利益に対応すべき税額で将来支払うもの」が生じる。貸借対照表では両者を相殺して、前払税金の残高は「繰延税金資産」として、未払税金の残高は「繰延税金負債」として表示する。これらの税額を調整しないと法人税等の額が税引前当期純利益と期間的に対応せず、税引前当期純利益と税引後当期純利益の関係を歪めるので投資情報としての当期利益の的確な把握が阻害されまた比較可能も困難になる。各年度の損金算入額が引き下げられる方向にある場合はますます差異が増大している。一時差異に係る法人税額の期間帰属を企業会計に合わせることにより、企業会計上の利益が適正に表示されるよう調整する税効果会計の採用が必要となる。会社法では、繰延税金資産及び繰延税金負債は通常の資産・負債と変わらないので特に配当規制を行う必要はない。

税効果会計を導入するための具体的な手順として、期末決算における手続上、まず通常の決算処理を行った後で法人税の課税所得を算出する。そこでの加算項目・減算項目をもとに一時差異の増減を把握して税効果を算定し、算定結果により会計上の処理と表示を確定する。そのため前年度の決算書等の必要書類（貸借対照表、損益計算書、株主資本等変動計算書、附属明細書、営業報告書、法人税申告書 別表 一、四、五（一）、五（二）等）を準備しておくだけではなく当年度の事業計画、予算から事前に当年度の税効果を予測しておくことも必要になる。

② 法定実効税率

税効果の計算上に使用されるのが、法定実効税率である。これは繰越外国税額控除に係る繰延税金資産を除き、繰延税金資産及び繰延税金負債の計算に使われる税率は事業税の損金算入の影響を考慮した税率（**法定実効税率**）による。法定実効税率は簡略化した場合次のような式で算定する。

$$法定実効税率 = \frac{法人税率 \times (1 + 住民税率) + 事業税率}{1 + 事業税率}$$

税率	X年	
法人税	23.2%	
住民税	2.3%	← 23.2% × 10.2%
事業税	3.6%	
法定実効税率	30%	← 29.1%

$$法定実効税率 = \frac{法人税率 \times (1 + 法人住民税率 + 地方法人税率) + 事業税率（超過；標準）}{1 + 事業税率（超過）+ 事業税率（標準）\times 地方法人特別税率）}$$

税効果会計上で適用する税率は決算日現在における税法規定に基づく税率になる。複数の事業所を有する会社にあっては代表的な事業所に適用されている税率を基に法定実効税率を算定する。

⑹ 繰延税金資産の回収可能性

① 回収可能性の判断要件

繰延税金資産については、将来の税金負担額を軽減する効果を有するかどうかで、将来の回収の見込（回収可能性）について毎期見直しを行う必要がある。繰延税金資産（税務上の繰延欠損金に係る繰延税金資産も含む）の回収可能性の判断要件としては次のとおりである。

ⅰ）　将来加算一時差異の十分性

ⅱ）　収益力に基づく課税所得の十分性

ⅲ）　タックスプランニングの存在

課税所得の見積りには、将来計画の前提となった数値を、経営環境等の外部要因に関する情報や企業グループが用いている内部の情報に基づいて見積る。当該見積り及び当該仮定について、経営環境に大きな変化がないと仮定して、回収可能性を検討している。市場環境等の外部変化により前提条件が変更された場合には企業グループの業績及び財政状態に悪影響を与える可能性がある。特に、繰越欠損金について税効果を適用する場合は回収可能性について十分検討し慎重に適用する必要がある。しかし、繰延税金資産の回収可能性は、多くの場合、将来年度の会社の収益力に基づく課税所得によって判断することになるが、将来年度の会社の収益力を客観的に判断することは実務上困難な場合が多くなる。そこで、「繰延税金資産の回収可能性に関する適用指針」企業会計基準適用指針第26号（平成30年2月企業会計基準委員会）では、会社の過去の業績等の状況を主たる判断基準として、将来年度の課税所得の見積額による繰延税金資産の回収可能性を判断する場合の指針を示している。

②　分類区分

過去の業績等に基づいて、将来年度の課税所得の見積額による繰延税金資産の回収可能性を判断する指針としては、以下の分類区分に応じた取扱いによる。ただし、それぞれの分類区分に直接該当しない場合であっても、それぞれの分類区分の趣旨を斟酌し、会社の実態に応じて、それぞれの分類区分に準じた判断を行う必要がある。

分類	要件	回収可能性が認められる範囲
分類1	過去３年および当期末における将来減算一時差異を十分に上回る課税所得があり、経営環境に著しい変化が見込まれない	全額、回収可能性がある
分類2	過去３年および当期末において、臨時的な原因を除き、課税所得が期末における将来減算一時差異を下回るものの安定的に生じており、経営環境に著しい変化が見込まれない 過去３年および当期末おいて重要な税務上の欠損金が生じていない	原則、スケジューリング不能なものを除き、一時差異等のスケジューリングの結果、見積る場合、回収可能性がある 容認、スケジューリングが不能であっても、回収可能性を企業が合理的な根拠をもって説明する場合、回収可能性がある
分類3	過去３年および当期末において、臨時的な原因により生じたものを除いた課税所得が大きく増減している 過去３年および当期末のいずれの事業年度においても重要な税務上の欠損金が生じていない	原則、将来の合理的な見積可能期間（おおむね５年）以内のスケジューリングの結果、見積る場合、回収可能性がある 容認、５年を超える見積可能期間において企業が合理的な根拠をもって説明する場合、回収可能性がある
分類4	次のいずれかの要件を満たし、かつ、翌期において一時差異等加減算前課税所得が生じることが見込まれる 過去３年または当期末において、重要な税務上の欠損金が生じている 過去３年において重要な税務上の欠損金の繰越期限切れとなった事実がある 当期末において、重要な税務上の欠損金の繰越期限切れが見込まれる	原則、回収可能性が認められるのは翌期の見積課税所得の範囲内 容認、翌期以降のもののうち、回収可能性について合理的な根拠をもって説明できるものについては、その程度に応じて分類２または分類３に準じた取り扱いが可能である

分類5	過去3年および当期末において、重要な税務上の欠損金が生じている 翌期も重要な税務上の欠損金が生じることが見込まれる	原則として、回収可能性はない
その他	分類の1～5のいずれにも該当しない場合、過去の課税所得の推移など総合的に判断し、1～5のうちもっともかい離の少ないものに分類する	1～5の分類に準ずる

③　将来の課税所得の合理的な見積り

将来の課税所得は、合理的な仮定に基づく業績予測によって見積る。具体的には、取締役会等の承認を得た業績予測の前提となった数値を、経営環境等の企業の外部要因に関する情報や企業が用いている内部の情報（過去における中長期計画の達成状況、予算やその修正資料等）と整合的に修正し、実現可能性の高い将来の課税所得を見積る。

④　一時差異項目に与える影響

決算時において、事業環境の変化により、業績が悪化した場合は、固定資産の減損損失、関係会社株式の評価減、貸倒引当金の計上等により、新たな将来減算一時差異等が発生し、または追加的に発生することが考えられる。ここでは、それぞれの税効果会計における留意点について記載する。

ⅰ）固定資産の減損損失

固定資産の減損損失に係る将来減算一時差異は、償却性資産と非償却資産では繰延税金資産の回収可能性の判断が異なる。建物等の償却性資産の減損損失に係る将来減算一時差異は、減価償却計算を通じて解消することから、スケジューリング可能な一時差異として取り扱う。ただし、減価償却超過額に係る一時差異のように解消見込年度が長期にわたる将来減算一時差異として取り扱うことはできないことに留意が必要である。非償却性資産である土地は、一般的に売却により一時差異が解消すると考えられるが、企業が売却の意思決定をしたことのみをもって売却の実現可能性が高いか否かを判断できないと考えられる。つまり、売却は決めたがいつまでも売却先が見つからず想定した時期までに売却が実現しない可能性も考えられるためである。そのため非償却性資産の減損損失について、スケジューリング可能な一時差異として取り扱うためには、期末時点で売却の実現可能性が高いことを説明する必要があり、その判断は慎重になされる必要がある。

ⅱ）関係会社株式の評価減

事業環境の変化は、親会社のみならず関係会社の業績にも影響を及ぼすことが考えられる。業績の悪化により保有する関係会社の株式に対して減損処理を実施した場合、株式評価損に係る一時差異が発生する。

この株式評価損に係る一時差異は、会社の売却や清算の意思決定が正式になされていない場合は、スケジューリング不能な一時差異として取り扱う。株式の評価損に係る一時差異を、スケジューリング可能と取り扱うためには、期末時点で売却等の実現可能性が高いことを説明する必要があり、その判断は慎重になされる必要がある。

ⅲ）貸倒引当金（個別評価）

取引相手先の業績が悪化することにより、新たに貸倒引当金を計上、または追加計上することが想定される。貸倒引当金に係る将来減算一時差異は、期末において相手先の倒産等、将来の一定事実の発生を確実に見込むことができず、税務上損金算入できる時期が明確とならない場合は、スケジューリング不能な一時差異として取り扱う。

たとえば、翌期において債権放棄の手続を行うこと等により一時差異が解消する見込みがあるとしてスケジューリング可能な一時差異と判断する場合や、過去の税務上の損金算入実績に将来の合理的な予測を加味した方法等によりスケジューリングが行われている場合は、スケジューリング可能な一時差異と判断する場合があると考えられるが、その判断は慎重になされる必要がある。

なお、重要な会計上の見積りとして、繰延税金資産の回収可能性を注記することが多いが、情報開示として、金額だけではなく、識別した項目に係る重要な会計上の見積りの内容に関する情報として、以下の項目を開示する。

・金額の算出方法
・金額の算出に用いた主要な過程
・翌会計年度の財務諸表に与える影響

⑤　繰越欠損金による繰延税金資産の回収可能性

「税務上の欠損金」とは、法人税等に係る法令の規定に基づき算定した各事業年度の所得の金額の計算上、当該事業年度の損金の額が益金の額を超える場合におけるその超える部分の金額をいい（適用指針26号３項(8)）一時差異と同様に扱うが、将来の課税所得の金額に大きく影響を受けるため、繰延税金資産の計上にあたって要件は厳密になる。その概要を示すと次のようになる。

次のいずれかの要件を満たし、かつ、翌期において一時差異等加減算前課税所得が生じることが見込まれる企業は、（分類４）に該当する（26項）。

・過去３年又は当期において重要な税務上の欠損金が生じている
・過去３年において重要な税務上の欠損金の繰越期限切れとなった事実がある
・当期末において重要な税務上の欠損金の繰越期限切れが見込まれる

26項の要件を満たす企業においては、重要な税務上の欠損金が生じた原因、中長期計画、過去における中長期計画の達成状況、過去３年及び当期の課税所得又は税務上の欠損金の推移等を勘案して、将来の一時差異等加減算前課税所得を見積る場合、将来において５年超にわたり一時差異等加減算前課税所得が安定的に生じることを企業が合理的な根拠をもって説明するときは（分類２）に該当するものとして取り扱い、第一の条件（20項及び21項）に従って繰延税金資産を見積る場合、当該繰延税金資産は回収可能性があるものとする。（28項）また、同様に、将来においておおむね３年から５年程度は一時差異等加減算前課税所得が生じることを企業が合理的な根拠をもって説明するときは（分類３）に該当するものとして取り扱い、23項の定めに従って繰延税金資産を見積る場合、当該繰延税金資産は回収可能性があるものとする（29項）。

(7)　税効果関係の注記事例

税効果会計の適用にあたっては次の事項を注記することになる。

ⅰ）繰延税金資産及び繰延税金負債の発生の主な原因別の内訳
ⅱ）法定実効税率と税効果会計適用後の法人税等の負担率との間に差異があるときは当該差異の原因となった主な項目別の内訳
ⅲ）法人税等の税率の変更により繰延税金資産及び繰延税金負債の金額が修正されたときはその旨及び修正額

ⅳ）決算日後に法人税等の税率の変更があった場合にはその内容及び影響

繰延税金資産及び繰延税金負債の発生の主な原因別の内訳

	（百万円）
繰延税金資産	
賞与引当金	151
未払事業税等	50
未払社会保険料	22
退職給付に係る負債	128
投資有価証券評価損	75
固定資産未実現利益	54
その他	99
繰越欠損金	115
繰延税金資産小計	694
評価性引当額	△50
繰延税金資産合計	644
繰延税金負債	
有価証券評価差額	△159
固定資産圧縮積立金	△17
連結子会社の資産の評価差額	△9
その他	△4
繰延税金負債小計	△189
繰延税金資産の純額	455

上記は、繰延税金資産694百万円のうち50百万円（評価性引当額）が回収できないことを意味している。これは主として繰越欠損金が失効することにより回収ができなくなると考えられる。

次に、法定実効税率と法人税等負担率との差異の内訳については、以下のようになる。まず法人税等負担率とは税金費用（法人税、住民税及び事業税±法人税等調整額）を税金等調整前当期純利益で除したものである。税効果会計を導入していれば一般に法定実効税率に近くなるが、交際費等の永久差異や住民税の均等割などが影響して差異が発生する。

・損益計算書の末尾

税金等調整前当期純利益		5,217
法人税、住民税及び事業税	1,668	
法人税等調整額	81	1,749
当期純利益		3,467

税効果会計適用後の法人税等の負担率＝ 1,749 ÷ 5,217 ＝ 33.5 %

・法定実効税率と税効果会計適用後の法人税等の負担率との差異原因

法定実効税率	30.6	%
（調整）		
交際費等	0.9	
受取配当金	△ 0.2	
住民税均等割	1.0	
評価性引当額	1.0	
その他	0.2	
税効果会計適用後の法人税等の負担率	33.5	

このような開示を行うことは、法人の税務調整の内容が開示されているといってもよい。

・繰延税金資産の回収可能性の開示の視点

繰延税金資産を計上するということは、損益計算書に対して、利益要素になる。まずこのことを理解する必要がある。前払いと考えれば、計上したものを、取り崩す必要がある。通常は、課税所得が税金を軽減する効果を持つ場合であるが、逆に、経営状況の悪化により、資産性がなくなり、取り崩すことになれば、損益計算書上は、費用要素になる。このとき経営状況が悪化してさらに、繰延税金資産の取り崩しは、更なる損益の悪化につながる。計上する時は利益として働くが、取り崩しは逆の仕組みに陥ることを理解しておく必要がある。最終利益に対して経営者が責任を持つとなると、この理解ができずに経営はできない。ポイントとなるのは、タックスプランニングと利益計画である。

5　国際化（IFRSとの関連性）

(1)　コンバージェンスとアドプション

財務諸表を作成するための規範である会計基準をめぐっては様々な議論が国際的に展開されており、特に国際会計基準審議会（以下、IASBという）が設定するIFRS（国際財務報告基準）に関して、その適用なども含め中心課題となっている。

会計基準に準拠して作成される財務情報は、企業活動の実態を開示しているため、信頼できる内容であることが重要となる。金融取引の国際的な広がりを受けて、金融市場における情報の透明性や信頼性が一層重視され、単一の高品質な会計基準を適用する機運が高まっていることが背景となり、自国における独自の会計基準を保持しながらIFRSとの差異を縮小する動き（いわゆるコンバージェンス：収斂）から、IFRSを自国の会計基準として適用する動き（アドプションという）に転換してきている。

日本におけるIFRSの強制適用について検討してみると、まずは、国際的な比較可能性を踏まえ、グローバルな投資の対象となる上場企業の連結財務諸表に強制適用する考えが示されている。また、強制適用を、段階的に適用するか、一斉に適用するかで議論が分かれていが、IFRSの強制適用を判断する際に、改めて検討・決定することが適当である。すべての上場企業にIFRSを適用すると作成側や監査人の対応、コスト等の負担を考えると、上場企業を区分して段階的にIFRSを適用する案もある。一方、投資者にとって比較可能性を確保する観点からは、上場企業に一斉にIFRSを適用することが望ましく、仮に段階的にIFRSを適用する場合であっても併存期間は長くても3年程度とする考えも示されている。

日本では、長い間、取得原価主義に立脚していたが、世界的には、1990年代以降時価会計へと変化し、含み損が適切に開示されない取得原価主義から、企業の経営実態が正しく評価される、時価会計の考え方が主流となった。IFRSの内容及び差異については、今後も活発に検討されるものと思われるが、上記のように国際的にみると、国内の状況は特異であることを理解する必要がある。なぜなら、すでに100ヶ国以上の国や地域がIFRSを導入しており、IFRSが国際基準としての地位を確立し、むしろ国際的な議論の対象はIFRSの適用を前提とした議論に移っている。日本とアメリカが強制適用となっていない状況であり、世界の潮流を考えれば、ほどなく強制適用となると思われる。このような状況の中で、IFRSに関する動向等に対して常に最新の情報を入手して、現時点での流れを把握することが企業にとって必要となっている。

⑵　国際財務報告基準（IFRS）の考え方について

2009年12月には、連結財務諸表規則等が改正され、2010年3月期より、一定の要件を満たした上場企業は、IFRSを任意に適用することが可能となった。実際に任意適用している日本企業も200社を超えてきている。

日本企業の役員や会計関係者が、IFRSを理解するにあたり、IFRS全般にまたがる特徴的な考え方や日本基準と異なる取扱いなど、世界基準としてのIFRSの特徴を大きく3つの観点から見ていく。それは、**原則主義**と細則主義、当期純利益・**包括利益**及びその他の包括利益、**公正価値**といった点である。

①　原則ベースの会計基準

原則主義（principles based）はIFRSの特徴の1つである。原則主義では、会計処理の判断のための重要性の数値基準といった具体的な判断基準や処理方法はあまり示さず、原則に従い、企業が自らで判断することになる。原則主義と対比されるのは細則主義（rules based）である。具体的な数値基準を広範に示し、会計処理にあたって規則に従い、判断を行う考え方である。IFRSでは原則の基礎として、**概念フレームワーク**を示している。概念フレームワークは、会計に関連する基本事項を示した枠組みである。財務諸表の目的、資産・負債・費用・収益に関する定義、認識要件・測定概念などが体系的に整理されている。

日本の現行基準は原則主義とはいえず、会計基準や実務指針において判断基準を具体的な数値で示すことが多く、細則主義に近いといえる。日本版フレームワークについては、ASBJ（企業会計基準委員会）が「**財務会計の概念フレームワーク**」を公表（平成18年12月）しているが、討議資料であり最終決定には至っておらず、日本基準は細則主義に近いといえる。

減損会計で、具体的な原則主義と細則主義との差異を見てみる。減損会計の基準としては、日本基準とIFRSとの間に重要な差異はない。しかし、原則主義という点では、日本基準とIFRSで差異がある。日本基準では減損の兆候の例として、市場価格がおおむね50％以上下落した場合を規定しているが、IFRSでは市場価格の下落を減損の兆候としているが、数値による規定は特にないため、より実質的に会社の経営成績や財政状態への影響を考慮した上で、企業自らが判断する必要が出てくる。

ASBJが公表する基準には長文のものは少なく、実務対応報告や適用指針には取扱いを細かく規定したものがある。IFRSは世界各国での利用が前提であるため、各国の制度を前提とした規定を置くことができない。そのため、IASBは、各IFRSを貫く原則をできるだけ明示し、その例外を極力作らない（例外を作る場合には、拡大解釈されないように限定的なものとする）方針をとっている。これを反映して、適用する企業による判断の占める割合が大きくなるので、直面している会計事象を把握している企業のトップマネジメントが、IFRSの趣旨を勘案して会計方針を決定する必要がある（原則主義）。IFRSの適用下では、企業には従来以上に各IFRSを理解することが求められ、また、IFRSに明示されていない事象の会計処理の判断に際しては、概念フレームワークや各IFRSに付属する結論の背景を参照して、IFRSの考え方を十分理解した上で、判断を行う必要が生じる。監査人も、同様に概念フレームワーク等に基づき、企業が行った判断の妥当性を検討することとなるので、企業のトップマネジメントと監査人との密接な連携が必要となる。

②　当期純利益・包括利益及びその他の包括利益

包括利益は、期首と期末の純資産の差額（株主との間の資本取引を除く）として把握される。一方、当期純利益については、実現した利益を最終的に反映するものと理解されている。当期純利益は、事業年度の企業の業績を示す重要な指標として利用されており、期首と期末の純資産の変動額が未処分利益剰余金において当期利益と一致する（資本取引を除く）という関係を維持するには、いったんその他の包括利益項目として認識された未実現損益などは、実現時に当期純利益に振り替えるリサイクリングという手法が用いられる。

現在のIFRSでは、その他の包括利益で認識される項目として、為替換算調整差額、有形固定資産及び無形資産の再測定損益、確定給付制度にかかる数理計算上の差異等がある。これらは、発生時には未実現であるが、これらのうち、有形固定資産及び無形資産の再測定損益は、実現時に資本の部（日本では純資産の部）で直接その他の包括利益から未処分利益剰余金への振替ができ、また即時認識数理計算上の差異は、その他の包括利益を経由するものの、直接未処分利益剰余金を増減させることとなる（資本の部ではその他の包括利益項目としては表示されない）。これら以外は、実現時点で、その他の包括利益から当期純利益に振り替えることになる（リサイクリング）。

包括利益とは簡単にいえば、従来の損益計算書上のフローの純利益に財政状態計算書（従来の貸借対照表）に計上されている資産および負債つまりストックの時価変動を反映したいわゆる「**その他の包括利益**」（Other Comprehensive Income）を加えたものである。包括利益の重視の背景には、会計の取得原価主義から時価主義への移行及び当期純利益に比べ経営者による利益操作がされにくいことがあげられる。包括利益が重視されるということは、企業の利害関係者は損益計算書ではなく、包括利益計算書を会社の財務指標として見るということであり、経営者としては今後本業の儲け（当期純利益）を意識するだけでは十分ではなく、資産及び負債の時価の変動まで意識することになる。その意味で、財政状態を健全に保ち、時価の変動にいかに対応していくかが経営課題になると考えられる。したがって今後、経営者には２つのマネジメントが期待されることになる。１つは、従来どおりの純利益つまり本業の「儲け」をいかに確保するかということ、もう１つは、資産と負債のバランスや組み合わせをいかに時価の影響を避けながら効率的に考えていくかということである。

日本基準においても、包括利益の開示が求められているため、必要度は高まっている。いわゆるコンバージェンス・プロジェクトを通じて、日本の会計基準とIFRSとの相違は相当程度解消されつつある。しかし、今後課題として、IFRSにおいても新基準の公表や基準改訂が頻繁に行われており、新たな基準については、日本の会計基準の見直しや改訂が追いついていない状況である。さらに、日本の会計基準等で定められているいくつかの例外規定や、会計基準等で明示されていない実務慣行を考慮すれば、日本企業が実際にIFRS連結財務諸表を作成する場合、実務上、相当程度検討すべき項目が存在するものと思われる。そして、それらの相違が連結財務諸表上、結果として大きな会計上の相違を生み出す可能性も否定できない。

③　公正価値

IFRSの特徴の1つである**公正価値**（Fair Value）は、活発な市場価格に基づく時価を意味しているといえる。公正価値について問題となるのは、市場価格がない場合の測定方法と公正価値での評価が必要となる資産・負債の対象範囲である。現在、市場価格がない資産・負債の測定方法については国際的に収斂している。

IFRSでは第13号「公正価値測定」が2013年に適用となっており、公正価値は「測定日時点で、市場参加者間の秩序ある取引において、資産を売却するために受取るであろう価格、または、負債を移転するために支払うであろう価格である」と定義されている。公正価値の特徴として、市場参加者の視点から測定し、企業の意図や能力等の企業固有の視点は反映されない、出口価格（売却するための価格）であり、入口価格（購入するための価格）ではない。さらに、公正価値は、秩序ある取引を前提として成立する価格であって、強制売買や投売り等によって成立する価格ではない。

日本においては、企業会計基準第10号「金融商品に関する会計基準」等において、時価（公正な評価額）の算定が求められていたが、国際的な会計基準の定めとの比較可能性を向上させ、日本基準を国際的に整合性のあるものとするため、企業会計基準第30号「時価の算定に関する会計基準」企業会計基準適用指針第31号「時価の算定に関する会計基準の適用指針」（以下「時価算定基準」「時価算定指針」という）が2019年7月公表された。

時価算定基準の開発にあたっての基本的な方針として、統一的な算定方法を用いることにより、国内外の企業間における財務諸表の比較可能性を向上させる観点から、IFRS 第13号の定めを基本的にすべて取り入れることとした。ただし、これまで我が国で行われてきた実務等に配慮し、財務諸表間の比較可能性を大きく損なわせない範囲で、個別項目に対するその他の取扱いを定めることとした。また、IFRS 第13号では公正価値という用語が用いられているが、時価算定基準では、我が国における他の関連諸法規において時価という用語が広く用いられていること等を配慮し、「時価」という用語を用いている（時価算定基準24項及び25項）。

時価算定基準では、「市場価格に基づく価額」と「合理的に算定された価額」から構成される時価から、時価の定義を変更し、「時価」とは、「算定日において市場参加者間で秩序ある取引が行われると想定した場合の、当該取引における資産の売却によって受け取る価格又は負債の移転のために支払う価格をいう」（時価算定基準5項）と定義している。この時価を算定する際には、たとえ関連する観察可能なインプットが存在しない場合でも、その状況において入手できる最良の情報を用いて時価を算定することが求められる。

時価算定基準は、金融商品、トレーディング目的で保有する棚卸資産の項目の時価に適用する（同3項）。

④　時価の算定方法（時価算定基準8項から15項）

時価の算定にあたっては、状況に応じて、十分なデータが利用できる評価技法を用いる。公正価値の算定方法としては、市場価格をベースとするマーケットアプローチ（同一または類似の資産または負債の市場取引から生み出される価格と、その他の関連する情報を用いて評価する方法）のほかに、キャッシュ・フローをベースとしたインカムアプローチ（将来の金額を単一の現在価値に割り引いて評価する方法）や再調達原価をベースとしたコストアプローチ（資産の用役能力を再調達するために現時点で必要となる金額を反映する方法）などの評価技法がある。ただし、市場が存在しない場合には、何らかのインプット（評価技法に用いる入力数値）を元に上記の評価技法で算定する必要が生じる。このインプットについては、客観的なインプットを最大限利用することが求められる。評価技法を用いるにあたっては、関連性のある観察可能なインプットを最大限利用し、観察できないインプットの利用を最小限にする。時価の算定に用いるインプットは、次の順に優先的に使用する（レベル1のインプットが最も優先順位が高く、レベル3のインプットが最も優先順位が低い。)。

レベル1のインプット
時価の算定日において、企業が入手できる活発な市場における同一の資産又は負債に関する相場価格であり調整されていないものをいう。当該価格は、時価の最適な根拠を提供するものであり、当該価格が利用できる場合には、原則として、当該価格を調整せずに時価の算定に使用する。
レベル2のインプット
資産又は負債について直接又は間接的に観察可能なインプットのうち、レベル1のインプット以外のインプットをいう。
レベル3のインプット
資産又は負債について観察できないインプットをいう。当該インプットは、関連性のある観察可能なインプットが入手できない場合に用いる。

なお、時価を算定するために異なるレベルに分類される複数のインプットを用いており、これらのインプットに、時価の算定に重要な影響を与えるインプットが複数含まれる場合、これらの重要な影響を与えるインプットが属するレベルのうち、時価の算定における優先順位が最も低いレベルに当該時価を分類する。

6　国際化に向けての社内体制整備

(1)　会計・税務への影響

日本の会計基準について、IFRSに収斂させるコンバージェンスが進んでいるが、差異は依然として存在する。このため企業は、IFRS導入が自社の財務諸表に与える影響について認知しておく必要がある。IFRSとの差異には、有形固定資産の減損のように、企業の事業の特徴に関係するものと、退職給付債務の認識のように、企業の事業の特徴とは直接関係がなく、一律に対応が必要になる項目があり、企業によりその影響範囲は異なることになる。

IFRSの適用にあたり、事業種類が多い場合、グループ会社の数が多い場合、また海外展開を広く行っている場合には、各グループや各社の会計方針の把握や検討に時間を要するため、早めに準備を開始しておく必要がある。原則主義に対応して要求される統一的な会計処理について、自らの企業グループに適する、会計処理や財務報告手続をマニュアル等で整備する必要がある。海外展開している企業の子会社では、現地の会計基準に基づいた財務諸表を作成し、それを基に日本基準の財務諸表へ組み替えを行い、連結財務諸表を作成するという形態をとっている場合が多い。これに対し、現地の財務諸表をIFRS適用に標準化し、それを基に連結財務諸表を作成する一方、別途、国別に現地の会計基準へ対応するという方法も考えられる。この方法は、効率的な連結財務諸表と分析等の内部資料の作成が可能になる。ただしIT化や費用対効果を考えた範囲設定が必要になる。

税務との関連では、日本企業の場合、個別財務諸表に対しては、従来からの日本基準の適用を継続する場合が多いと想定される。日本基準とIFRSの相違に関して、申告調整項目が多くなること、原則主義や包括利益など法人税の構造体系と基本的に異なるため、税務申告に要する管理コストが増大する可能性がある。有形固定資産の減価償却では、IFRSと税法では、耐用年数や償却単位などに差が生じるため、例えば複数の固定資産台帳が必要になる可能性がある。

(2)　業務プロセス・内部統制への影響

IFRSの適用は、主要な各業務プロセスに影響を与えることが想定される。収益認識に関する基準が強制適用されたことにより、IFRSとほぼ同等になったといえるが、従来の出荷基準が、収益認識基準の適用によって、検収基準に変更することになった場合を想定する。検収基準では、購入者が現品を確認した時点で、重要なリスクと経済価値が販売者から購入者に移転したととらえ、収益認識（売上計上）される。時系列で見れば、計上のタイミングの単なるズレであるが、これにより、販売業務に関するプロセスの変更が必要となる。出荷基準の場合、倉庫や工場からの出荷データに基づいて売上計上するが、自社で管理している情報を基に計上することになるため、ITによる自動化など、日常業務からカットオフなどの決算業務まで効率的に構築することができる。一方、検収基準（納品基準）を適用する場合、検収・納品といった状況を完全把握するには、運送業者が回収する納品伝票等の証憑で確認することが必要になる。日本国内の物流を考えれば、ほぼすべての物品は出荷日から数日で到着するため、例えば、出荷データを基準として、出荷日に1日プラスするなどの対応により、販売に関する売上計上基準を設定することも可能となる（継続的な適用により出荷基準をベースに期末日前後に調整する方法もあり、結果的には出荷基準でもほぼ同様になる）。このようなことから、自社の業務内容、取引先との契約内容、取引自体などを改めて確認するなど、全般的な検討が必要になる。これが海外との取引であれば、さらに複雑になることは理解されるであろう。

仮に、一部の業務プロセスに変更が生じることになった場合、その業務については変更後の新しい業務手続を定め、必要ならばIT等システムの変更も検討することになる。さらに、業務の現場に浸透させるには、説明会の実施や作業マニュアルの整備などにより各部門の理解を得る必要があり、作業工程は相当の量に達することに留意すべきである。グローバルに展開している企業グループや子会社の数が多い場合には、相当に負荷がかかることを想定する必要がある。

IFRS適用に伴う決算・財務報告プロセスの変更や基準変更などを受けて、ドキュメント類の変更など、内部統制制度についても一定の見直しが必要になり、より良い方向への見直しともいえる。内部統制への対応では、多くの会社において企業グループ全体からみて最適化の取組みになっていない可能性がある。同種類の取引形態で、業務・決算プロセスを統一しているのではなく、とりあえず現状で内部統制報告制度に対応している場合もある程度残っていると思われる。内部統制報告制度による見える化はあまり進んでおらず、業務に関するノウハウが人に帰属したままでシステムとして機能しておらず、かなりの費用を要していることも事実である。IFRS適用の検討は、会計方針の統一だけではなく、会計処理方法の共通化を進展させ、内部統制の各業務プロセスを見直す機会と捉えるべきである。検討にあたっては、企業グループ各社の業務を、ITを活用しながら標準化・集約化をすすめ、重要な統制手続について見直す必要がある。

⑶　システムや組織への影響

IFRSの検討に関連して、システムに関する視点から見ると、多くの日本企業では、グループレベルでのシステムの標準化や統合がなかなか進まないことが考えられる。システムの検討にあたっては、期限が限られる中で、費用対効果のある機能を有するシステムにするのかという点が重要である。例えば、一回入力した仕訳情報が、複数の会計基準や財務諸表の様式に対応できればシステムの機能が優れているといえる。しかし、企業規模によっては、IFRSとの差異が大きくない場合など、会計システム外で対応するほうが、コストや品質、作業の負荷を考えると適切になるという場合もあり得る。なお、表計算ソフトによる手作業の業務では、内部統制上の問題が生じるおそれが多く、事前の検証が望ましい。また、新システムの開発期間についても、完成時期に対して着手するタイミングが肝要となる。一方、着手が遅れて期限までに時間がない場合は、他の選択肢を検討できず、システム外の手作業での対応を余儀なくされることになる。このような場合IFRSの適用に対する障害の発生や担当者のモチベーションの低下が起きるおそれがある。

IFRS導入の組織の論点としては、まずIFRSに精通した人材の育成が急務である。このような人材の育成には時間がかかることが想定される。そこで、金融庁企業会計審議会が2009年6月に公表した「我が国における国際会計基準の取扱いについて（中間報告）」でも、公認会計士や公認会計士試験合格者の積極活用を有効な方法の1つとして取り上げている。さらにCFO組織のレベルアップについては、IFRS適用に向けて、IFRSに関するノウハウを企業組織内に蓄え、財務報告の実行にあたって有効に活用していく体制として、CFO組織にIFRSの中心となる拠点を配置しておく必要がある。CFOは、会計方針や会計基準への対応、勘定科目の設定・統一などの経営企画や経理企画の要素を集約し、全社的に標準化と透明性を確保することである。また、IFRSの基準書も今後改訂されていくことから、適用後も会計制度への対応を的確に行うための中心的な機能をグループ内に設置しておくことが重要である。またIFRS適用に関する企業内ロードマップを作ることも、優先付けを計画に盛り込むには必要である。

(4) 管理会計への影響

管理会計の領域では、会計・財務報告の検討により、従来の業績管理指標にどのような影響があるのかを早めに把握し、将来の経営管理のあり方を想定しておくことが必要である。例えば、収益認識により売上高の金額表示が変更となれば、総額表示と純額表示の使い分けや計上金額の決定などの対応を検討しておく必要がある。また、予算管理や予算実績管理などの管理会計にも当然影響が及ぶことになる。従来のグローバル事業別業績管理は、セグメント情報の開示に見られるように、決算を主目的としており、管理会計まで十分な対応ができている企業は多くない。IFRS適用に伴い、マネジメント・アプローチを導入し、経営管理の一層の高度化を図ることもできる。その場合、必ずしも財務会計としてのIFRSの要件だけにとらわれず、業績に影響を与える非財務情報に関する定性的情報なども併せてどのような経営管理体制を目指すかを検討することが望ましい。IFRSは経営者や利害関係者の意思決定有用性に重点をおいた会計基準ともいわれており、マネジメント・アプローチに見られる社内の管理数値を前提にセグメント情報の開示を求める考え方は、内部の事業別管理の質にも影響を与えることになる。欧米型の外部登用による事業部長には、好業績であれば高額の報酬を与え、業績不振であれば責任を取らせるが、日本の内部昇進型の人事制度の中では事業部長の結果責任が外部に対してもわかりやすくなるため、人事制度だけでなく、日本企業としての今後の経営管理や事業部制のあり方についても、一定の影響を与えることになる。

(5) 検討課題

各企業における現状の問題点として、精通した人材の養成、原則主義のため解釈指針が十分ではないので具体的な会計処理の手続の設定が難しい、適用時期の設定次第では今後の会計基準の変更が確定せず準備を進めにくい、単体ベースで税務上の取扱いに不利益が生じないか、また、経営管理上の問題が生じないか不透明である、などが挙げられる。具体的には、IFRSへの対応等に必要となるコスト・事務負担が膨らむのか、監査人と基準解釈が異なるリスクが増大することが懸念される、小規模連結対象会社の会計システムをどのようにすべきか見通せない、中長期計画等の作成にえる影響が不透明、原則主義は同業界内でも会計処理が異なり、比較可能性が損なわれるおそれがある。さらに、株主に対しての理解が得られるか、経営努力とは必ずしも連動しない資産の時価査定が大きなインパクトを示すので企業の評価を的確に表示しているか疑問が残る。公正価値により評価される局面が増加するため、業績が短期的な市場の動向に左右され、長期的視点に立った経営に対する投資家の理解が得にくい可能性がある。

7　海外事業等への対応事例

(1)　海外事業の監督

多くの日本企業にとって事業展開はグローバル化しており海外での事業展開が増大しているため、取締役の職務執行は、国内事業のみならず海外事業についても行われる。したがって、取締役の職務執行の監督も当然国内事業だけでなく海外事業にも及ぶことになる。

海外事業についての取締役の職務執行は、海外現地だけではなく国内でも行われるという特徴がある。取締役が国内で行う海外事業についての職務は、２つに分けられ、その１つが海外事業についての「決定」である。例えば、会社がベトナムに生産拠点をつくり海外進出を決定する場合を想定する。会社の規模や投資の金額にもよるが、通常は取締役会の決議を要する投資案件であり、取締役は取締役会における審議と決議に加わり当該決定に関与することになる。監査役等は取締役会での決定過程と決定内容について監査することになる。仮に、取締役会の決議事項でない場合でも、海外事業案件の多くは、代表取締役や海外事業担当取締役の決裁事項となっているはずである、その決定過程としての決裁手続と決裁内容の双方について監査役等の監査が行われる。一方、これらの取締役による職務の執行が日本国内ですべて行われるとは限らない。法令上は取締役会を海外進出先現地で開催することも可能であるが、通常は日本国内で開催される。仮に取締役アジア事業本部長がベトナム現地にいても、現地とリモートでつないだ会議によって取締役会の審議に加わり、議決権を行使することも可能である。

取締役が国内で行うもう１つの海外事業についての職務が「執行」である。日本企業の場合、取締役アジア事業本部長が例えば中国の現地法人のCEO（最高経営責任者）を兼務し、中国に駐在するといった例も考えられる。この場合「決定」に基づく「執行」は、海外現地で行われることにもなるが、役員兼任になっていない場合は、日本において主管する事業本部等からの指示が必要に応じ、取締役主管事業本部長から現地に伝達される場合もある。この例では、取締役による職務「執行」そのものは日本国内で行われていることになる。

(2)　監査役等による海外事業リスク

通常、規模の大きな会社の場合には海外事業展開することが多いと考えられる。会社法上の大会社で監査役会設置会社の場合、監査役の半数以上は社外監査役でなければならないとされている。

監査役会設置会社の事例で考える。監査が業務執行から独立した立場で実施されるべきであるという要請から監査役監査は社外監査役が中心となって行う趣旨と捉えることも可能であり、海外事業の監査においては社外監査役の監査の重要性は大きな意味をもつといえる。

海外事業におけるリスクを検討することが困難と考えられるのは、国の社会における価値観や国家体制が日本と根本的に異なる諸外国に進出先があるからである。社会通念の違いや、国家体制が民主制とだけとは限定されず、他の主義体制を取る国も多い。社会の慣習が優先し、コンプライアンスが十分に機能しない場合もあるため、日本における常識が通用しない海外の地域もあることが重要である。

海外現地における「法令」は、日本の国法令でないばかりか、例えば独裁国家の制定した法律であったりする。仮に進出先がEU加盟国の場合、進出国のみの「法令」遵守だけではなくEU法の存在を十分に周知しておく必要があり、進出先現地の法構造が基本的に異なることに留意すべきである。監査役がこれらの状況に対処していくには、日本人ではない社外監査役や海外在住経験のある社外監査役の知見が利用できる場合がある。日本国内のみの狭い視野でみるのではなく、日本企業の海外事業で重要なことは、進出先現地社会における常識やグローバルな考え方を理解できるかであるといってよい。

リスクの洗い出しの点でいえば社外監査役を中心とした監査役が経営執行部門から独立した客観的な視点によりリスクを認識識別して、取締役会の場で意見を述べられるようにするべきである。海外事業については、その特有のリスクを監査役だけではなく取締役会の構成員全体が共通して認識できるかどうかによる。つまり、監査役が自らでリスク管理を行うのではなく、経営執行部門において内部統制の一環として行うリスク管理が適切に行われているかどうかによることになる。

第2章

応用編

第１節　財務会計と管理会計

１　財務会計と管理会計の関連性

財務会計では決算書としての財務諸表を作成し開示している。実態開示の観点から、見込み見積りの要素が介在し、作成過程の中で、計画・予算といった管理会計独自の項目が財務会計に利用されてきている。これを管理会計と財務会計のボーダレス化が進展しているという。管理会計は企業組織を効率的かつ有効に運営機能させ、企業組織の内部において必要な情報を会計的に作成し活用していくものであり、企業組織の外部には開示されない会計的な情報をも作り出し活用することを行っている。

財務会計が発生した事実を処理していくのに対して、管理会計は過去の会計的事実を将来の企業行動に結び付けていこうとする側面が強い。近年、財務会計の中において、資産の回収可能性や将来債務の網羅性など、将来要素を現時点に引き直す割引計算を行い、見積計上していこうとしており、管理会計の手法が用いられることが多くなっている。

第１章で見たとおり、管理会計は財務会計と有機的に関連しており、独立して存在しているものではない。管理会計は会社内部のルールであるため、法律や制度の規制は受けないが、財務会計との関連から影響は受けることになる。例えばコストの発生を正確に速く把握して会計に結びつけることが管理会計の役割であるとすると、発生したコストが財務会計の会計処理となってあらわれる。例えば財務会計では企業の販売活動・管理活動によるコストは発生即費用となるが、製造活動による発生コストは原価となり、費用と資産に分かれていく。

2　人件費の捉え方

【事例】人件費について

人件費は、財務会計では、製造原価か販売費及び一般管理費に表示区分される。一方、管理会計では、固定費か変動費で考える。また採用に当たり、企業では、採用計画があり、定時・通年の場合が考えられる。

事業環境に対処するため、企業間での生存競争が激化し、企業は利益確保の１つとして人件費の抑制を考えている。雇用は必要最低限に留め、不足する人員を臨時的に雇用することで人件費を固定費から変動費に置き換えることにしている。終身雇用制度も崩れ、能力主義とすることで、人材の流動化を起こし、適正な人員数、雇用形態はどのようにするかを考える必要がある。また、転職エージェントや転職サイトを活用するなど、雇用環境が変化してきている。さらに、新卒一括採用も残しながら、通年採用という人材の確保の動きもある。技術の継承や従業員の年代ピラミッドが崩れ、ポストの有無というマイナス面も出てきており、また、テレワークの普及推進なども奨励され、テレワークによるコストの負担という会計の領域に留まらない問題も生じている。法定福利費・退職引当等を含む実質的に企業が負担する人件費をいかに抑えるかということ、従業員数は適正なのかという問題から、正社員１人に対して支払う給与額が適正かという視点である。社会的には非正規雇用は弱者とみなされ、国民全体の平均給与額も増加傾向とはいえず、人を取り巻く企業の環境は厳しくなっている。不況の深刻化により、非正規雇用者にも雇用の維持確保が必要であるといわれている。

【取締役会の視点】

操業度に関連した分類として固定費と変動費の区分がある。人件費の抑制の手段として固定費となる正社員から非正規雇用者へのシフトがみられ人件費の変動費化を招いている。人件費の変動費化は、管理会計の視点であるが、結果として支払った金額が財務会計の人件費として計上される。

3　債権管理と与信管理

(1)　貸倒れの意義と貸倒引当金の設定

貸倒れとは、売掛金等の債権が倒産等により回収不能になることをいう。当期末の債権が次期以降に貸倒れとなり回収できなかった金額が損失となり費用が発生する場合がある。そこであらかじめ次期以降における貸倒れが予測可能な場合、当期末に当該金額を見積り、当期の費用として計上することができる。費用の見積り額を計上するときは貸倒引当金繰入額として処理をする。

貸倒れにより減少すると予測される債権に対し、実際には貸倒れが発生したわけではないので貸借対照表上は貸倒引当金として処理をする。この引当金は売掛金等の債権から控除額を示す評価勘定を意味している。債権の計上金額のうち貸倒引当金を控除した差額がその債権の実質的な価値である。法人税法の規定に基づき設定する場合もあるが、税務上で損金として認められなくても、現行の会計制度上は必要額を見積り、引当金を設定することが必要となっている。

(2)　決算における貸倒引当金の設定方法

貸倒引当金の見積方法としては個別法と実績率法がある。個別法とは当期末の債権についてその債権者ごとに信用状態を調査し、支払能力を個別に判断し、貸倒予測額を評価する方法である。実績率法とは過去の期末債権に対する貸倒れの実績割合等を勘案して、妥当な比率を定め債権残高に乗じる方法である。

「金融商品に関する会計基準」に定める方法により、実務的には貸倒見積高の算定にあたって、債務者の財政状態及び経営成績等に応じて、債権を一般債権、貸倒懸念債権、破産更生債権等に区分して見積ることになる。

(3)　債権区分と貸倒引当金

貸倒引当金の設定対象となる債権の区分とそれぞれの債権における貸倒見積

額の算定を整理すると、以下のようになる。

債権の区分と算定方法

区分	定義	算定方法
一般債権	経営状態に重大な問題が生じていない債務者に対する債権	過去の貸倒実績率等合理的な基準
貸倒懸念債権	経営破綻の状況には至っていないが、債務の弁済に重大な問題が生じているか又は生じる可能性の高い債務者に対する債権	財務内容評価法 キャッシュ・フロー見積法
破産更生債権等	経営破綻又は実質的に経営破綻に陥っている債務者に対する債権	財務内容評価法

売上債権が実際にいくら入金されるか、逆にいくら回収されないのかを見積もる必要がある。回収されない貸倒見積高の算定にあたっては、債務者の財政状態及び経営成績等に応じて区分する。

貸倒見積高の具体的な算定方法について、従来は債権の元本の回収可能性のみに着目し、元利金のキャッシュフローの総額に着目した引当が明確ではなかった。一般債権については、債権全体又は同種・同類の債権ごとに、債権の状況に応じて求めた過去の貸倒実績率等合理的な基準により貸倒見積高を算定する。要するに、一般債権は債権の状況に応じた貸倒実績率（過去の貸倒実績率）等により貸倒見積高の算定を行うことになる。

「財務内容評価法」（金融商品に関する実務指針（会計制度委員会報告第14号　日本公認会計士協会　以下「金融商品実務指針」という、114項）は債権の状況に応じて、債権額から担保の処分見込額及び保証による回収見込額を減額し、その残額について債務者の財政状態及び経営成績を考慮して貸倒見積高を算定する方法である。「キャッシュ・フロー見積法」（金融商品実務指針115項）は債権の元本の回収及び利息の受取りに係るキャッシュ・フローを合理的に見積もることができる債権については、債権の元本及び利息について元本の回収及び利息の受取りが見込まれるときから当期末までの期間にわたり当初の約定利子率で割り引いた金額の総額と債権の帳簿価額との差額を貸倒見積高とする方法である。キャッシュ・フロー見積法を採用する場合に、債権の元利回収に係る契約上の将来キャッシュ・フローが予定どおり入金されないおそれがあるときは、支払条件の緩和が行われていればそれに基づく将来キャッシュ・フローを用い、それが行われていなければ回収可能性の判断に基づき入金可能な時期と金額を反映した将来キャッシュ・フローの見積もりを行った上で、それを債権の当初の約定利子率または実効利子率で割り引くことになる。

債務の弁済に重大な問題が生じているとは、現に債務の弁済がおおむね１年以上延滞している場合や、弁済期間の延長又は弁済の一時棚上げ及び元金又は利息の一部を免除するなど債務者に対し弁済条件の大幅な緩和を行っている場合が含まれる。債務の弁済に重大な問題が生じる可能性が高いとは、業況が低調ないし不安定、又は財務内容に問題があり、過去の経営成績又は経営改善計画の実現可能性を考慮しても債務の一部を条件どおりに弁済できない可能性の高いことをいう。財務内容に問題があるとは、現に債務超過である場合のみならず、債務者が有する債権の回収可能性や資産の含み損を考慮すると実質的に債務超過の状態に陥っている状況を含んでいる（金融商品実務指針 112 項）。

⑷　与信管理

与信管理は、資産管理の中で重要なものの１つとして位置付けられる債権管理の一領域である。債権のうちで代表的なものが売掛金や未収金であるので、ここでは売掛金を例にとって進めることにする。財務諸表との関連で売掛金管理はどのようにすればいいのかという論点である。

①　営業活動と回収責任

営業活動は営業担当者が得意先に商品を販売し、サービスを提供して、代金を回収する活動と位置付けることができる。販売・納品・代金回収というサイクルのなかでは代金を回収してはじめて販売活動は終了する。それゆえ、代金の回収責任は営業・販売部門にある。なぜなら、何を売ってどのお金が入金されたのか得意先との交渉過程を知り得て責任を持ちうるのは営業・販売部門しかないためである。そこで日本の商習慣では信用取引をベースになされるので与信管理と残高管理が必要となる。

②　売上・売掛金の状況の把握

売上や売掛金の状況を把握していくが、それぞれの経常的なシステムの概要を理解して、次に売上や仕入に計上漏れがないかどうか、決算日のシステム処理（通常決算日から数日後の営業日に設定される締切日）に間に合わなかった場合に決算処理に反映させる報告の仕組みがあるかどうかなどを検討する。さらに、為替の変動が激しい経済環境では海外得意先に対する売上・売掛金管理を徹底しておく必要がある。また、値引きに関する処理は商品が移動しないため、証跡が捕まえにくく、その根拠が曖昧になりやすいことから社内の統制ルールを厳密にする必要がある。とくに取引の事実が正確に処理に反映されていることが重要となる。

③　処理の基本ルール

各営業部門の処理が全体的に適正に処理されていても、社内のルールに従った処理を行っているかという基本事項を確認しておく必要がある。例えば、顧客の要望に合ったものにしていないか、顧客の不満をいかに解消するかという点に処理が偏っていないか、などである。顧客満足のために社内で定めたルールに沿った処理がなされていない場合がある。顧客を自分のお店、自社の製商品に引き止める努力というのは重要であるが、顧客へのサービスを向上させる中で社内処理ルールを遵守することは、難しい作業であるかもしれない。このような状況をモニタリングしていくのが内部監査部門の役割であり、内部統制制度の中心である。業界の慣行、販売促進、市場調査、販売戦略、リピーター市場など企業外部の動向もモニタリングしていくことが必要となる。

④　債権・与信リスクの把握

企業活動における債権・与信に関するリスクを把握しておくことが望ましい。ではどのようなリスクが考えられるであろうか。例えば以下のようになる。

ⅰ）貸倒れを起こす

ⅱ）滞留債権・破産更生債権等となる

ⅲ）債権・与信の管理を厳密にすることにより販売が伸び悩み滞留してしまう

ⅳ）決済方法の変更が取引高を減少させてしまう

これらのことがいつでも起こりうるという想定で取引と債権を管理する必要

がある。

⑤　与信管理

取引を始める前に、信用取引によるのであれば、相手の信用調査を行い、取引開始の判断をする必要がある。これは質的に適格かどうか、取引先として問題ないかを検討することになる。信用調査には、大手の調査機関から個人のものまで様々なものがあり、その目的に応じて利用していくことになる。通常は報告書が調査機関から提出されるが、その内容・結果を鵜呑みにするのではなく自社で判断していく必要がある。次にどの程度まで信用を供与できるのか、量的に適格の範囲を見極めることになる。すなわち与信限度を設定することである。現在の変動の激しい経済状況下では、量的側面だけではなく、与信管理の質的側面を重視する傾向が高まってきている。

与信限度を設定する必要性としては、以下のことがいわれている。

複数の会社と取引をすることにより、会社にとりリスクを分散するが、取引先の会社により負担能力が異なる。また、信用が高い先には限度の設定が緩くなり、信用が低い先には、厳しい基準を設ける必要がある。一取引先に偏らずシュアを分散することになる。

次に決済条件と担保である。決済条件とは販売代金をどのような期間・方法で回収するかということである。例えば月末締め翌月 20 日現金振込ならば月初から月末までに信用販売した金額を集計し、請求書を発行する。それに基づき納入先は翌月の 20 日に銀行口座に振込入金する方法をいう。この決め方には、締め切り方、期間の採り方など多様な形態がある。担保の設定については相手先の信用状態・取引予想額からその金額などが決定される。また、請求書の様式にも留意する必要がある。譾求書発行時点で既に請求しているが未回収となっている取引全部の明細を送付し、未回収の金額を相手に知らせ、締切り時の請求金額と合わせて相手先の要支払額を知らせる必要がある。そうでないと請求内容と入金内容の差額管理を行っていないのを自ら知らしめてしまうからである。手続的には、部門長の申請により、決裁者の承認を得ることになるが、審査部門と申請部門が共同決済することが望ましい。また、与信限度枠の保守として、限度枠が常に守られているかどうかチェックする必要がある。

ここで管理の側面から見てみると、与信限度を超えていないかどうかの限度管理、決済条件どおりの回収がされているかどうかの回収管理、将来において与信限度と矛盾しないかどうかの受注管理、残高の把握がなされているかどうかの帳簿管理に分けることができる。

⑥　不良債権の管理

回収が滞っている債権を総称して不良債権ということが多い。一般債権・貸倒懸念債権・破産更生債権等の３つに区分される債権のうち不良債権に該当する貸倒懸念債権・破産更生債権等について、回収可能性を検討して回収不能分を貸倒引当金として計上することになる。管理手法としては、不良債権全体の当会計期間中の推移を概観することである。与信管理上、与信限度額や格付の設定等の定期的な見直しを行うとともに個別の得意先ごとに要因分析を行い債権と引当金管理を行っておく必要がある。通常、不良債権は先方の資金繰り等の理由により発生することが大半であるため、発生の兆候に留意する必要がある。

⑦　債権・与信に関するリスクの兆候と把握

とくに債権・与信に特徴的にあらわれるものをここではとりあげておく。

ⅰ）売掛金の滞留増加

販売力の低下や無理な販売などが想定される。とくに販売先への影響力の低下やトラブルが発生している可能性がある。一方販売先の資金力の低下によって起こる場合もある。

ⅱ）赤字販売・処分販売の増加

影響力が落ちているため、価格面で妥協し、当面の売上数値を確保するために赤字になるケースや、一方、本来は処分損が計上されるにもかかわらず、得意先との関係から安値でも取引し資金の回収をはかるケースもある。

ⅲ）月次売上額の大きな変動

通常の市場や季節性などの特性から販売金額には変動が生ずるか、年度末の月の急激な変動など予想以上に増減する場合にはその要因が明確になっている必要がある。

4　予算管理の意義と役割

(1)　予算

企業は将来の売上高・利益を目標値として定め、達成するために努力している。これらの目標値に具体性をもたせ、収益・費用・利益の具体的な金額に置き直したものが利益計画である。この計画を実行に移し達成していくための総合かつ具体的な予定が予算である。この予算を確実に執行し実現できるようにする仕組みが予算管理である。言い換えれば、会社の従業員に行動目標を示し、実際の活動をその目標に向かわせる仕組みである。一般的には計画（PLAN）行動（DO）評価もしくは検討（CHECK）修正もしくは新行動（ACTION）のPDCAサイクルにより遂行され、予算という管理技法を用いることで実現できる。予算を活用することによりいろいろな経営活動を遂行する組織に統一がとれた行動をもたらすことが可能になる。また、予算と実績を対比してその差額を分析して適時修正していくことを予算統制（Budgetary Control）という。

予算を策定するには、全社的な取組みであるので予算規程を定めるケースが多い。しかし予算規程があっても予算管理が有効に機能しない場合が実務上散見されるので、予算を有効に機能させるためには以下のような条件が必要になる。

①　全社的な組織体制・内部統制が確立している
②　管理会計としての予算管理の方法が理解されている
③　予算管理の必要性について会社の構成員が認識しており参加している
④　財務会計・管理会計の制度が整備されている
⑤　予算実績差異分析のツールが準備されている
⑥　業績評価のための基準が認識されている

以上から、予算の役割として次のようにまとめられる。

① 売上目標・利益目標が定められることで市場に対する企業の戦略が明らかになる
② 目標値が設定されることでコントロールの指標・基準が確立される

⑵ 予算編成

予算編成にあたり、編成担当者は、費用予算は多めに売上高予算は少なめにするという一般的な傾向がある。これは業務遂行に関する費用は多めに確保しておき、予算の達成が容易なように売上高予算は少なめにしようとするものである。

予算編成におけるトップマネジメントの役割としては、予算の大枠を決定することと予算を最終決定することにある。通常最終の予算案は取締役会に上程され最終承認がなされる。各部門からの提出される予算は、費用については過大気味に収益に関しては過少気味になるので、本社機能においてその内容をチェックするとともにトップマネジメントとしては、編成担当者のモチベーションを考慮した上で頑張ればなんとか達成できる水準すなわち達成可能良好レベルに設定することになる。

予算編成すべき単位としては部（支店等）課あるいは係と細分化されていくが、全員参加型の部門別経費予算が中心となっている。特に編成作業が形式化・儀式化してはならないし予算編成に時間と労力ばかりかけてはならない。

⑶ 貸倒引当金と予算策定の実務

予算の策定は通常、予算施行期以前に開始し、最終確定には取締役会等の決議が必要になる。そのため策定の具体的な作業は３月末決算であれば、前期の１月から開始され２月遅くとも３月中には終了しておく必要がある。一方、貸倒引当金は決算作業（決算整理事項）として４月の上旬に設定されるのが一般的である。貸倒引当金の説明からもわかるように、翌年度の貸倒れを合理的に予測して決算に反映させる必要がある。

【事例】貸倒引当金と予算策定の実務

　翌年の貸倒引当金の設定を予算に反映し、その後決算で確定すると、決算の確定金額が、予算の見込金額の後になるという、時期的なタイムラグが生じる。そこでは、決算処理と予算内容について通常一致させる必要がある。すなわち、決算で貸倒懸念債権とした売上債権を、予算上で一般債権として扱い、貸倒引当金の設定を行うことは認められない。次に、引当金の引当率も予算上の引当率と決算上の引当率を同様にする必要がある。しかし、当年度分の実績率は予算策定時に確定していないことが考えられる。このような場合には過去２年から５年の平均率を使用し誤差の僅少化と差異の平準化を図ることが可能になる。収益性の低下に伴う減損処理は、判明した時点で減損処理を行うことになるため予算に計上するということは起こりえないと考えるべきである。仮に予算に組み込めば損失を繰り延べることになってしまう。

　貸倒引当金の場合の予算との関連はどうなるであろうか。一般債権である正常債権については、過去の実績率等により予算・決算に反映することになる。一方、貸倒懸念債権・破産更生債権等については、将来事象として発生は見込めないものである。よって現状把握している内容を基礎として予算策定することにならざるを得ない。しかし、決算作業中に、得意先の倒産が判明した場合、後発事象としての取扱いは修正後発事象として決算に反映させる必要がある。すなわち、予算上は貸倒懸念債権として50％の貸倒引当金を設定していても、決算上は破産更生債権等として100％の貸倒引当金を設定する必要がある。つまり決算の確定に伴う予算の修正という問題が発生し、予算上も100％引き当てた上での修正予算金額になる。この予算を基にした、対外的な翌年度の業績予想は決算短信として公表されるが、対内的に予算が確定していても、修正後発事象が発生すれば予算を修正して、決算発表と同時に公表することになる。

貸倒引当金の予算と決算作業

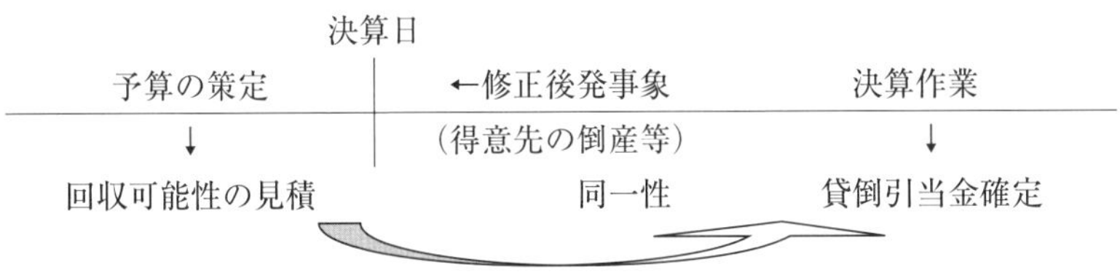

【取締役会の視点】

取締役会の対処方法としては、債権管理の内部統制を機能させ、想定されるものは予算と決算とに反映する体制を構築しておくことである。財務会計としての決算と、管理会計としての予算が、別個の会計として機能するわけではなく、財務会計と管理会計のボーダーレスを認識把握して、決算業務に管理会計と内部統制の２つの機能を有効に活用することである。管理会計の側面から見ると、財務会計との一元化・データの共通化システムの構築という課題が提示されることになる。

上記のように、与信管理が十分に機能していれば、債権の回収については問題にならないはずである。しかしながら最近の世界的な事業環境や経済状況は、突然の企業倒産や資金繰りの悪化がいつ起きてもおかしくない状況である。債権の回収可能性を評価した結果として計上される回収不能見込分である貸倒引当金と与信管理との関連性を十分に認識・理解しておき、予算や決算にいかに反映させるべきか考察することも、今後の企業会計の実務の中では有意義なものになると考えられる。

5　会計基準の適用

(1)　会計基準の適用の変化への対応

この十数年来にわたって新会計基準の導入や変更がなされており、企業の中にはその対応策やノウハウが蓄積されてきていることと思われる。しかし企業の事業形態や変更内容により対応が異なってくるので、基準新設の場合と基準変更の場合に分けて考えてみる。

①　新設の場合

従来は、基準がなかったために会計処理がなされていないか、会社独自の基準で行っているかどちらかの場合が考えられる。新設の場合は公開草案を経て基準が完成し、その後実務指針等が出てくるので、比較的時間をかけて検討することが可能となる。特に新設の場合に、その内容が従来にないものであればとりわけ注意する必要がある。影響額は金額で表わされるので、その際重要なのは、導入年度である。その中でも強制適用になる開始事業年度と早期適用が可能の開始事業年度に分かれる。早期適用は強制適用の前事業年度になる場合が通例である。適用する決算の時に考えればいいというのではない。まず適用する場合に適用年度の予算にいいかえれば業績予想に反映させなければならないので少なくとも適用年度の予算策定（前年度の下期）の時期には会社としての意思決定をしておく必要がある。また適用年度では当然ながら月次ベースで適用することは言うまでもない。もちろん社内の手続やシステムの見直しも必要になる。

②　変更の場合

基本的には新設の場合と同じになる。しかし特徴として適用までに時間が短いことが多いために、適用がいつからかその期日を明確にしておく必要がある。変更はいいかえれば改正ゆえ、従来と同じ方法で行った場合と比較して影響額がどのくらいあるか開示することが必要になる。この時影響額の取り方は、原則として、今年新たに行った処理を仮に前年も行っていたら前年の金額はどのようになるかを開示する場合である。

⑵　収益認識基準に関する事例

財務会計の事例として、新会計基準適用時の対応について考える。「収益認識に関する会計基準」（企業会計基準第29号（2018年３月）公表、最終改正2020年３月（以下「収益認識基準」という））は、大きな改訂で、準備期間も３年あったが、会計数字だけではなく、管理会計や監査など、多様な点から見ることが必要になる。

①　新会計基準適用時の対応

収益認識基準等が公表され、我が国における収益認識に関する包括的な会計基準が制定された。この基準を取り巻く適用に関する論点を事例により検討していく。

【事例】卸業（専門商社）における、いわゆる直送取引に関して収益認識基準を適用した場合の本人・代理人の判定について

N社は年商500億円の機器を扱う専門商社（公開会社）である。倉庫のスペースや物流の効率化のため、積極的に、直送取引（製造メーカー（M）からユーザー（U）へ直接配送する）を行っており、物流量で60％、売上金額で50％が該当する。なお、直送商品の平均粗利率は10％である。

収益認識基準の適用により直送取引が全て代理人となると、売上金額は約225億円減少し275億円となる。

〔背景〕この種の取引について、売上高（営業収益）を計上するにあたり、いつ・いくらで収益認識をするかが論点である。会社が本人とみなせば総額で、代理人とみなせば純額で計上する。この結果、代理人の割合が高ければ、売上高が大幅に減少する。営業利益についてはほとんど変動しない。会計方針であるので、企業（経営者）が選択することになる。最終的には取締役会等での決議承認が必要となる。

必ずしも基準適用の個別的な内容まで、取締役会に上程されるわけではないが、部門の売上高や翌年の業績など、業績評価もふくめ、影響は多岐にわたる。予算・業績対比等会社の経営成績に大きな影響を与えかねないからである。売上高は、会社の規模を示す重要な指標であるので、この基準の適用は、影響が大きい。本来なら、適用年度の前年までには、決定しておく必要がある（なお、収益認識基準は2021年4月以後開始事業年度より適用されているため、3月決算の会社であれば、取引の検討は2020年度中に行い次期の業績予想等への影響等を考慮して2020年度には結論を出す必要があった）。

基準等における基本的な考え方は以下のようになる。

（5）履行義務の充足による収益の認識
35. 企業は約束した財又はサービス（本会計基準において、顧客との契約の対象

> となる財又はサービスについて、以下「資産」と記載することもある。）を顧客に移転することにより履行義務を充足した時に又は充足するにつれて、収益を認識する。資産が移転するのは、顧客が当該資産に対する支配を獲得した時又は獲得するにつれてである。
> 37. 資産に対する支配とは、当該資産の使用を指図し、当該資産からの残りの便益のほとんどすべてを享受する能力（他の企業が資産の使用を指図して資産から便益を享受することを妨げる能力を含む。）をいう。

本人と代理人の区分の判定は、顧客に約束した特定の財又はサービスのそれぞれについて行われ（指針41、42）、財又はサービスを企業が「支配」しているかどうかで判定される。直送取引は基準37を検討すると、支配していると考えられるが、具体性を考慮し改めて適用指針で検討する。

適用指針（39、40）の本人代理人の区分において、顧客への財又はサービスの提供に他の当事者（M）が関与している場合、顧客（U）との約束が当該財又はサービスを企業（N）が自ら提供する履行義務である場合は、企業が本人に該当し、対価の総額を収益として認識する。企業が手配する履行義務である場合は、企業が代理人に該当し、報酬又は手数料の金額（純額）を収益として認識する。なお、直送取引については、従来から総額で処理していることを前提としている。

本人と代理人の区分の判定は、具体的には以下の適用指針による。

> 43. 顧客への財又はサービスの提供に他の当事者が関与している場合、財又はサービスが顧客に提供される前に企業が当該財又はサービスを支配しているときには、企業は本人に該当する。他の当事者が提供する財又はサービスが顧客に提供される前に企業が当該財又はサービスを支配していないときには、企業は代理人に該当する。
> 44. 顧客への財又はサービスの提供に他の当事者が関与している場合、次の⑴から⑶のいずれかを企業が支配しているときには、企業は本人に該当する。
> ⑴ 企業が他の当事者から受領し、その後に顧客に移転する財又は他の資 産
> ⑵ 他の当事者が履行するサービスに対する権利（以下省略）
> ⑶ 他の当事者から受領した財又はサービスで、企業が顧客に財又はサービスを提供する際に、他の財又はサービスと統合させるもの（以下省略）

支配の考え方に、直送取引をあてはめる場合、なぜ直送取引でも資産を支配

できているかについて検討する必要がある。44項では財、サービス、財とサービスの結合についての支配を対象としている。直送の場合は財を対象としており、(1)の「他の当事者から受領し」の要件に該当しない（NがMから直接受領していないため）と考えられる。よって直送については44項では本人に該当しないこととなる。そこで、直送前の商品を他の販売先に振り向けることが可能か、という観点でみると、財又はサービスを顧客に提供する前に支配しているかどうかを判定する47項で評価することになる。納期の前に直送が決定していたとしても、直送前であれば他の急ぎ先に当該商品を振り向けることが可能な場合も考えられる。支配の判定について以下の考慮要素が示されているので検討を加えることとする。なお47項は43項の評価を受けており44項との関連性はなく、47項の適用が論点となる。

47. 第43項における企業が本人に該当することの評価に際して、企業が財又はサービスを顧客に提供する前に支配しているかどうかを判定するにあたっては、例えば、次の(1)から(3)の指標を考慮する。
(1) 企業が当該財又はサービスを提供するという約束の履行に対して主たる責任を有していること。これには、通常、財又はサービスの受入可能性に対する責任（例えば、財又はサービスが顧客の仕様を満たしていることについての主たる責任）が含まれる。(以下省略)
(2) 当該財又はサービスが顧客に提供される前、あるいは当該財又はサービスに対する支配が顧客に移転した後（例えば、顧客が返品権を有している場合）において、企業が在庫リスクを有していること（以下省略)
(3) 当該財又はサービスの価格の設定において企業が裁量権を有していること(以下省略)

顧客への提供前の支配の判定における考慮指標が3つ例示されているが、あくまで例示にすぎない。業界や業態によってより適切な指標が考えられることもありえる。次に指標の考慮であるが、（ア）主たる責任、（イ）在庫リスク、（ウ）価格裁量権と整理できる。個別に直送取引について関係を見ていく。

（ア）主たる責任

卸会社（N）は直送取引において、得意先（U）・仕入先（M）と契約する時点で契約履行責任を負うと考えられ、単に製造元の契約代行を行う場合とは異なる。卸業の基本取引は製造元から製品購入し、得意先に販売するものであり、商売は営業努力を傾け得意先と製品・商品の仕様である、種類（型番等）数量（ロット）納期等を決め、得意先に納品し代金回収を行う。その結果仕様を満たさなければ得意先がクレームとして主張要求してくることが可能となることからも主たる責任になると考えられる。なお、製造元が得意先と価格決めして会社が商品手配する取引については代理人として位置付けられる。

（イ）在庫リスク

直送取引における在庫リスクについては、得意先からの返品が主に考えられる。この場合、発注のキャンセルや返品等は、製造元・得意先・卸会社のそれぞれにおいて多種多様な要因が考えられる。一律に判断することは事実上難しく、製造元に返品する場合もあれば、会社が在庫として受け入れる場合、得意先が買い取る場合など対応は分かれる。例えば、得意先が検収後に仕様（型番）等が異なることが判明すれば、製造元の出荷ミスであれ会社の製造元への発注ミスであれ、会社は返品を受け入れ、得意先へ正当なものを納品する。また得意先の仕様変更が起こった場合などは、契約時の内容により対応が異なることが考えられる。これらの例からも、在庫リスクはあると考えられる。

ただし、在庫リスクについて、直送取引の場合は、自社から出荷するよりも製造元から得意先へ送られるため、在庫リスクは低いと考えられる場合がある。ただし、在庫リスクがゼロとは、言い切れないと思われる。返品に関するリスクのみで、在庫リスクがあると言い切ることも難しく、多様な解釈が可能となり、実務上の要素を考慮する必要があると思われる。

（ウ）価格裁量権

卸会社は、直送取引においても、営業上、常に価格・仕様・納期等を決め契約を行い、製造元からその得意先に直送するか、在庫から出荷するかは、時々の状況から会社の判断による。販売先及び製造元と価格交渉することからも価格裁量権は当然保有している。

以上のように、直送取引を実務上の観点から見て、３つの指標は満たしているものと考えられ、本人に該当するといえる。なお、これらの指標は例示であり、また、優先度や該当数によって判断されるものではない。

【取締役会の意思決定のポイント】

ｉ）　自社にある直送取引が収益認識基準の適用対象になることを、取締役会構成メンバーで共有し、プロジェクトの責任者である取締役を決定し検討する部門（営業・経理・情報システム等）にこの業務を委託する。

ⅱ）　このプロジェクトの責任者である取締役から、逐次、進捗状況の報告を受けるとともに、必要であれば、構成メンバーに、この会計処理の論点等のレクチャーを行い（上記検討内容）全員が理解する。

ⅲ）　すべての直送取引が、本人であると言い切れるとは限らないので、どの部分が代理人として処理することになるか事前に十分議論する。取引の整理、売上高・利益への影響（中期計画・利益計画：特に取引高を継続的に開示するなど適用前後の比較可能性を確保する）、売上が減少することに伴う業績評価の方式をどのようにするかなど、取締役会で決定することになる。

ⅳ）　監査人と監査役等のコミュニケーション、監査人と取締役とのディスカッション等を行い共通認識が必要となる。

ⅴ）　経理規程等の改訂を行い、取締役会等において決議承認し、全社の各部門に通達等で周知するとともに、必要に応じて営業系・経理系のシステム改修を行う。

以上のような内容で個別具体的に検討し、最終的に監査人との合意を得ることになる。取締役会で事例のような資料により、詳細に議論することは少ないが、取引実態の把握については経理部門というよりも営業部門の取締役の役割が大きいと考えられる。

第2節　財務会計と監査人

1　不正リスク対応

企業が開示公表する財務諸表等に対して、第三者の立場から監査人は監査を通じて保証を与える。開示されている財務諸表等は、監査されているのであれば適正なものとなるはずであるが、いつの時代においても不正はなくならない。時代背景や、当該企業の事業リスクなど、不正の発生する要因は様々であり、また、表面化するきっかけとなる場合もケースバイケースである。監査人が不正に対して「監査における不正リスク対応基準」をもとにどのように対応しているのかを見ていく。

不正に対しては、まずは会社内で防ぐことである。不正の発生しない社風を醸成し、次に内部統制のところでも触れているが、仮に不正が起こった場合でも、企業内で端緒を見つけ出し、自助努力により大きくならないようにすることである。それには、内部統制システムを構築・整備運用するとともに、内部監査や監査役等監査でモニタリングしていくことである。取締役会に求められる業務の適正化が重要になる。独立した外部の第三者である監査人が不正に対処するのは最終的な防波堤になっているともいえる。

(1)　「監査における不正リスク対応基準」の概要

不正に関しては、財務諸表の作成者である経営者に責任があり、平成20年4月より上場企業を対象に内部統制報告制度が導入されている。また、企業におけるコーポレート・ガバナンスの充実とともに、公認会計士監査における監査手続等の充実より、幅広い観点から対応していくことが重要である。近年、金融商品取引法上のディスクロージャーをめぐり、不正による有価証券報告書の虚偽記載等の不適切な事例が相次いでおり、こうした事例においては、結果として公認会計士監査が有効に機能しておらず、より実効的な監査手続を求める指摘がある。

我が国の公認会計士監査をより実効性のあるものとするとの観点から、不正に対応した監査手続等の検討を行い、「監査における不正リスク対応基準」（以下「不正リスク対応基準」という。）を設定し、監査基準等の所要の見直しを行っている。

企業においては適正な財務報告を作成するための仕組みが整備されており、虚偽表示のリスクの評価にあたり、企業の内部統制の整備状況等が重要な要素となる。したがって、監査人は、企業における内部統制の取組みを考慮するとともに、取締役の職務の執行を監査する監査役等と適切に連携を図っていくことが重要となる。不正リスク対応基準は次の基本的な考え方に基づいている。

① 財務諸表監査において対象とする重要な虚偽の表示の原因となる不正を対象としている。ここで「**不正**」とは、不当又は違法な利益を得る等のために、他者を欺く行為を伴う、経営者、取締役、監査役等、従業員又は第三者による意図的な行為をいう。

② 財務諸表監査における不正による重要な虚偽表示のリスク（以下「**不正リスク**」という）に対応する監査手続等を規定している。不正リスク対応基準は、財務諸表監査の目的を変えるものではなく、不正摘発自体を意図するものでもない。

③ 画一的に不正リスクに対応するための追加的な監査手続の実施を求めるのではなく、被監査企業に不正による不正事例を参考に不正リスク対応基準が導入されていても、現行の財務諸表監査の目的に変更はなく、不正摘発自体を意図するものではない。

④ 二重責任の原則のもと、財務諸表の作成に対する経営者の責任と、当該財務諸表の意見表明に対する監査人の責任とは区別されている。

不正の特徴として、他者を欺く意図的な行為であり、隠蔽行為を伴うことも多く、監査人はより注意深く、批判的な姿勢で臨むことが必要であり、職業的懐疑心の保持・発揮が特に重要である。不正リスク対応基準において、不正による重要な虚偽の表示を示唆する状況とは、不正による重要な虚偽表示の兆候を示す状況のうち、不正による重要な虚偽表示が行われている可能性がより高いものをいい、不正による重要な虚偽の表示の疑義とは疑いが高いと監査人が判断した状況をいっている。不正リスク対応基準の適用対象は、上場企業及び一定規模以上の非上場企業の金融商品取引法監査に限定される。

⑵　財務諸表の監査における不正（監査基準委員会報告書 240）

財務諸表の監査における不正への対応に関する監査人の責任について実務上の指針を提供することを目的として、監基報 240「財務諸表の監査における不正」（2011 年 12 月。最終改正 2019 年 6 月）が公表されている。そこで、この委員会報告から、リスク・アプローチによる財務諸表の監査における監査人の不正への対応と責任について見ていくが、あくまでも監査人の対応であるので、経営者（取締役・監査役等）との関連性の深いものをとりあげる。

①　不正の定義と分類

財務諸表の虚偽の表示は、不正又は誤謬から生じる。不正と誤謬を区別するのは、財務諸表の虚偽の表示の原因となる行為が意図的であるか意図的でないかという点にある。不正に関連する用語は以下のように定義されている（10項）。

- 不正リスク要因――不正を実行する動機やプレッシャーの存在を示す事象や状況をいう
- 不正リスク――不正を実行する機会を与える事象や状況、又は不正行為に対する姿勢や不正行為を正当化する状況をいう
- 不正による重要な虚偽表示の兆候を示す状況――不正による重要な虚偽表示が行われている可能性を示す状況をいう

不正な財務報告とは、計上すべき金額を計上しないこと又は必要な開示を行わないことを含む、財務諸表の利用者を欺くために財務諸表に意図的な虚偽の表示を行うことであり，しばしば、経営者による内部統制の無効化を伴う。経営者は、有効に運用されている内部統制を無効化することによって、会計記録を改竄し不正な財務諸表を作成することができる特別な立場にある。内部統制の無効化は予期せぬ手段により行われるため、不正による重要な虚偽表示リス

クであり、それゆえ特別な検討を必要とするリスクである。経営者による内部統制を無効化するリスクの程度は企業によって異なるが、すべての企業に存在しうる。また、会計上の見積りに経営者の偏向が存在するかどうかを検討し、偏向の発生している状況があれば、不正による重要な虚偽表示リスクを示すかどうか評価する。不正な財務報告の例として、会計上の見積りに使用される仮定や判断を不適切に変更すること会計期間に発生した取引や会計事象を認識しないこと，又は認識を不適切に早めたり遅らせたりすることなどがある。

②　不正の防止・発見に関する責任

不正を防止し発見する基本的な責任は経営者にあるが、取締役会及び監査役等にもある。取締役会は取締役等の職務の執行を監督する権限を、監査役等は取締役等の職務の執行を監査する権限を法令の規定により有しているからである。取締役会及び監査役等は、経営者の監視を通じて、財務報告の信頼性や法令遵守等について合理的な保証を提供する内部統制が構築され維持されていることを確保する責任を有する。

不正は、隠蔽のため、巧妙かつ念入りに仕組まれたスキームを伴うことがあり、監査人にとって不正による重要な虚偽の表示を発見できないリスクは高くなる場合がある。隠蔽が共謀を伴っている場合には、さらに発見することが困難になる。不正による重要な虚偽の表示が事後的に発見された場合でも、そのこと自体が、監査が適切に実施されなかったことを示すものではない。監査が適切に実施されたかどうかは、その状況において実施された監査手続、その結果得られた監査証拠の十分性と適切性，及びその監査証拠の評価に基づいた監査報告書の妥当性によって判断される。

結局、監査人には、全体としての財務諸表に重要な虚偽の表示がないことについて合理的な保証を得ることが求められるのであり、そのこと自体不正によるか誤謬によるかを問わない。

③　不正に対する職業的懐疑心の保持

監査人は、職業的懐疑心を保持し、財務諸表に重要な虚偽の表示を生じさせる状況が存在する可能性があることを認識して、監査計画を策定し監査を実施する。職業的懐疑心は、入手した情報と監査証拠が、不正による重要な虚偽表示が存在する可能性を示唆していないかどうかについて継続的に疑問をもつことを必要としている。これには、監査証拠として利用する情報の信頼性の検討及びこれに関連する情報の作成と管理に関する内部統制の検討が含まれる。不正の持つ特性から、不正による重要な虚偽表示リスクを検討する場合には、経営者の説明を批判的に検討するなど、監査人の職業的懐疑心は特に重要である。

監査人は、経営者、取締役等及び監査役等の信頼性及び誠実性に関する監査人の過去の経験に関わらず、不正による重要な虚偽の表示が行われる可能性を認識し、監査の全過程を通じて、職業的懐疑心を保持しなければならない。

④　不正への対応に関する監査チーム内の討議

監査チームは、財務諸表に不正による重要な虚偽の表示が行われる可能性があるかどうかについて討議することと、討議に参加していない監査チームメンバーへ伝達することが要求されている。

⑤　不正リスク要因の検討

監査人は、内部統制を含む企業及び企業環境を理解する際に、実施したその他のリスク評価手続とこれに関連する活動により入手した情報が不正リスク要因の存在を示しているかどうかを検討しなければならない。この不正リスク要因は、不正による重要な虚偽の表示が行われる場合に通常みられる３つの状況、すなわち不正を実行し関与しようとする「動機・プレッシャー」、不正を実行する「機会」、不正行為に対する「姿勢・正当化」に分類される。

不正リスク要因のトライアングル

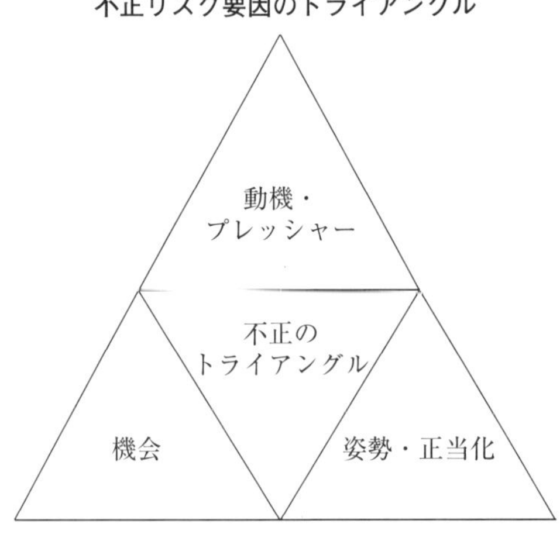

＜動機・プレッシャー＞
（一般的経済状況や企業の属する産業又は企業の事業環境に由来する要因の例）
・利益の減少をまねくような過度の競争がある、又は市場が飽和状態にある。
・技術、製品陳腐化、利子率等の急激な変化変動に十分に対応できない。
・顧客の需要が著しく減少していたり、企業の属する産業又は経済全体における経済破綻が増加している。
＜機会＞
（企業が属する産業や企業の事業特性に由来する要因の例）
・通常の取引過程からはずれた重要な関連当事者との取引、又は監査を受けていない若しくは他の監査人が監査する重要な関連当事者との取引が存在する
・仕入先や得意先等に不適切な条件を強制できるような強大な影響力を有している。
・主観的な判断や立証が困難な不確実性を伴う重要な会計上の見積りがある
＜姿勢・正当化＞
・経営者が、経営理念や企業倫理の伝達・実践を効果的に行っていない、又は不適切な経営理念や企業理念が伝達されている。
・経営者が株価や利益傾向を維持したり、増大させることに過剰な関心を示している。
・経営者が内部統制における重大な欠陥を発見しても適時に是正しない。

⑥　不正による重要な虚偽表示のリスクへの対応

監査人は，評価した財務諸表全体レベルの不正による重要な虚偽表示のリスクに対しては、全般的な対応を決定し、また評価した財務諸表項目レベルの不正による重要な虚偽表示のリスクに対しては、リスク対応手続を立案し実施する。さらに、経営者による内部統制の無視は予期せぬ手段により行われる可能性があるため、監査人には、経営者による内部統制の無視に絡んだ不正による

重要な虚偽表示のリスクへの対応が求められる。

ｉ）全般的な対応

監査人は、評価した財務諸表全体レベルの不正による重要な虚偽表示のリスクに応じて、職業的懐疑心を高めるとともに、特定の手続以外の一般的な検討を含む対応を決定しなければならない。

また、企業が採用している会計方針の選択と適用、特に主観的な測定と複雑な取引に関係する会計方針について、経営者による利益調整に起因する不正な財務報告の可能性を示唆しているかどうかを評価しながら、経営者の選択及び適用を検討する。

ⅱ）財務諸表項目（評価したアサーション・レベル）のリスク対応手続

監査人は，評価したアサーション・レベル（財務諸表項目レベル）の不正による重要な虚偽表示のリスクへの対応として、当該アサーションについて不正リスクを識別していない場合に比べ、より適合性が高く、より証明力が強く、又はより多くの監査証拠を入手しなければならない。実施する監査手続、その実施の時期及び範囲の変更を検討する。不正な財務報告による重要な虚偽の表示は、例えば、収益の過大計上に起因するか又は収益の過少計上に起因する場合がある。したがって，監査人は、収益勘定を対象としたものを含めて、分析的手続の実施により識別した通例でない又は予期せぬ関係が、不正による重要な虚偽表示リスクを示す可能性があるかどうかを評価しなければならない。分析的手続を実施すると、監査人自身による推定値と財務諸表項目の実際の金額又は比率との比較を通じて、不正による重要な虚偽表示のリスクを示す可能性がある。不正による重要な虚偽表示リスクであると評価したリスクは,「特別な検討を要するリスク」となる。

・証明力がより強く適合性の高い監査証拠の入手

例えば、売上債権残高とともに、契約日・返品に関する権利・出荷条件等の販売契約の詳細の確認を実施し、さらに、販売契約及び出荷条件の変更について、経理部門以外の部門に質問し、確認を補完する手続を実施する。経営者に利益目標を達成しなければならないプレッシャーがかかっている場合には、経営者が預かり売上などによって収益を過大計上するリスクがあるため、これらの手続が有効となる場合がある。また、たな卸資産の数量に関係する不正による重要な虚偽表示のリスクを識別した場合、予告なしに特定の事業所のたな卸に対して立会の実施を決定する場合や、すべての事業所で一斉に実地たな卸を実施するように企業に依頼する場合がある。

・監査手続の実施時期の変更

期末日又は期末日近くで監査手続を実施することが、評価した不正による重要な虚偽表示のリスクにより適切に対応すると判断する場合や、意図的な虚偽の表示又は利益操作が行われるリスクがあるとき、期末日前の監査上の結論を期末日まで更新して適用するという監査手続は効果的ではないと判断する場合がある。例えば、資産の流用による重要な虚偽表示のリスクに関するリスク対応手続として、期末日又は期末日近くにおいて現金や有価証券の実査を行う場合等がこれに当たる。また、不適切な収益認識が関係する虚偽の表示は期中で生じる場合があり、その場合には、監査対象期間を通じて発生する取引に対して監査手続を適用することを検討する。

・経営者による内部統制の無視のリスクに対応する監査手続

一定の地位にある経営者は、例えば、取引を不正確に記録又は隠蔽することを部下に指示することによって、他の従業員による不正を防止するためにデザインされた統制手続を無視することができる。また、経営者は、その立場と権限を利用して、従業員に不正の実行や協力を指示することができる。このように、経営者は、有効に運用されている内部統制を無視することによって、直接的又は間接的に会計記録を改ざんし、不正な財務諸表を作成することができる特別な立場にある。経営者による内部統制の無視のリスクは企業ごとに様々であるが、すべての企業に存在する不正による重要な虚偽表示のリスクである。例えば、過年度の財務諸表に反映された重要な会計上の見積りに関連する経営者の仮定及び判断に対して、遡及的に検討することがある。

⑦　監査役等との連携

監査人は、不正による重要な虚偽の表示の疑義があると判断した場合や経営者の関与が疑われる不正を発見した場合には、取締役の職務の執行を監査する監査役等と適切に協議する等、連携を図ることが有効である。また、監査人は、監査の各段階において、監査役等との連携を図らなければならない。監査における監査役等との連携は、不正が疑われる場合に限らず重要であり、監査人は、監査の各段階において、適切に監査役等と協議する等、監査役等と連携を図らなければならない。

ⅰ）監査人と取締役会及び監査役等との関係

監査人は、経営者や監査役等に対する質問を実施して、また、議事録の閲覧により、監査人は、不正リスクの識別と対応について経営者が構築した一連の管理プロセスに対する監視、及び不正リスクを低減するために経営者が構築した内部統制に対する監視を、取締役会及び監査役等がどのように実施しているかを理解しなければならない。

監査人は、監査役等にその企業に影響を及ぼす不正、不正の疑い又は不正の申立てを把握しているかどうかを質問しなければならない。これらの質問は、経営者の回答を補強するためにも行われる（19項20項）。

ⅱ）監査人と経営者及び監査役等とのコミュニケーション（39項40項）

経営者とのコミュニケーションは、監査人と経営者が意志疎通する数少ない機会である。

監査人は、不正を識別した場合、又は不正が存在する可能性があることを示す情報を入手した場合、法令により禁止されていない限り、不正の防止及び発見に対する責任を負う者にその責任に関する事項を知らせるため、適切な階層の経営者に適時にこれらの事項についてコミュニケーションを行わなければならない。

監査人と監査役等のコミュニケーション機会は経営者である取締役よりも多いのが通常である。

監査人は、経営者の関与が疑われる不正又は不正の疑いを発見した場合には、監査役等とコミュニケーションを行い、協議の上、経営者に問題点の是正等適切な措置を求めなければならない（40項）。

法令によって禁止されていない限り、監査人は、不正に関連するその他の事項で、監査役等の責任に関係すると判断した事項について監査役等とコミュニケーションを行わなければならない。

ⅲ）経営者確認書

監査人と経営者との確認書面として経営者確認書がある。なお草案については監査役等にも回覧される。

監査人は、不正に関連して以下の事項を記載した経営者確認書を入手しなければならない（38 項）。

⑴ 不正を防止し発見する内部統制を整備及び運用する責任は、経営者にあることを承知している旨
⑵ 不正による財務諸表の重要な虚偽表示の可能性に対する経営者の評価を監査人に示した旨
⑶ 以下の企業に影響を与える不正又は不正の疑いがある事項に関する情報が存在する場合、当該情報を監査人に示した旨
　①経営者による不正又は不正の疑い
　②内部統制において重要な役割を担っている従業員による不正又は不正の疑い
　③上記以外の者による財務諸表に重要な影響を及ぼす可能性がある不正又は不正の疑い
⑷ 従業員、元従業員、投資家、規制当局又はその他の者から入手した財務諸表に影響する不正の申立て又は不正の疑いがある事項に関する情報を監査人に示した旨

2　監査人の交代

監査人の監査は、経営者が作成する財務諸表に保証を与えることであり、適正意見を表明するということから、監査人の財務諸表に対する行為である。監査人の意見表明について、会社は、株主等の利害関係者に示すことになる。会社経営者からの行動としては、監査人の交代がある。従来から、監査人は、同一監査人が継続することが慣習化していたが、継続するとなれ合いになる、また長い割には問題点の発見ができないなど不正を見過ごす等様々な理由から、監査人の監査法人間での交代が増加してきている。監査法人内では関与社員のローテーションがあり、長期間関与できなくなると、または関与社員が交代すると、会社に対する理解が不十分になるなど短所もあれば、事業リスク等に対する理解が引き継げる等の長所もある。

(1)　監査人の交代に関する説明・情報提供

監査意見に関する説明と関連し、監査人の交代に関する説明・情報提供が挙げられる。監査人の交代については、その理由も含め、企業が説明・情報提供を行うこととされている。

この点に関し、実質的な交代理由や交代に至る経過が説明されているか、交代理由等に関して企業と前任監査人との間で認識の違いがある場合における説明・情報提供が十分であるか、との論点がある。

①　制度の概要

会計監査人の選任及び解任並びに会計監査人を再任しないことに関し、株主総会に提出する議案の内容は、監査役等が決定する（会社法344条、同法399条の2第3項2号、同法404条2項2号）。監査人の異動が決定された場合及び監査人の異動があった場合は、企業は、遅滞なく臨時報告書を提出しなければならない（金商法24条の5第4項、企業内容等の開示に関する内閣府令19条2項9号の4）。その際には、当該異動の決定又は当該異動に至った理由及び経緯、上記理由及び経緯に対する監査報告書の記載に係る退任監査人の意見（意見を表明しない場合にはその旨及びその理由）等を記載する。

また、取引所の上場規程においても、同様の情報を適時開示することが求められている（東京証券取引所有価証券上場規程第402条(1) aj 等）。

以上については、期末における交代の場合に限らず、期中交代の場合も基本的に同様である。

②　監査人の交代理由の開示の現状

制度上は、上記のような開示が求められているが、実際に開示された交代理由を見ると、従来は、概ね半数以上において「任期満了」と記載されているなど、実質的な内容が記載されていない例が多いことが明らかになっていた（公認会計士・監査審査会「平成30年版モニタリングレポート」）。監査人の異動理由については、実質的な理由が記載されていないケースが多いことからも、内閣府令の改正により、実質的な開示が求められた結果、令和元年6月期は「任期満了」が大幅に減少し、具体的な理由が記載されることとなった（「令和3年版モニタリングレポート」）。

異動前後の監査報酬については、より規模の小さい監査事務所へ異動（大手監査法人から中小規模監査事務所への異動等）した場合、監査報酬が減少するケースは約８割といわれている。

会計監査人の異動理由を見ると、主な理由として、監査対応と監査費用の相当性、監査報酬、継続監査期間となる。会社が継続監査期間や監査報酬などを勘案して会計監査人の異動を検討していることや、大手監査法人では監査契約の継続に関して、監査報酬が監査リスクに見合った水準となっているか、監査リスクが継続可能な水準におさまっているか、業務遂行に必要な人員を確保しているか等について、個別監査業務ごと、もしくは法人全体としての分析を通じた業務運営を行っていることによるものと考えられる。また監査法人等からの異動理由を見ると、会計監査人からの辞任等の場合は、その理由として、対象会社の業務内容の変化や業績の悪化、株主の異動、経理体制の脆弱さ等に伴う監査リスクの高まりなどが考えられる。

⑵　監査人の交代理由の開示についての考え方

監査報酬については、日本における監査報酬が国際的に見て決して多くはない現状もあるが、企業側から見れば、監査工数と見合わない。一方の監査人側から見れば、高リスクに対して低報酬であるという、経済原理が働いているものと考えられる。企業側から見れば、監査チームに対する不満（不正対応や過年度決算訂正等に関する監査人の対応や、監査チームの硬直的な対応、監査工数増加、経験の浅いスタッフが多く関与している等）などがある。

継続監査期間については、監査人選定に関する方針において、監査人の継続年数の長期化の見直し等、またグループ会社での監査人の統一などが考えられる。

さらに監査人からの辞任等では、企業側の業務の内容や規模の拡大、株主の異動や不正の発覚に伴う監査リスクの高まりを理由とする場合がある。

また、期中交代の理由としては、企業側の不適切会計等による監査人側からの辞任等、監査人との見解相違等による企業側からの解約等がある（公認会計士・監査審査会「モニタリングレポート」による)。

監査人交代に関して、従来の、一度選定した監査人は、簡単に変えることができないという状況ではなくなっている。企業側から見ると、監査チームに対する不満が大きくなってきている。パートナーのローテーション制度は、慣れ合いを防止する等一定の効果はあると考えられるが、交代により、旧パートナーがスタッフ時代から永年にわたり会社と積み上げてきた経験と、新しいパートナーが、企業実態を充分に把握しないで監査意見やKAM（監査上の主要な検討事項）などに対応すると硬直的な対応を受けることになり、必然的に監査工数も増加する。大手をはじめとする監査事務所は厳格な品質管理を要求されているが、会社に対峙するのは、個々のパートナーであり、監査チームメンバーである。したがって、交代を前提とした監査人の選定を考えるべきである。

監査人の交代理由及びこれに対する監査人の意見は、財務諸表利用者にとって、監査上の懸念事項の有無や監査品質に影響する事象の有無を把握する上で重要な情報となる。

まず、監査人の任期が通常1年で終了することからすれば、会計監査人の任期は、選任後1年以内に終了する事業年度のうち最終のものに関する定時株主総会の終結の時までとされている（会社法338条1項）。なお、この定時株主総会で別段の決議がされなかったときは、会計監査人は再任されたものとみなされる（同条2項）。また、「監査報酬や会計処理に関する見解の相違」といった実質的な交代理由があった場合に関しては、企業側と監査人側が具体的にどのような点で対立しているのか、できるだけ実質的な内容を開示することが求められる。

特に会計処理に関する見解の相違がある場合は、要注意である。新基準の適用に関する場合は、双方が十分な準備をするが見解の相違が発生することは想定される。問題は、企業環境の変化への対応が従来の状況ではなくなった場合に見解の相違が出てくる、例えば会計上の見積りの適用に関する減損会計の適用などである。

その他の交代理由に関しても、少なくとも、公認会計士・監査審査会がモニタリングを通じて把握した内容と同程度の実質的な情報価値を有する理由が開示されるべきである。

会計監査人の選解任等に関する株主総会の議案の決定が監査役等によって行われることからすれば、監査役等は、経営者に対し、臨時報告書における交代理由の開示の充実を促すことが求められる。また、監査人の交代に関する監査役等の意見を記載することも検討することが求められる。金融審議会ディスクロージャーワーキング・グループ報告（平成30年6月）は、「有価証券報告書に監査役会等の活動の実効性の判断のために必要とされる監査役会等の活動状況（監査役会の開催頻度・主な検討事項、個々の監査役等の出席状況、常勤監査役の活動等）の開示を求めるべきである。」としている。監査人の交代について監査役会等で議論した場合、今後は、有価証券報告書の監査役会等の活動状況の記載の中で説明することも考えられる。

監査人の交代に関して臨時報告書により開示を行うのは企業であるが、監査人にも、交代の理由・経緯に関し、財務諸表利用者に対する十分な説明・情報提供を行うことが求められる。仮に、企業による開示内容が一方的で、監査上の懸念事項、監査品質に影響する事象やその背景事情について、財務諸表利用者に十分な情報を伝えていないと考えられる状況においては、監査人が自ら、交代の理由・経緯に関し、必要な説明・情報提供を行うべきである。会社法では、会計監査人は、株主総会に出席し、自らの選任・解任・不再任・辞任について意見を述べることができるとされており、こうした機会を活用することが考えられる（会社法345条1項、同条5項。会計監査人を辞任した者や解任された者も、辞任又は解任の後、株主総会に出席し、辞任した理由や解任についての意見を述べることができる（同条2項、同条5項））。

この点に関しては、今後、臨時報告書等における開示の内容を注視しつつ、監査人が主体的に交代理由を説明・情報提供するための環境整備を一層進めていく必要がある。

3　監査法人のガバナンス・コード

⑴　概　要

監査法人の組織的な運営に関する原則いわゆる監査法人のガバナンス・コード（監査法人のガバナンス・コードに関する有識者検討会平成29年3月31日）が公表されている。組織としての監査の品質の確保に向けた5つの原則と、それを適切に履行するための指針から成っている。

①　監査法人が果たす役割

②　組織体制（組織運営）

③　組織体制（監督・評価機能）

④　業務運営

⑤　透明性の確保

の５つの原則を規定している。

各監査法人が、本原則をいかに実践し、実効的な組織運営を実現するかについては、それぞれの特性等を踏まえた自律的な対応が求められるところであり、本原則の適用については、コンプライ・オア・エクスプレイン（原則を実施するか、実施しない場合には、その理由を説明する）の手法によることになる。各監査法人においては、会計監査を巡る状況の変化や、会計監査に対する社会の期待を踏まえ、それぞれの発意により、実効的な組織運営の実現のための改革が強力に進められていくことが期待されている。

⑵　透明性の確保

原則５では透明性の確保を求めているが、指針5-1で、資本市場における、被監査会社、株主、その他の参加者等が監査法人を評価できるよう、原則の適用の状況や、会計監査の品質の向上に向けた取組みについて、一般に閲覧可能な文書、例えば「透明性報告書」といった形で、わかりやすく説明すべきであるとして、情報の開示を求めている。

①　原則の適用状況などについて、資本市場の参加者等が適切に評価できるよう、十分な透明性を確保すべきである。

②　組織的な運営の改善に向け、法人の取組みに対する内外の評価を活用すべきである。

大手監査法人では、上記を踏まえて、監査品質に関する報告書等を毎年公表している。会計監査の品質を持続的に向上させていくために、資本市場の参加者等が、監査法人を評価して監査法人を選択し、それが監査法人において、監査品質の向上へのインセンティブの強化や監査報酬の向上につながるといった好循環を生むことが重要である。

情報開示を充実することが、資本市場の参加者等との意見交換の有効な手段となると考えられる。同様に、監査法人内においても、実効性について評価を行い、資本市場の参加者等との意見交換と合わせ、その結果を更なる改善に結びつけるべきである。

⑶　監査法人のガバナンス・コードの活用

監査法人のガバナンス・コードについて、「監査法人のガバナンス・コードに関する有識者検討会」の提言の中では、「大手監査法人等の運営について、実効的なガバナンスを確立し、組織全体にわたってマネジメント機能を有効化し、各法人による組織運営の状況の開示を充実させて、その実効性を確保し、監査法人間での切磋琢磨を促していく」とされている。コードでは、コンプライ・オア・エクスプレインを前提として、その内容としては、「監査法人の業務やマネジメントに関する情報の開示」、「ガバナンス・コードの遵守状況の開示」、さらに、「監査法人の開示情報の質を担保するための措置の実施・公表」、「経営方針、経営上のリスク等の把握・開示」、となっている。したがって、開示する項目は、今までの監査法人の公表されている情報に関して、その質が変化し、変化した内容、開示された内容をもとに、企業側が評価をすることで、監査法人全体として監査のレベルが上がっていくという構成をとっている。

企業不祥事が起きると、制度を策定するということを繰り返してきた中で、会社側、あるいは、監査役等の側にとって、監査法人を横並びに見て、その態勢や力量を総合的に判断する基準の１つになると思われる。

そこでやはり大事なのは、どのような項目が監査法人のガバナンス・コードの中に謳われるかということで、「品質管理基準」がどのように定められるか、という点が注目すべき内容ではないかと思われる。コードでは、各法人が自らの裁量で、取組み等の方向性を示し、その態勢を自ら開示していくということになる。

一方、企業側のコーポレートガバナンス・コードでは、上場規則の中でガバナンス報告書で遵守状況を開示することが義務付けられており、上場会社はこれを守らざるを得ない。

監査法人のガバナンス・コードでは遵守状況が、ある程度の自由記述になってきてくるのではないかと思われる。コードの制定により、各法人の自己評価が公表されるが、モニタリングは誰が行うのかという懸念は残る。

監査役等としては、モニタリング結果のみに従って監査人の評価をするのではなく、公認会計士協会の品質管理レビュー、審査会の検査結果も踏まえて、ガバナンス・コードを総合的に参照しながら、自社としての監査人の評価を行っていくことになる。

監査人とそれを取り巻く利害関係者、つまり企業、投資家、株主等、これらが全部関係し、特に、監査法人のガバナンス・コード、コーポレートガバナンス・コード、それから、スチュワードシップ・コードの、３つのコードが揃ったことで、資本市場における三者のコードによりバランスがとれてくると思われる。逆に言うと、企業内でガバナンス・コードの中で、優先順位を考えるのと同様に、バランスが大事になる。

自社に合うような形、さらに、外部、資本市場からきちんと信任を受けるような形でこのガバナンス・コードを含めた提言を捉えていく必要がある。

⑷　監査法人のローテーションと監査法人内の監査チームローテーション

監査法人の中の監査チームのローテーションのメリット、デメリットを考えると、メリット面では、同じ監査法人の中でチームが変わるということは、審査や品質管理は、監査法人内で引き継がれる。新メンバーで監査を行うため、新しい視点から監査ができるようになる。ただデメリット面として、業務執行社員、現場の主査等をどのようにアサインしローテーションするかが問題になる。

監査法人のローテーションではなく自発的な交代を考えた場合に、かなりの数の中小の監査法人は、大手法人に匹敵するレベルで取り組んでいて、中小法人だから小回りが効いて良いという場合もあり得る。監査事務所の異動状況は、大手監査法人から、準大手監査法人または中小規模監査事務所へ変更する傾向が見受けられる。交代は会社の選択になるが、実務上は、監査人側から申し出る場合と、会社からの場合がある。このどちらが主導したのかは事実上わかりにくい。しかし、監査法人のガバナンス・コードを遵守することで、一定の監査品質が保証され、それを株主ないし会社、監査役等が評価することが出来るようになる。

会計監査人移動に関する開示例

> ３．上記に記載する者を会計監査人の候補とした理由
> 当社の監査等委員会が××監査法人を会計監査人候補とした理由は、監査法人としての専門性・独立性・品質管理体制等の観点から監査が適正に行われると評したことに加えて、会計監査人の交代により新たな視点での監査が期待できることから、適任と判断したものであります。
>
> ６．異動に至った理由及び経緯
> 当社の会計監査人である△△監査法人は、202＊年＊月＊＊日開催予定の第＊＊回定時株主総会終結の時をもって任期満了となります。現在の会計監査人については、会計監査が適切かつ妥当に行われることを確保する体制を十分に備えているものの、監査継続期間が長期にわたっていることや、当社の事業規模に見合った監査対応と監査費用の相当性を総合的に検討した結果、上記３．に記載した理由の通り、新たな会計監査人として××監査法人を選任するものであります。

この開示は、典型的な事由と考えられる、監査法人から見て、リスクが高いので交代を希望していたとしても、そのまま、理由にすると、株主等への情報として、企業の評価を下げることにもなりかねない。継続期間の長短の基準もない。事業規模に見合った監査対応と監査費用の相当性つまり監査法人側から見ると監査工数や監査リスクに対して監査報酬が低く、会社側からみれば高いということで、見合わないという理由が主たる要因になっていると考えられる。

株主等のステークホルダーへの情報の提供が非常に重要であり、監査人の選解任理由にも関係するので、大手、準大手と法人の規模で評価するだけではなく、品質で分類し、高品質という意味ではここの法人は良いのではないか、という形で考えることが、評価の指針の１つになるのと考えられる。監査法人のガバナンス・コードの内容が、会計監査人の評価、選定に影響してくることに

なり、内外の環境の変化に応じて監査法人の変更の検討を行うべきであるとの考えによるものである。

4　監査上の主要な検討事項

(1)　「監査上の主要な検討事項」の導入

①　経緯

会計監査は財務諸表の信頼性を担保するための重要なインフラであるが、近年の不正会計事案などを契機として会計監査の信頼性が改めて問われており、会計監査の信頼性確保に向けた取組みが進められている。財務諸表利用者に対する監査に関する情報提供を充実させる必要性として「監査報告書の透明化」についても検討が進められた。その結果、監査意見を簡潔明瞭に記載する枠組みは維持しつつ、監査プロセスの透明性を向上させる目的で、監査基準の改訂を行い監査人が当年度の財務諸表の監査において特に重要であると判断した事項（以下監査上の主要な検討事項・KAM（Key Audit Matters)」という）を監査報告書に記載することとなった（企業会計審議会 2018 年 7 月「監査基準の改訂に関する意見書」)。監査人が実施した監査の透明性を向上させ、監査報告書の情報価値を高めることにその意義があり、次のような効果が期待される。

・財務諸表利用者に対して監査のプロセスに関する情報が監査の品質を評価する新たな検討材料として提供されることで監査の信頼性向上に資すること
・財務諸表利用者の監査や財務諸表に対する理解が深まるとともに経営者との対話が促進されること
・監査人と監査役等の間のコミュニケーションや、監査人と経営者の間の議論をさらに充実させることを通じ、コーポレートガバナンスの強化や、監査の過程で識別した様々なリスクに関する認識が共有されること

日本公認会計士協会は、上記意見書が公表されたことに伴い、国際監査基準を踏まえて、2019 年 KAM に関する実務指針として監基報 701「独立監査人の監査報告書における監査上の主要な検討事項の報告」を新設するほか、監基報等の改正を公表した。

② KAMの監査報告書における位置付け

監査基準においては、監査報告書は監査の結果として財務諸表に対する監査人の意見表明手段であり、監査人が自己の意見に関する責任を正式に認める手段でもある。監査報告書では、内容を簡潔明瞭に記載して報告する短文式が採用されている。KAMの記載は、財務諸表利用者に対し、監査人が実施した監査の内容に関する情報を提供するもので、監査意見とは明確に区別することになる。

③ KAMの記載

監査人は、KAMであると決定した事項について、監査報告書に監査上の主要な検討事項の区分を設け、関連する財務諸表における開示がある場合には当該開示への参照を付した上で、内容、決定理由、監査人の対応等を記載する（意見不表明の場合を除く：監査証明府令４条１項１号ニ）。

監査人によるKAMの記載が定型文化するのではないかとの懸念もあったが、記載を有意義なものとするため、監査人は監査の過程を通じて監査役等と適切な連携を図った上で、監査人が監査役等に対して行う報告内容を基礎として、当該監査に固有の情報を記載し、また、財務諸表利用者にとって有用なものとなるように、監査人は、過度に専門的な用語の使用を控えてわかりやすく記載することとなった。

当該開示が記載されている箇所の対象範囲は「財務諸表、財務書類又は連結財務諸表」である。なおKAMに関連する開示を参照することにより財務諸表等利用者の理解を深めることが目的であり、開示箇所を記載する場合は必ずしも関連する開示箇所のすべてを一字一句記載する必要はなく、どの箇所が参照されているか明確となるように記載する必要がある。

④ KAMの適用範囲

ｉ）KAMの記載を求める監査報告書の範囲

KAMの記載は、監査意見とは区別された追加的な情報提供であり、その趣旨は、我が国資本市場の透明性・公正性を確保することにある。したがって、すべての監査報告書に記載を求めるのではなく、財務諸表及び監査報告について利用者が広く存在する金商法に基づく開示を行っている企業の財務諸表の監査報告書において記載を求めることとした（監査証明府令３条４項２号）。これは「監査における不正リスク対応基準」の適用範囲と同様である。なお該当しない場合であっても、任意で監査上の主要な検討事項を記載することは可能である。

ⅱ）会社法上の監査報告書における取扱い

ⅰ）に該当する企業では、通常、金商法監査と会社法監査が実務上一体として実施されており、各監査報告書に記載することが望ましいと考えられるが、時間的な制約から会社法上の監査報告書においては任意で記載するものとし、金商法上の監査報告書においてのみ記載を求めることとした。

ⅲ）連結財務諸表の監査報告書にKAMが記載される場合の個別財務諸表の監査報告書における取扱い

KAMについて、連結財務諸表の監査報告書と財務諸表又は財務書類の監査報告書に同一の内容が記載されている場合には、連結財務諸表の監査報告書に記載されている旨を記載することにより省略することができる（監査証明府令第４条第10項）。

なお、同一の内容とは完全に同一の文言となる場合に限定されるわけではなく、実質的に同一である場合について記載を省略することができるものと解されている。一方、単体そのものの信用力、配当可能利益への影響、連結財務諸表には表れない取引等に関する情報提供など、記載される金額が相当程度異なる場合は、実質的に内容が異なるので、個別財務諸表の監査報告書においてもKAMの記載を求めることとしている。

⑤　KAMと企業による開示との関係

ⅰ）二重責任の原則

企業による情報を開示する責任は経営者にあり、監査人によるKAMの記載は経営者による開示を代替するものではない。監査人がKAMを記載するにあたり、企業に関する未公表の情報を含める必要があると判断した場合には、経営者に追加の情報開示を促すとともに、必要に応じて監査役等と協議を行うことが適切である。

ⅱ）経営者及び監査役等の開示に関する姿勢・役割

企業情報の開示に責任を有する経営者には、監査人からの要請に積極的に対応することが期待される。また、取締役の職務の執行を監査する責任を有する監査役等には、経営者に追加の開示を促す役割を果たすことが期待される（監基報701A36項)。

iii）監査人の守秘義務との関係

監査人が追加的な情報開示を促しても経営者が情報を開示しない場合、監査人が正当な注意を払って職業的専門家としての判断において当該情報をKAMに含めることは、監査基準に照らして守秘義務が解除される正当な理由に該当する。

iv）記載上の留意事項

監査人は、KAMの記載により企業又は社会にもたらされる不利益が、当該事項を記載することによりもたらされる公共の利益を上回ると合理的に見込まれない限り、KAMとして記載することが適切である。監査人は、記載の判断にあたり、不利益と公共の利益を比較衡量することが求められる。財務諸表利用者に対して、監査の内容に関するより充実した情報が提供されることは、公共の利益に資すると推定され、KAMと決定された事項について監査報告書に記載が行われない場合は極めて限定的であると考えられる。なお、企業に関する未公表の情報は、企業によって開示されていない当該企業に関するすべての情報をいう。当該情報の提供に関する責任は、経営者にある。なお、財務諸表又は監査報告書日において利用可能なその他の記載内容（監基報720第４項⑴）に含まれている情報や、決算発表又は投資家向け説明資料等により、企業が口頭又は書面により提供している情報等は企業によって公にされている情報であるため、企業に関する未公表の情報には含まれない（監基報701A35項)。

KAMは監査に関する情報を提供するもので、記述にあたって監査人が必要と判断した内容が企業により未公表でも、監査人はKAMを記載する必要がある。ただし、企業に関する情報開示の責任は経営者にあるため、協議の結果として、未公表情報を記載することはまれになるとみられる。なお、KAMは、監査上のリスクであり、事業経営上のリスクと同一ではないことが明確ではないが、リスク・アプローチの監査においては、監査人はビジネスの理解を通じて事業上のリスクが財務諸表にどのような影響を及ぼすかを検討することが求められている。

改訂監査基準により、監査人は監査意見の記載だけではなく、監査のプロセスに関する情報提供が求められる。このことは、会計監査の透明性の向上とともに、会計監査制度の信頼性の確保に資するものになると考える。KAMそれ自体は、監査人が職業的専門家としての判断に基づき決定して記載するものではあるが、監査人だけでなく、監査役等や経営者などの企業の財務報告プロセスに関わる関係者も含めて、監査基準改訂の趣旨を十分に理解し、高い意識をもって、実施された監査の内容に関する情報が財務諸表利用者に適切に伝わるよう、コミュニケーションを重ねていくことが重要である。

(2)　監査基準委員会報告書の内容

①　監基報701「独立監査人の監査報告書における監査上の主要な検討事項の報告」

ⅰ）本報告書の範囲と目的

監査上のKAMの報告目的は、実施された監査に関する透明性を高め、監査報告書の情報伝達手段としての価値を向上させ、財務諸表利用者に対し、当年度の監査において監査人が職業的専門家として特に重要であると判断した事項を理解するのに役立つ追加的な情報が提供される（8項）。

ⅱ）KAMの決定

監査人は、対象となった事業年度に係る監査の過程で、監査の過程で監査役等とコミュニケーションを行った事項の中から、監査の実施にあたりリスク等を考慮した上で特に注意を払った事項を決定し、当該決定を行った事項の中からさらに当年度の財務諸表の監査において、職業的専門家として特に重要であると判断した事項を絞り込み、「監査上の主要な検討事項」として決定する（監査証明府令第4条第5項、8項9項）。なお、KAMの導入後も、監査手続が大きく変化することはなく、さらに、監査人と監査役等のコミュニケーションや、監査人と経営者の間の対話が充実し、より効果的に監査が実施されていると考えられる。

次の3点等を考慮して監査人は特に注意を払った事項を決定する。

ア）特別な検討を必要とするリスクが識別された事項、又は重要な虚偽表示のリスクが高いと評価された事項（KAMは、監査人が特に注意を払った事項と判断することが多い（A20項）。しかし、すべての特別な検討を必要とするリスクが、KAMとなるわけではない（A21項）。

イ）見積りの不確実性が高いと識別された事項を含め、経営者の重要な判断を伴う事項に対する監査人の判断の程度（監査人が特に注意を払った事項となる可能性が高く、また、特別な検討を必要とするリスクとしても識別されることがある（A23項）。監査人が特別な検討を必要とするリスクであると判断していない場合であっても、監査人が特に注意を払った事項に該当することがある（A24項）。）

ウ）当年度において発生した重要な事象又は取引が監査に与える影響（関連当事者との重要な取引又は企業の通常の取引過程から外れた重要な取引若しくは通例でないと思われる重要な取引等、監査人が特に注意を払った領域に該当することがある（A25項）。）

監査人が特に注意を払った事項は、監査役等と重点的にコミュニケーションが通常行われる。コミュニケーションの内容及び程度は、どの事項が監査において特に重要であるかを示唆していることが多い。経営者の重要な判断が必要な重要な会計方針の適用等、より困難かつ複雑な事項について、監査人は監査役等とより深度のあるコミュニケーションを頻繁に行うことが適切である（A27項）。

なお、監査報告書に含まれるKAMの数は、一般に、企業の規模及び複雑性、事業及び環境、並びに監査業務の状況により影響を受ける（A30項）。

iii）監査役等とのコミュニケーション（16項）

監査人が監査役等とコミュニケーションを行わなければならないのは、KAMと決定した事項、監査報告書において報告すべきKAMがないと監査人が判断した場合はその旨である。

ア）KAMに関するコミュニケーションは適時に行う。監査人は、計画した監査の範囲と実施時期についてコミュニケーションを行う際に、通常、KAMとなる可能性がある事項についてもコミュニケーションを行う。また、これらのKAMとなる可能性がある事項については、監査の過程で新たに追加したものを含め、監査上の発見事項を報告する際にさらにコミュニケーションを行うこととなる（60項）。

イ）監査人とのコミュニケーションを通じて、監査役等は、監査人が監査報告書において報告することを想定しているKAMを認識し、理解を深め得ることができる。監査役等との協議を促進するために、監査報告書の草案を監査役等に提示することは有用である。そのような監査人とのコミュニケーションにより、監査役等は、KAMに関する監査人の判断の根拠及び当該事項の監査報告書における記述内容を理解し、監査役等が財務報告プロセスを監視する重要な役割を果たすことにつながる。また、監査人とのコミュニケーションによって、監査役等は、KAMが監査報告書において報告されることを踏まえて、当該事項に関連する追加的な情報を開示することが有用かどうかの検討に役立てることができる（61項）。

②　監基報7001「財務諸表に対する意見の形成と監査報告」

ｉ）監査上の主要な検討事項

監査人は監査基準委員会報告書701に従って、監査報告書において監査上の主要な検討事項を報告しなければならない。

ⅱ）財務諸表に対する責任

監査人は、監査人の責任に関する記載において、監査人は、監査役等と協議を行った事項のうち、当年度の財務諸表監査で特に重要であると判断した事項をKAMと決定し、監査報告書に記載する。加えて、KAMについてより詳細な説明をすることが有用であると判断することがある。例えば、監査人は、監査を実施する上で特に注意を払った事項を決定する際、以下の項目を考慮しなければならない旨の説明を行う場合がある（A50項）。

・監基報315に基づき決定された特別な検討を必要とするリスク及び重要な虚偽表示リスクが高いと評価された領域
・見積りの不確実性が高いと識別された会計上の見積りを含む、経営者の重要な判断を伴う財務諸表の領域に関連する監査人の重要な判断
・当年度に発生した重要な事象又は取引が監査に与える影響

③　監基報2601「監査役等とのコミュニケーション」

ｉ）財務諸表監査に関連する監査人の責任（12項）

財務諸表監査に関連する監査人の責任は、多くの場合、監査業務の契約条件を定めた監査契約書又はその他の適切な形式による合意書に記載される。監査人は、以下の事項について監査役等と適切なコミュニケーションを行う手段として、監査役等に監査契約書又はその他の適切な形式による合意書の写しを提

供することもある（A8項）。

・一般に公正妥当と認められる監査の基準に準拠した監査の実施に関する監査人の責任は、財務諸表に対する意見の表明であること

　また、監基報等がコミュニケーションの実施を要求する事項は、財務諸表監査から生じた、財務報告プロセスを監視する監査役等に関連する重要な事項であること

・一般に公正妥当と認められる監査の基準は、監査人に、監査役等とコミュニケーションを行うために、特段の追加的な手続を立案することを要求していないこと

・監基報701「独立監査人の監査報告書における監査上の主要な検討事項の報告」に基づき、法令又は任意でKAMを監査報告書に記載する場合、KAMを決定し、報告する監査人の責任

・該当する場合、法令、企業との合意、又は日本公認会計士協会の報告書等の業務に適用される追加的な要求事項によって求められる、コミュニケーションに対する監査人の責任

ⅱ）計画した監査の範囲とその実施時期（13項）

監査人は計画した監査の範囲とその実施時期の概要について、監査役等とコミュニケーションを行わなければならない。これには監査人により識別された特別な検討を必要とするリスクが含まれる。

・コミュニケーションを行う事項には、例えば、以下が含まれる（A13項）。

・不正又は誤謬による、重要な虚偽表示に係る特別な検討を必要とするリスクへの監査人の対応

・特別な検討を必要とするリスク以外に識別している重要な虚偽表示リスクが高い領域への監査人の対応

・監査に関連する内部統制についての監査人の監査アプローチ

・監査に適用される重要性の概念（監基報320「監査の計画及び実施における重要性」参照）

・監査人の利用する専門家の業務の利用を含む、計画した監査手続の実施又はその結果の評価において必要となる、特定分野での技能又は知識の内容及び範囲（監基報620「専門家の業務の利用」参照）

・監基報 701 が適用となる場合、監査において監査人が特に注意を払う領域であり、KAM となる可能性がある事項に関する監査人の見解
・適用される財務報告の枠組みの改正、並びに企業環境、事業活動及び財務状況における重要な変更が個々の財務諸表や注記事項に与える影響に対する、監査人が計画した監査アプローチ

ⅲ）監査上の重要な発見事項（14 項）

KAM は監査人が特に注意を払った事項から決定するため、次の事項に関する監査役等とのコミュニケーションは KAM を決定する際、特に有用である（A17 項）。

・識別した特別な検討を必要とするリスク
・監査上の重要な発見事項

ⅳ）コミュニケーションの方法（18 項）

・有効なコミュニケーションには、正式な報告会や書面による報告だけではなく、協議等、簡略的なコミュニケーションが含まれることがある。監査役等に監査契約書等の写しを提供することによって、書面によるコミュニケーションを行うことがある（A45 項）。なお、リモートによることも想定される。
・コミュニケーションの方法（例えば、コミュニケーションを口頭又は書面のいずれで行うか、コミュニケーションの詳細さの程度、コミュニケーションを正式な方法で行うかどうか等）は、コミュニケーションの対象となる事項の重要性に加えて、例えば、以下の事項の影響を受ける（A46 項）。
・協議した事項を監査報告書に含めるかどうか。例えば、KAM を監査報告書に記載する場合、KAM と判断した事項に関して、書面でコミュニケーションを行う必要があると判断することがある。
・問題となった事項が十分に解消されているかどうか。
・経営者が当該事項について以前に監査役等に伝達しているかどうか。
・企業の規模、事業運営の構造、統制環境、及び法的構造はどうか。
・特別目的の財務諸表の監査の場合、監査人が企業の一般目的の財務諸表も監査しているかどうか。
・法令により監査役等にコミュニケーションを要求されている事項かどうか。

・監査人と行う定期的な会合又はコミュニケーションの方法に関する取決めを含む監査役等の要望は何か。
・監査人と監査役等との継続的な連携及び情報交換の頻度はどうか。
・監査役等に交代があったかどうか。

v）コミュニケーションの実施時期（20項）

監査人は、監査役等とのコミュニケーションを適時に行わなければならない。監基報701が適用となる場合、監査人は、計画した監査の範囲と実施時期についてコミュニケーションを行う際に、KAMとなる可能性がある事項についてもコミュニケーションを行うことがある。また、当該事項について、監査上の重要な発見事項を報告する際、深度ある協議を行うため、頻繁にコミュニケーションを行うことがある。

5　監査上の主要な検討事項の事例

(1)　監査上の主要な検討事項（KAM）の決定

監査の過程で監査役等と協議を行ってきた事項のうち、監査人が特に注意を払った事項（特別な検討を必要とするリスク、監査重点項目）は、現状においては代表的な下記の６項目が考えられる。

① 経営者による内部統制を無効化するリスク
② 収益認識にかかるリスク
③ 固定資産の減損リスク
④ 有価証券の評価
⑤ 棚卸資産の評価
⑥ 各種引当金

収益認識に関する会計基準が適用となっているため、多くの企業で何らかの影響を受けている。したがって、KAMの対象となることは十分に考えられる。適用時期及び実施内容については、経営者・監査役等・監査人の間で十分な協議をしておく必要がある。収益に関する会計数値が増減するゆえ、システム対応も含めリスクが伴うので慎重に対応する必要がある。

⑵　KAM記載内容の検討（監基法701）

監査報告書においてKAMを記載する趣旨は、当該事項をKAMと決定した理由についての監査人の考察を示し、実施された監査の透明性を高めることにある（A42項）。

監査上の主要な検討事項であると決定した理由（12項⑶）

① 目的適合性　KAMの記載内容によって、想定される財務諸表利用者が、監査及び監査人の判断をより理解することができるか（A43項）

② 企業の特定の状況に直接関連付け　当該企業に特有の状況を記載する（当年度の財務諸表における経営者の判断に影響を与えた状況等）（A44項）

③ 記載内容　KAMに決定した理由の記載において、監査業務の状況に照らして、監査人が特に重要か否かを判断する際に考慮した主な事項に言及することがある（A45項）。

⑶　KAMに対する監査人の対応（12項⑷）

① 監査上の対応に関する記載の詳細さの程度は、職業的専門家としての判断に係る事項である（A46項）。KAMに焦点を当てた監査人の対応又は監査アプローチの内容、実施した手続の簡潔な概要等のいずれか、又は組み合わせて記載する。

② 想定される財務諸表の利用者が、財務諸表監査におけるKAMの重要性及びKAMと監査意見等のその他の記載事項との関係を理解できるように、留意する（A47項）。とくに、汎用的な又は標準化された文言を避け、当該事項を企業の具体的な状況に直接関連付ける。

⑷　監査報告書におけるKAMの具体例

①　事案内容

【事例】　A社（監査役会設置会社）は、機械部品の販売を行う上場会社（売上800億円）である。期首より、監査人と監査役（会）は、コミュニケーションを続け、KAMの候補として、業績不振の非連結子会社の株式の減損（従前に一度50％減損済）・繰延税金資産の回収可能性が考えられていた。社長をはじめとする執行部は、中期計画における企業グループの業績の透明化を図るため、不採算子会社の整理と優良関連会社の子会社化の方針のもと、不採算子会社を売却し評価損ではなく売却損の計上を行い、関係性を清算した。この結果、今後の経営成績には影響を与えないことになり、年度末の有価証券報告書の提出にあたり、KAMの対象から外れることになった。その後、監査人から棚卸資産である商品の評価損をKAMの対象とすることが示された。

KAMの対象は、本来、会計上の見積りや、財政状態や経営成績等に影響を与える項目となるが、棚卸資産でも、商品市場における相場変動性の高いものが対象となってくる。A社の商品は機械部品が中心で消費期限や消費者の嗜好に左右される性質のものではないためKAMの対象とするには慎重に行うべき事例である。

② 取締役会での対応

監査役会からKAM対応は３か月に１回は報告される案件であり、また商品の評価損は、執行部が、実地棚卸の結果を受けて、販売可能性を判定するものである。資産の評価損の洗い替え法が認められていることもあり、会計基準に準拠した会計処理をする場合は、監査人の主張するKAMの候補としては、あまり望ましいものではないと考える。

取締役は、どの項目が、自社にとってのKAMになるのかという関心も必要だが、利害関係者への情報提供という視点からもとらまえておく必要がある。財務諸表に記載した内容から、監査人がKAMとの関連性を記載するという、仕組みも含めて理解する。KAMは監査上の主要な検討事項であるが、「主要な」は「重要な」とも関連している。つまり会社にとって、どの程度の注意を払って検討を加えたか、についての基準はない。監査人は重要であるとの判断が質的か量的か、相対的か絶対的かを明示する努力を図るべきである。

監査報告書上の記載事例（なお、開示以下の文章は、筆者が作成した。）

監査上の主要な検討事項とは、当連結会計年度の連結財務諸表監査において、監査人が職業的専門家として特に重要であると判断した事項である。監査上の主要な検討事項は、連結財務諸表全体に対する監査の実施過程及び監査意見の形成において対応した事項であり、当監査法人は、当該事項に対して個別に意見を表明するものではない。

〔監査基準委員会報告書701に従った監査上の主要な検討事項の記載〕

（関連する開示の参照）

貸借対照表　20××年３月31日現在の有形固定資産残高○○○百万円

注記事項　建物等の減損損失　××百万円

（監査上の主要な検討事項の内容）

20××年３月31日現在の有形固定資産残高は○○○百万円である。また注記事項に記載の通り、会社が保有する有形固定資産について、収益性が低下し投資額の回収が見込めなくなったため、当会計年度において、建物等に関して減損損失××百万円を計上している。

（当該事項を監査上の主要な検討事項であると決定した理由）

会社は、当該建物等を使用する事業について、人件費の高騰や利用度の停滞感から、厳しい経営環境となっている。このような環境下において、会社の営業損益及び営業キャッシュ・フローが悪化して赤字が継続しており、事業資産の帳簿価額が、将来の事業計画からも回収は難しいとし、減損の兆候ありと判断された。減損損失の測定に用いられる固定資産の使用価値は、将来の事業計画という仮定に影響され、当該仮定は主観性が伴うものである。当監査法人は、当該事象の財務諸表における金額的重要性、及び経営者による将来キャッシュ・フローの見積り、判断の複雑性等を考慮し、監査上の主要な事項であると判断した。

（監査における監査人の対応）

当監査法人は、経営者が会計上の見積りを行う方法及びその基礎データを理解した。また、使用価値算定の基礎となる、将来見積キャッシュ・フローについては、元となる事業計画の合理性に関して、仮定の前提の理解、根拠資料との突合、経営者の見積りに対して批判的な視点を保持して、経営者と意見を交換したこと等に加えて、市場及び企業における経済環境との比較、過年度に行われた見積りと実績との比較等の監査手続を実施した。

当監査法人は、経営者が会計上の見積りを行った方法及びその基礎データの評価にあたり、上記の手続等入手可能な証拠により裏付けられていると判断している。

6　会計監査人との対応

会計監査人との対応は多様な局面で発生する。特に、会計監査人からの指摘事項は、監査役等への報告という形でなされる。その内容については、会社の状況や、時点により様々なものが考えられる。

会計監査人と監査役等が連携を求められるため、指摘事項については企業内ではこのルートに限定されるわけではない。会計監査を受けているのは、執行部門であるため、正式な書面でなくとも、口頭等で、疑問点や考慮点などが伝えられることがある。その時に、当該部門のみで解消できるあるいはすべきとして、全社の共通認識とせずに据え置くケースがあると、事後に大きな影響を与えかねないので、取締役会に報告等上程することが必要である。以下の事例で見ていくことにする。

⑴　退職給付債務（PBO）積立不足に関する事例

製造業を営むＡ社（監査役会設置会社）は、会計監査人による第３四半期のレビューを受けている。その過程で、新任のパートナーから、２年前に変更した退職金規定に基づき、退職給付債務（PBO）の計上について不足しているのではないかとの問題提起があり、年度末までに再確認するように指摘された。

管理部門・人事部門の責任者は、その指摘内容について、担当部長から報告を受けたが、時期を見て確認するように指示を出したが、年度末の監査終了時まで特段の報告を受けなかったため、特に取締役会に上程等を行わなかった。Ａ社には、公認会計士の資格を有する社外監査役が在籍していたが、指摘の事実を知りうることはなかった。

年度決算時に、年金数理人に、年度末の決算に使用する情報に加え、指摘を受けた当時の条件で再度、算定を依頼し、年度末決算は、従前からの処理で行い決算を完了し公表した。一方、指摘を受けた再計算の結果は、当時で約３億円の債務の計上不足との結果となり、債務の計上不足が判明した。

その後その旨が、取締役会及び会計監査人へ報告され対応を協議した。その結果、既に公表した決算は、２年前の誤った金額に基づき算定されていることになるため、当年度決算の修正と共に、当年度の期首に遡り、遡及修正することとした。なお２年前の財務諸表の修正は行わず、当期首の修正に留めることで合意された。

①　影響

当年度決算の修正、公表した金額の修正等の追加作業が起こり、過年度修正の実施にあたっては、過年度のPBO・退職給付費用の計算を当社の年金数理人に依頼しなければならない他、退職給付費用の修正に伴って製造原価・棚卸資産額・原価差額調整等、多岐にわたる修正を要し、相応の時間を要することから、当初の日程よりは後退となり、決算発表は延期となったが、３か月以内で株主総会は実施され、有価証券報告書は期日内に提出された。

ただし、遡及修正で債務が過少ということは利益剰余金の減少につながる。また、製造業であるため、過少であった退職給付費用は労務費にも計上されるため、製品製造原価が増大し、製品個別の製造原価にも影響する。過年度にわたり遡及修正すれば、製品製造原価にも影響を与え、原価計算のやり直しにつながることになる。前年度の財務諸表には影響させずに、期首の遡及修正に落ち着かせたことは、会社・監査人共に穏当かと思える。

ただこの事案が、誤謬なのか意図した不正なのかは検証過程で判明させる必要がある。

PBOとは、従業員の将来見込まれる退職金のうち、期末時点で発生していると認められる額を現在価値に割り引いたものである。当該算定は、退職金規定等に基づき、年金数理人に毎年算定を委託している。4月に年金数理人に再計算を依頼したところ再計算による、積立不足は退職時に支給する加算金を規程上設定しているににもかかわらず、算定対象外項目とされており、結果、本来計上すべきPBOの積立が実施できていないことが判明した。

過年度の退職給付債務の会計上の見積りに誤りがある可能性が判明し、決算確定作業に時間を要する見込みとなったことから、5月×日に予定していた20＊9年3月期の決算発表は延期されたが、監査人による追加の監査手続等が必要となるも、20＊9年6月に開催を予定していた定時株主総会は開催された。

時系列として整理すると次のようになる。

A社は20＊2年に退職金の制度及び規程等の改正が行われた。支給時に、成績加算、割増加算等を行えることを決定、この支給については任意であることから、退職給付等のうちあらかじめ予測できないものはPBO見積に含めないという会計基準に則ったものであった。この方針から、成績加算、割増加算等は見積の計算条件から除外することとされた。つまり規程では「成績に応じ加算できる」「勤続年数に応じ加算する」といった不確定要素を含んでいたため「合理的に予測することが困難」な項目としてPBO見積計算の条件から除外することとされた。しかし規程改正以降の退職金に関する運用実態から、成績加算及び割増加算は以後大半のケースで発生しており、このことから見積計算条件と実態の間に乖離が生じていた。この乖離から見積要件として予測できるとなった段階で、積立を行っていれば、結果として多額のPBO積立不足は生じなかったと思われる。

監査人より、20＊8年6月から9月にかけて担当者レベルに、また20＊8年10月には役員レベルにPOB見積の計算前提から加算項目が除外されていることが論点であるとの問題提起があった。当初監査人から問題提起を受けた時点では本件が決算に重大な影響をもたらす事案という認識が当事者に希薄であったため、この条件設定作業の優先度が低く、迅速な対応とはいえない状況となった。20＊9年の決算業務の中で、事実確認することとなったが、10月に監査人より本件の事実確認の提案を受けてから年金数理人に見積計算条件を提出するまでに半年近い時間を費やしてしまったことが、その後の遡及修正を含めた会計処理を複雑にした原因である。年金数理人より約３億円の積立不足との計算結果を受領し、監査人と協議し、３億円の積立不足について、遡及修正が必要との結論となった。

問題点としては次のようになる。

・約３億円という多額の負債計上漏れが発生したこと

・決算発表が延期となったこと

・長年、自社での検証発見ができなかったこと

・遡及修正の確定とPBOの再計算が必要となったこと

・その結果、財務諸表項目の再計算遡及修正にかなりの時間を要した取締役会での対応に問題はなかったか検討していなかったこと

この問題は、10月の役員への問題提起時に、監査役（会）等の監査報告もしくは担当取締役からの報告として、取締役会に上程されていれば、早期の対応が可能であったと考えられる。取締役会の構成員には、財務の知見を有する社外取締役や社外監査役等がおり、積立不足の情報が共有されていれば、事の重要性が認識されたはずである。監査役（会）等でどこまで情報が伝わっていたのか不明でも、担当取締役において、監査人からの問題提起が共有されていれば、決算に大きな影響をもたらすことは顕在化していたと思われる。取締役を取り巻く案件が会社の事業リスクとなっていることに向き合う自身の感度が鈍かったと言わざるを得ない。また、内部統制の問題も大きく、従来の構築・運用に問題があったことになる。また、PBOの積立不足は、財務会計上は人件費であり、製造部門では製造費用から製造原価もしくは棚卸資産に、製造部門以外では販売費及び一般管理費に計上されることになる。PBOの正確な見積りは、年金数理人のもとで行われるが、会社内では検証のため簡便的に求める管理会計的な手法もある。

②　内部統制上の不備、原因及び背景

・関係部署（人事部門・管理部音）との協議や上司との相談・承認を行わず、継続的な前例の踏襲

・監査法人が了承すればよしとする誤った目的意識

・PBO 計算前提に関する責任部署が不明確、関連部門間での情報の更新・共有が不備
・組織として PBO に対する知識不足、現状の把握、リスクについて不十分な知識
・PBO 計算前提に関する確認、承認手続が不明確
・PBO の見積りに関する決算・財務報告プロセスの内部統制の不備
・専門的知識が必要ゆえ人事の硬直化とそれに伴う業務の属人化（ローテーションの実施状況・情報共有）

遡及修正作業が終了せず、決算発表が延期に至った原因は、監査法人から問題提起を受けた際に重大事と捉えず、優先的に対応しなかったことにある。監査法人から指摘を受けた時点で、最優先で早急に対処すべき重要な問題であると当事者が認識することは難しかったとしても、そのような状況を作り出したのも取締役の責任である。PBO に関する十分な認識や専門知識を有し、過年度の数理計算差の実績推移等に意を払っていれば指摘に対する課題感を保有することになっていたはずである。

③　適時開示における開示内容

過年度の退職給付債務の会計上の見積りに誤りが判明し、退職給付債務の計算に本来含めるべき給付が対象外となっており、過年度の退職給付債務が過小（約３億円）に計算されていることが判明したものである。退職金制度規程の改正時においては実績がなく、合理的に見積もることができず対象外とされていた項目が、その後運用実績が積み重なりある時期からは合理的に見積もることが可能となったという環境変化があった中で、計算前提が見直されることがなかったために、結果として過少計上の状態となっていた。

20＊9 年３月期の決算作業を進めるなかで、監査人と協議を進めた結果、会計上の見積りに誤りがある可能性（このタイミングで）が判明した。今回修正した 20＊5 年度より前（20＊4 年度以前）から既に引当計上の不足が生じており、引当不足分の損益影響の大半は今回の修正対象期間より前に発生していたこととなる。

再発防止策としては、業務手順の明確化と承認手続の厳格化など、決算・財務報告プロセスに係る内部統制を強化する。

④　財務報告に係る内部統制の開示すべき重要な不備に関する内容

当社は、過去の退職給付の会計処理に誤謬があることが判明したため、遡及修正するとともに、期首の利益剰余金で調整した。この誤謬は、退職給付会計に使用する退職給付債務を計算する対象を網羅的に特定できていなかったことによるものである。これは退職給付債務の見積りに関する決算・財務報告プロセスの内部統制の不備に起因するものであると考えており、開示すべき重要な不備に該当すると判断している。

当社は、財務局に提出した20＊9年3月期の内部統制報告書において、開示すべき重要な不備があり、財務報告に係る内部統制は有効でない旨を記載した。

> 上記の開示すべき重要な不備が当連結会計年度末日までに是正されなかった理由は、これらの事実の判明と確認が当連結会計年度末日後となったためである。
>
> 当社は、財務報告に係る内部統制の重要性を認識しており、以下の再発防止策を講じて決算・財務報告プロセスにかかる内部統制を強化し、財務報告の信頼性を確保していく方針である。
>
> ・経理部門の専門知識の強化
> ・退職金規定改定時の関係先との協議手続明確化
> ・年金数理人へ数理計算を依頼する際の業務手順の明確化と承認手続の厳格化
>
> 上記の開示すべき重要な不備に起因する必要な修正は、すべて20＊9年3月期の連結財務諸表及び財務諸表に反映している。

⑤　取締役会の視点

過年度の会計処理の訂正については、端緒となった会計監査人の指摘について、事実関係を取締役会に報告しておくか、第3四半期の決算決議時に合わせて指摘しておけば、公認会計士である社外監査役からは、遡及修正についてのサゼッションが入るし、それを受けて、製造部門の取締役からは、原価計算の妥当性の問題、営業部門からは利益の減少など、また、全社的には、決算の見直しや、業績評価など多方面に影響を与えることがわかる。管理人事部門の取締役が、報告された事実で影響が自分の職務権限の中で処理する事項であったとしても、全社的な問題へ波及するという感度が鈍かったためでもあり、会計基準に対する認識を部門として共有する必要がある。

監査役等への報告が直接的に監査人からあるのを待つのではなく、種火としてくすぶるリスクを発現させるには会社内での多様なルートがあり、監査役等への報告後では、手遅れになり、会社の屋台骨を揺るがしかねないので、全社挙げての対応策が必要である。

⑵　監査人からの指摘に対する一般的な対応

一般的な対応としては以下のようになる。

① 随時監査人から報告等があった場合の監査役等の対応

② 不正リスク対応基準に基づく対応で、監査人から監査役等への報告があった場合の監査役等の対応

③ 会社法397条１項及び金融商品取引法193条の３その他法令等に基づく対応が監査人からあった場合の監査役等の対応

上記の場合、監査役等が受けた報告内容、監査役等が行った調査、監査役等が講じた措置の３つになる。

監査役等は、監査人から不適切な会計処理に関する通知等を受けた場合、会社として求められる対応が早急に行われるよう、業務調査権限（会社法381条２項及び３項並びに405条１項及び２項）その他の有する権限を、いわば聖域なく行使する必要がある。通知等を受領した監査役等は他の監査役等と情報を共有することを基本とする。特に客観的な立場で発言することが期待されている社外の監査役等との情報共有は、問題の解決に向けて彼らの存在を最大限に生かす点からも重要である。

なお、当該事案に関与している業務執行取締役等の影響で対応がなかなか進まないなど、会社側としての対応が不十分な場合もあり得る。監査役等としては、業務執行側の対応につき期限を設定して報告を求める等、業務執行側が適切な対応を行っているかについても関心を持ち、業務執行側の対応が中立性等の観点から適切でないと認められる場合には、取締役会に対して、業務執行に対する監督機能を適切に発揮するよう求める。監査役等は、取締役会への出席

義務及び報告義務（会社法382条及び406条）を踏まえて、監査人から受けた通知等の内容の取締役会への報告のあり方、取締役会との連携のあり方等について、監査役（会）等で事前に協議する。監督機関である取締役会との協働にあたっては、監査役監査基準第27条３項に定めるところに従い、外部弁護士等に依頼した調査委員会の立上げを含め、事実関係究明及び損害の拡大防止に向けた抜本的措置を検討する。

⑶　監査役等監査への活用と実効性の向上

①　連結決算に関する連携の時期及び情報・意見交換すべき事項

下記「共同研究報告」に例示されている基本的事項について、監査役等と監査人は、連携の時期と情報・意見交換を行うが、企業集団においても適用される。特に連結財務諸表に関する項目を限定していないので留意する必要がある。連結決算に関する事項の決定にあたっては、連携の方法も含め、会社の規模（連結対象会社数）や業種（セグメントの数）の状況に応じて両者で協議を行い、連携の効果が上がるよう努める。

②　「会計監査人との連携に関する実務指針」改正（2021年７月30日）の公表

日本監査役協会は、日本公認会計士協会とともに、「共同研究報告」を改正し、共同研究報告の改正を受け、会計委員会では、「会計監査人との連携に関する実務指針」の改正を行ってきている。不正リスクへの対応や、監査人の品質管理レビュー等に対する監査役等の実務対応もある。また、連携の相手方となる会計監査人が従うべき日本公認会計士協会が定める実務指針の参照も充実させてきている。利用に際しては、共同研究報告と実務指針を一体のものし、両者を合わせて参照することになる。

⑷　会計監査人の選解任について

①　会計監査人の選解任等に関する議案

株主総会に提出する会計監査人の「選任及び解任並びに会計監査人を再任しないこと」（以下「選解任等」という）に関する議案の内容は、監査役又は監査役会が決定することとなっている（会社法344条）。

会計監査人の選解任等の株主総会議案及び報酬等について、会計監査人による監査を受ける立場にある取締役（会）が決定する仕組みは、会計監査人の独立性確保の観点から問題があると指摘されていた。つまり、取締役が決定することは、取締役の方針に反対する会計監査人を解任して交代させ、自らの方針に賛成可能な会計監査人を選任することが可能であるため、第三者としての会計監査人の独立性・公正中立性の立場から問題視されていた。指名委員会等設置会社における監査委員会は、従来から、議案決定権を付与されており、また監査等委員会設置会社における監査等委員会にも決定権が付与されている（会社法399条の２第３項２号）ため、整合性の観点からも、会計監査人の選解任等の議案決定権を監査役に付与することとなった。

②　選解任等の議案決定権行使に関する監査役の対応

議案決定権行使の際の監査役の留意点としては以下のようになる。

ⅰ）経営執行部門との連携にあたっての留意点

監査役は、会計監査人の選解任等の議案決定及び再任に関して、より主体的に取り組み、判断しなければならないが、判断にあたり、監査役は、会計監査人に関して、共通の情報を保有している経営執行部門（経理・財務部門）におけるプロセス及びその結果を踏まえ（取締役会に代わって）会計監査人の選解任等の議案決定権を行使することになる。よって、監査役が、適正に議案決定権を行使（判断）するには、経営執行部門との連携がさらに重要となる。

実務の具体的な例として、会計監査人の選解任等の議案決定に際し、経営執行部門からの会計監査人の選任候補案を監査役が受け取ることが考えられる。また、経営執行部門からの推薦の有無にかかわらず、会計監査人の選任候補に関して、対象となる公認会計士又は監査法人の概要、欠格事由の有無、内部管理体制（品質管理）、監査報酬の金額、会計監査人の独立性に関する事項等職務の遂行に関する事項（会社計算規則131条）等、経営執行部門における適切なプロセスを経ているか、事前に経営執行部門から報告を受け、その内容を確認する必要がある。

「監査役は、その職務を適切に遂行するため、次に掲げる者との意思疎通を図り、情報の収集及び監査の環境の整備に努めなければならない。この場合において、取締役又は取締役会は、監査役の職務の執行のための必要な体制の整備に留意しなければならない。」（会社法施行規則105条2項）。ここでいう次に掲げる者とは、取締役・会計参与、執行役、使用人等を指している。そのため、監査役としては、日常的に、経営執行部門との間で、会計監査人の選解任等の議案決定権の行使に関して、一層連携を図ることの重要性と必要性を認識しておく必要がある。

ⅱ）会計監査人監査の適切性・妥当性の評価にあたっての留意点

監査役は、会計監査人の選解任等の議案決定権を行使する場合、事前に、現任の会計監査人の監査活動の適切性・妥当性を評価しなければならない。監査活動の適切性・妥当性の評価にあたって、監査役は、経営執行部門から会計監査人の活動状況や実態について報告聴取するほか、年間を通じて、会計監査人とコミュニケーションを行い、また、会計監査の現場に立ち会うなど、会計監査人の監査の品質を確かめ監査の適切性を評価する。公開会社における事業報告に記載される「会計監査人の解任又は不再任の決定の方針」の内容も判断基準となる。また、会計監査人の独立性の維持担保、法令等の遵守等についても検討しておく必要がある。

ⅲ）会計監査人を再任する場合の留意点

会計監査人は、株主総会において不再任の決議がされなかったときは再任されたものとみなされる（会社法338条2項）。監査役は、改正前会社法においても会計監査人の不再任に関する議案提出請求権を有しており、再任するに相応しい業務を行っているか監視・検証する責務を負っていた。すなわち、監査役は毎期、会計監査人の再任の適否について検討しなければならないとされていた。改正会社法により、会計監査人の選解任等の議案決定権を監査役が有することになり、監査役は、「同意」から「決定」へという自らの主体的な判断が求められている。会計監査人が再任に相応しい監査業務を行っているかどうか、毎期、監視・検証し、再任の適否について判断しなければならない。

ⅳ）監査役としての手続に関する留意点

監査役は、会計監査人の選解任等の議案決定及び再任について、その判断のプロセスを文書化し、調書化しておくことが必要である。監査役は、会計監査人の選解任等議案を決定する場合、その審議の経過と結果を議事録等に記載し、再任する場合は、監査業務の相当性の内容について議事録等に記載する。

また、取締役に対して議案の報告又は会計監査人を不再任とすることを株主総会の目的事項とはしない旨の連絡を行うことになる。

公開会社においては、「会計監査人の解任又は不再任の決定の方針」が事業報告の開示事項となっている。通常、事業報告は経営執行部門で作成準備すべきものであるが、会計監査人の選解任等の議案決定権が監査役に移行しているため、「会計監査人の解任又は不再任の決定の方針」の策定は、監査役が行うことになり、事業報告には、監査役が策定した方針について経営執行部門を通じて記載されることとなる（会社法施行規則126条4号）。さらに会計監査人の選解任等の議案を提出する場合には、会計監査人の候補者とした理由、若しくは会計監査人を解任又は不再任とする理由を株主総会参考書類に記載しなければならない（同規則77条3号、81条2号）。

⑸　業務執行者と監督者との関係

①　取締役（業務執行者）との面談（コミュニケーション）

ⅰ）取締役（業務執行者）と監査役等（監督者）の面談でも、特に経営トップ（代表取締役）との面談が、重要である。毎年、少なくとも４～５回（四半期ごと）は監査役等とトップとの面談の場をもつことを慣行化し、業務執行全般についてトップの方針や問題意識をトップからヒアリングしその内容に対してコメントすることである。この面談では、できるだけトップの考えや方針、問題意識等を監査役のほうから聴取することに力を置き、相手方にも了解してもらうことが重要である。

ⅱ）トップ以外の取締役との場合、事業部門等を所轄している場合は、それぞれの部門について現場で、各部門の運営方針や課題等を、面談聴取するのが実際的である。

ⅲ）また、総務、人事、財務、企画、技術等いわゆる本社・管理部門担当の取締役とも、全社の業務執行の現状に関する最近のトピックスや当面の課題などの情報収集も兼ねて、定期的に会合をもつようにすると有効である。

②　業務執行者との意思疎通による監査環境の整備

監査役等がその職責を果たすためには、特に代表取締役社長を中心とする業務執行者は監査対象とはなるが、これら業務執行者とでき得る限りの意思疎通を図り、監査役の役割に関する理解を得ることが不可欠であり、監査役等に対する報告や監査役等による情報把握の活動及びそれに基づく監査役等からの見解の伝達、相談、指摘、助言、勧告等を真摯に受け入れる風土や環境の整備を図ることが求められる。

一方で、取締役又は取締役会は、監査役等が職務を執行するために必要な体制の整備に留意する義務が規定されている（会社法施行規則105条２項では監査役）。これらの環境整備の努力の結果としての代表取締役はじめ業務執行者の監査役等監査に対する認識・理解度についても、監査役等は監査上のリスク要因として判断し、その協力度合いに応じて監査役自身の現実の監査活動を選択して実施する必要がある。

③　監査役等が関連情報を収集する上での工夫

ⅰ）監査が、毎年同じ事項を繰り返し点検するという特性を活かして、点検の勘所を整理し、いわゆる「リスク・アプローチ」の工夫をすることである。

ⅱ）総務、人事、経理等の該当事項を所轄する部門の人たちとの協調関係を築くことである。

ⅲ）社外への寄付や支援の事例、子会社や親会社との取引の事例等について日常注意し、できれば、関係部門の協力を仰ぐことである。なお、会計監査人は企業集団の監査に関してグループ監査という手法を利用しており参考になる。

競業取引や利益相反取引の問題は、サラリーマンの役員が多い場合には、業務命令による同業子会社等への役員就任のケース以外には、発生する可能性が少ないと思われる。したがって、取締役の他社兼任状況について、会社が把握できる制度を整えることが大事である。さらに利益相反取引については、少なくとも取締役個人と会社との間で、社宅や社用自動車の提供、融資金の貸与、従業員兼務分の給与支払い等といった債権・債務の関係が発生する可能性があり、会計処理につながることを念頭に置いておくことである。

第３節　管理会計と内部監査

1　管理会計と内部統制

(1)　内部統制の目的と構成要素

管理会計と内部統制を取り上げるが、財務会計における財務報告に関する内部統制報告制度は制度化されている。管理会計と財務会計のボーダレス化が進展している中で、財務会計において内部統制が機能しているならば、管理会計においても内部統制が機能しているという観点から捉えることになる。そこで、金融商品取引法及び会社法に関連して、内部統制のうち関連する知識を確認し、さらに具体的な内部統制を考えていく。管理会計制度の実際の運用にあたり、内部統制の目的、構成要素、限界等を正しく理解する必要がある。内部統制とは、①業務の有効性及び効率性、②財務報告の信頼性、③事業活動に関わる法令等の遵守、④資産の保全という、４つの目的を達成するために業務に組み込まれ組織内のすべての者によって遂行されるプロセスである。すなわち、内部統制は、企業をうまく経営していくための経営者の管理ツールの１つであり、ルールを作る（内部統制の整備）だけでなく、継続的にルールが遵守される（内部統制の運用）ことで、経営目的を達成させ続けることができる。

内部統制の目的と管理会計

内部統制の目的	関係の深い管理会計領域
業務の有効性及び効率性	業績評価、意思決定会計、生産管理
財務報告の信頼性	売上、仕入、原価計算
法令等の遵守	品質管理、安全管理
資産の保全	債権管理、在庫管理

事業活動の達成度及び組織内外の経営資源の使用度を高める業務の有効性及び効率性に関する内部統制は、業績評価、意思決定会計等の戦略的なコストマネジメントや生産管理に関係が深い。財務報告の信頼性に関する内部統制は、財務諸表作成、特に主要な勘定である売上、仕入、原価計算についての適正性と関係が深い。事業活動に関わる法令等の遵守に関する内部統制は安全管理や品質管理に関係が深い。資産の保全に関する内部統制は、債権の増減である債権管理や在庫の入出庫等の在庫管理に関係が深い。

次に、内部統制の構成要素と管理会計の関係を見ていく。内部統制は、①統制環境、②リスクの評価と対応、③統制活動、④情報と伝達、⑤モニタリング（監視活動）、⑥IT（情報技術）への対応という６つの基本的要素から構成されている。

①**統制環境**は、組織が保有する価値基準及び組織の基本的な人事、職務の制度等を総称する概念である。統制環境には、誠実性及び倫理観、経営者の意向及び姿勢、経営方針及び経営戦略、取締役会及び監査役等の有する機能、組織構造及び慣行、権限及び職責、人的資源に対する方針と管理のようなものが含まれている。組織構成員が内部統制をどのように意識しているかをいう。

例えば、販売管理において、経営者が売上目標達成に強力な圧力をかけると、従業員は、虚偽の報告、納入業者からの仕入の過小計上や売上の過大計上などを行おうとする可能性が高くなり、統制環境は悪い状態になりやすいといえる。具体的には、現金管理の内部統制として、「現金出納管理担当者は、営業時間終了後、手許現金はすべて金庫に入庫し、金種表に金種ごとの残高を記入する。総務担当者は、当該金額と金種表金額の一致を確認し、金庫の鍵を管理する」という社内ルールが実施されているとする。この規程は、手許現金管理としては十分だと考えられる。しかし、「毎日確認せずに毎週末でよい」と総務担当者が考え当該内部統制に対する意識が弱ければ、統制環境が不十分になる。毎日行われることで現金管理担当者による着服の可能性を防ぐことになり、証跡も残ることになる。経営層が現金管理の重要性について意識していなければ、この規程が整備されなくなっている。統制環境は「内部統制は重要だ」と意識させることなので、内部統制が機能する上で重要な要素となる。

②**リスクの評価と対応**とは、組織目標の達成に影響を与える事象のうち、組

織目標の達成を阻害する要因をリスクとして識別、分析及び評価し、そのリスク評価を受けて、当該リスクへの適切な対応を選択するプロセスをいう。目的達成を阻害するリスクを回避したり低減したりすることになる。

食品製造企業が食中毒の発生や賞味期限切れ材料の使用を隠蔽したり、自動車製造企業がリコールを隠したりする事件がきっかけとなり、ブランドイメージの失墜や巨額の損失が発生し、場合によっては、企業の存続まで危うくさせるような事例が、頻繁に起こっている。企業をとりまくリスクが大きくなってきており、リスク低減を図る内部統制の構築や保険加入によるリスクの移転等を行い、リスクに適切に対応をすることが、企業の存続に不可欠になってきている。現金管理の事例では、「従業員が現金を着服し、資産の保全が達成されないおそれがある」というリスクが認識される。当該リスクが会社にとり重要なものであれば、対応するために規程が整備され実施されることになる。仮にリスクが認識されても、「重大なリスクではない」と評価すれば規程を整備するという対応はとられないことになる。

③**統制活動**とは、経営者の命令及び指示が適切に実行されることを確保するために定められる方針及び手続をいう。例えば、販売管理において、売上取引の承認権限の明確化や、購買部門と販売部門との相互牽制など職責分担や職務分掌を明確にすることをいう。リスクに対応するため構築された規程をさしている。内部統制は、実際の業務の中で統制活動が行われることで機能していく。

④**情報と伝達**とは、必要な情報が識別、把握及び処理され、組織内外及び関係者相互に正しく伝えられることを確保することをいう。情報の入手を必要とする者が、適切に情報を入手でき、情報を伝えたい者が、相手に適切に情報を伝えることができることをいう。

具体例としては、回収の遅延やクレーム等の報告体制を標準化し、賞味期限切れの商品販売やリコールに該当する欠陥が発見された場合に、識別した情報を、企業内部や外部の関係者に適時かつ適切に伝達されるような仕組みが整備・運用されていることをいう。さらに、現金管理の統制活動は、経営者もしくは取締役等によって構築されたものであるが、統制活動は現金管理担当者と総務管理担当者が実際に行うため、内部統制の目的達成のために規程に則って業務（統制活動）を行うことを、双方の担当者に伝達する必要がある。現場などで予期せぬリスクを発見した場合には、適時に経営者等の内部統制を構築すべき者に伝達することになる。どのような情報を誰にいつ伝えるかということである。

⑤**モニタリング（監視活動）**とは、内部統制が有効に機能していることを継続的に評価するプロセスをいう。販売プロセスにおいて、例えば、日常的モニタリングとして営業部門で行われている予算実績差異分析について、自己点検により、適時・適切に監視・評価・是正を行っていることや、監査役等や内部監査部門などが営業日誌や販売日報等の承認履歴の査閲や質問等による独立的評価を行い、是正措置が図られていることをいう。統制活動を定期的に内部監査によって、適切に実施されているのかチェックする行為などが挙げられる。統制活動が十分に行われていない場合は、その要因を分析し、それを改善する必要がある。情報と伝達が不十分で担当者が適切に統制活動を実施できていないとすると、情報と伝達を強化する社内通達や社内研修を実施するなどの強化策をとることになる。この過程で、内部監査が重要な役割を果たすことになりモニタリングに組み込まれているともいえる。

⑥**ＩＴ（情報技術）への対応**とは、組織目標を達成するために予め適切な方針及び手続を定め、それを踏まえて、業務の実施において組織の内外のITに対し適切に対応することをいう。近時のIT環境の進歩は飛躍的であり、内部統制に限らずITは経営の様々なところで必要となる。ITへの対応を適切に行うことは、内部統制上だけでなく重要である。例えば、販売管理において、出荷指図書の作成、販売システムへの入力、与信限度の管理、受注残高の管理など大半の業務は、ITとなんらかの関係がある。そのため、ITに適切に対応することで、統制機能を高めたり、他の構成要素に影響を与えたりする。

⑵　内部統制の限界

内部統制には次のような固有の限界がある。

①　理解不足や複数の担当者による共謀

内部統制は、組織内の人たちに対して適用され運用される仕組みであるため、担当者が規程等で整備されている内部統制の意義や実施内容を充分に理解していないなど不注意の場合、内部統制が適切に機能されない可能性が出てくる。また、担当者が意図して不正を働く（例えば現金を着服する）とした場合には、複数担当者が共謀する可能性（現金管理担当者と総務管理担当者）が考えられる。複数担当者の相互牽制により統制活動は達成されることが多く、複数担当者が共謀した場合、内部統制は十分に機能しなくなる。

② 当初想定していない取引や非定型取引の発生

内部統制の構築時に想定していない行動が生じた場合（規程がそもそも存在しない）の内部統制の整備状況の不備が考えられる。内部統制は、現状の事業リスク等に対応するように整備・運用されるため、想定していない事態（組織内外の環境変化や非定型的な取引）に対しては内部統制が整備されておらず、限界となる。特に、非定型取引などが発生すると、対応可能な知識と経験を有する者で対処し、その都度、的確に内部統制を整備して対応することになる。

③ 費用対効果による内部統制の構築

内部統制の有効性の水準は、内部統制の整備及び運用に伴う費用と便益とを比較衡量し経営者の判断で決定される。したがって、費用対効果の関係から、リスクをゼロにする完璧な内部統制を構築することはない。すなわち内部統制は費用対効果で構築されるもので、費用より効果が上回る必要がある。完璧な内部統制システムを構築するためにいくら費用をかけてもいいということではない。有効な内部統制の仕組みがあるとしても、費用が効果を上回る場合には、内部統制を構築する意味がない。

例えば、長期未回収となっている債権を、実際に訪問して請求し回収することは、ただ請求書を送付し続けるより債権管理上、有効であることは理解できる。15万円の未回収残高に対して、人件費や交通費が20万円かかる場合などである。まだ、回収できればよいが未回収のままになるおそれもある。15万円の損失となったとしても、20万円の費用を払うほうが費用対効果からは意味がない。

留意しなければならないのは、実際の損失が15万円であっても、関連して波及する損失があるということである。15万円が未回収になった場合に、その債権を計上した営業担当者や部門での回収の仕組みが不十分となり、その後の販売業務に支障をきたすおそれがある。また、「あの会社もしくは部門は回収対応が不十分」ということが業界内に出た場合に、支払いを先延ばしにしてもよいということになり、繰り返して発生する可能性も出てくる。さらに、ルールを遵守している他部門の従業員への影響も考えれば、売上など様々なところで影響が出てくることになり、その費用はさらに大きなものになる可能性がある。つまり「費用対効果」は、直接的な面だけでなく間接的な面についても十分考慮する必要があり、管理会計上は経営者の判断によるが、費用が上回ると想定される場合でも行動することが考えられる。

④　経営者による内部統制の無効化

内部統制を構築した経営者が不正目的のために内部統制を無視または無効化した場合には、内部統制が機能しないことになる。担当者レベルで内部統制が有効であったとしても、経営者から「売上を水増し、利益を確保せよ」という指示があれば、今まで有効に機能していた内部統制は十分には機能しなくなる。内部統制上で、監査人が一番注視する部分である。それは、経営者による内部統制の無効化は、経営者不正となり財務諸表の重大な虚偽表示（粉飾決算として問題）につながるためである。担当者レベルでの不正は内部監査等の対象になり、財務諸表に重要な虚偽表示をもたらすことは少ない。経営者による不正の場合には、利害関係者に対して、偽った財務報告をすることを意図しているので、財務諸表上の重要な虚偽表示となる可能性が高くなる。そのためには、取締役会や監査役等の監視監督が重要になるのはいうまでもない。

⑶　内部監査部門

内部監査部門は、内部統制の整備及び運用状況を調査、検討、評価し、その結果を組織内の適切な者に報告し、改善を促すことを業務としている。内部監査の目的は、企業運営が健全かどうかを監査するということになる。そして、内部統制の仕組みの外から、客観的に評価する必要がある。相互牽制だけでは、情報の粉飾や課題の見逃しなどが起こり、正確なモニタリングができないこともある。内部監査部門は、経営者の直轄部門として組織されることが多く、内部統制の機能として重要な位置を占めている。すなわち、内部監査部門は、内部監査の対象となる業務や部門から独立した立場でないと、監査の実施が適切にできないので、経営者は、内部監査部門について、対象業務や部門に対して直接的に責任を負わないようにする必要がある。また、経営者への報告体制も確保することが必要となる。つまり、内部監査部門の業務は内部統制に組み込まれているため、モニタリングだけでなく、情報と伝達も含めて実施する必要がある。ただし、組織の構造上は、経営者不正に対しては機能しないことになる。

「内部統制」と「内部監査」の関連は、内部統制の6要素のうち、内部統制が機能しているかチェックする「モニタリング」が「内部監査」に大きく関係している。モニタリングから得られる情報やデータにより、内部監査部門では、対象業務や部門が事業環境を適切に把握して、組み込まれた内部統制が機能しているかを検討、評価し、改善等の支援を行うことになる。つまり、内部監査は内部統制の一要素である。ただし、内部監査部門の業務は内部統制の一要素であっても、内部監査の目的が、企業経営が健全であるかどうかを監査することであるので、対象は内部統制に限らないともいえる。

監査役等との違いは、監査役等が取締役を監督監査する役割であるのに対し、内部監査人は従業員を対象とする点である。

2　財務報告の信頼性に係る内部統制と管理会計

①　財務報告の信頼性に係る内部統制

企業は、株主や債権者等の利害関係者に、信頼ある財務報告を行う必要があるが、その前提になるのが不正や誤謬の発生を防止する有効な内部統制の存在である。仮に、誤った財務報告が行われると、企業内部・外部の利害関係者が意思決定を誤り、不測の損害を被るだけでなく、組織の社会的信頼を著しく失墜させてしまうことになる。よって、不正や誤謬の発生を防止することができる財務報告に係る有効な内部統制を整備・運用することは、企業が説明責任を果たすために重要な役割を果たしている。

②　上場企業における内部統制報告制度と内部統制の整備・運用プロセス

上場会社では、金融商品取引法により、財務報告に係る内部統制の経営者による評価と内部統制監査を義務付けた内部統制報告制度が運用されている。様々な管理会計の理論や計算方法により、例えば販売管理・債権管理における貸倒引当金の計上額を計算するというプロセスに関する内部統制は、財務報告の信頼性という内部統制の目的と関係が深い。

③　重要な業務プロセスに係る内部統制の整備・運用

・重要な業務プロセスの識別と業務プロセスの整理と把握

重要な業務プロセスを識別し、当該プロセスについて、取引の開始、承認、記録、処理、報告という取引の流れを把握し、管理方針、権限分掌内容、会計処理過程について、フローチャート（業務の流れ図）、業務記述書等を活用して整理し、文書化を行う。

・リスクと統制の対応表（リスクコントロールマトリックス risk control matrix：RCM）の運用

ⅰ）把握された業務プロセスについて、財務報告の信頼性を確保するための重要な勘定科目に関係する個々の統制上の要点毎に、不正または誤謬により虚偽記載が発生するリスクを識別する。販売プロセスと関連する貸倒引当金の計上・計算に関する個々の統制上の要点とは、会社が行った（権利と義務の帰属）、架空でない（実在性）、すべての（網羅性）売上に関する取引が記録され、正しい時期（回収期間の適正性）、正しい金額（評価の妥当性）、正しい方法（表示の妥当性）で、売上債権・貸倒引当金が開示されていることをいう。そして、ⅱ）識別したリスクを低減するための内部統制を把握するとともに、ⅲ）内部統制がリスクを十分低減できるかについて、評価を行っていくことになる。

④　リスクと統制の対応と管理会計

RCM は、統制上の要点に対して識別したリスクとリスクに対応する内部統制を文書化することで、内部統制が適切に機能し、合理的な保証を提供しているかを判断するために作成される。

・全般的事項と RCM

販売管理（債権管理・貸倒引当金計上）サイクルの全般的事項に関するリスクとして、例えば、決済条件や回収条件に基づかない販売計画により売上が行われ、回収遅れや返品等が発生するリスクがあげられる。企業の実情に応じた内部統制を構築する必要があるが、一般的には、販売計画（予算や与信）の作成プロセスに関するマニュアルの整備や取引の承認を行う内部統制を構築することで、リスクを低減させることができる。経営者は、内部監査部門等に販売計画の作成プロセスの妥当性や承認履歴等について監査を実施させ、自社の内部統制の整備・運用状況を評価することができる。

販売プロセスの全般的事項に関するリスク、統制内容、評価手続

業務	リスクの内容	統制の内容	整備・運用状況の評価手続の内容
全般的事項	販売計画（予算）が、納期、今後の販売予測と連動していない	受注残高、納期、今後の販売予測に基づき販売計画を作成し、承認を受ける	販売計画が、受注残高や販売予測資料に基づき作成され、承認を受けていることを確かめる
全般的事項	承認されていない、出荷指示書により、売上（出荷）を行う	出荷指示書は、責任者が承認されていることを確認後、販売システムから出力を行う	出荷指示書の承認日付と注文書や納期等の日付を確認し、責任者の承認後、販売システムより出荷指示の出ていることを確かめる
安全管理	物的・人的事故が発生する	設備の使用方法や商品に対する取り扱い方法、安全基準について、教育研修を行う	安全基準等の研修計画書と実施状況を査閲し、教育研修が計画的に行われていることを確かめる
品質管理	品質問題が発見されない	クレーム報告書を入手し、出荷現場における品質や誤出荷等に関する情報を入手する	クレーム報告書が、品質管理部において分析・検討・報告が行われているとともに、現場の日常の行動において改善活動が行われていることを確かめる
IT（ファイル）の管理	売上計上（取消も含む）のアクセス制限が正しく行われない	アクセス権限は明確に定義され、個人ごとのID、パスワードは、利用者登録・削除申請書を人事部で承認後、情報システム部により登録が行われる	アクセス権限一覧表を査閲し、アクセス制限が適切に行われていることを確認するとともに、利用者登録・削除申請書の承認・登録手続を確かめる

取引先管理、残高管理、与信管理、売上・売掛金システムのＩＴ（各種データ）の管理、法令順守（コンプライアンス）、クレーム等、売上・売掛金に関する重要なリスクがもれなく識別され、内部統制の構築により、リスクへの対応が十分機能しているか検討する必要がある。

・部門別計算（事業部別計算・セグメント情報）と RCM

部門別計算について、例えば、本社等の管理部門費の間接費配賦計算を誤ると正確な部門損益の計算ができず、販売費及び一般管理費と営業損益の計算を誤ってしまうリスクがある。一般的には、間接費の集計・配賦計算は、IT システムによる自動計算とすることで、集計誤り等を防止することが効果的である。自動計算による間接費の配賦計算については、IT 全般統制及び IT 業務処理統制において、ロジックの設定と計算の検証等を行うことにより、配賦計算が正しく行われていることを確かめることで、効率的にリスクの低減を図ることができる。また、間接固定費の配賦計算において、予算策定時の設定を操作し、恣意的に、有利な配付計算を行うことで利益操作を行うリスクについては、予算の設定の承認権限と承認履歴を明確化することで、リスクを低減させることができる。

・利益改善（原価改善）と RCM

販売・損益改善活動に関する内部統制構築のポイントは、予算の設定と実績の把握、差異分析に加え、予算の前提条件である販売予測プロセスの改善、営業マンを機能させる販売方式の改善、販売会議等の改善プロセスが考えられる。

・原価企画と RCM

原価企画に関する内部統制構築のポイントは、将来予想値の算定プロセス、将来目標との差異分析プロセス、価値分析による原価低減（利益増加）プロセス等が考えられる。特に、将来予想値は、恣意性が高い項目であり、積算方法等の信頼性を確保し、実現可能な目標値を設定する必要がある。

第４節　監査役等と内部監査

1　監査役等の制度

①　会社法監査制度

会社法は株主及び債権者の保護を目的としており、取締役による適正な職務遂行を担保するための機関として監査役を定め、監査役は、取締役の職務遂行の状況の監査として会計監査及び業務監査を行うものとされている。また、大規模企業については、利害関係者が不特定多数に及ぶことから、株主及び債権者の保護のいっそうの徹底を図ることが必要であるとの観点から、1974（昭和49）年、商法（現在の会社法）は、株式会社の監査に関する特例として、会計監査人監査をその法的な制度として導入し、改正を加えながら現在に至っている。会社法は監査役に対して、取締役会への出席の権利と義務を定めているほか、業務及び財産の状況を調査する権限や取締役からの報告聴取権、さらには違法行為差止請求権等を認めている。

②　会社法の監査対象会社

会仕法は、株式会社に対して、各事業年度に係る計算書類及び事業報告ならびにこれらの附属明細書を作成することを義務づけ、監査役の監査を受けることを定めている。

しかし大規模企業の場合には、多くの利害関係者が存在することから、とくに計算関係書類の社会的影響は大きく、また複雑な作成過程になるため、その監査について、会計に関する専門的能力を資格要件として法定化されていない監査役のみに委ねた場合には、時として実効性ある監査が行われることは保証されない。また、監査役の独立性についても、取締役、支配人その他の使用人等との兼任が禁止されているに過ぎず、計算関係書類に対する社会的な信頼を確保するには十分とは考えにくくなる。そこで、会社法は、いわゆる大会社

（資本金５億円以上または負債200億円以上の株式会社）の計算関係書類については、監査役のほかに、公認会計士または監査法人を会計監査人として選任し、その監査を受けることを義務づけている。

③　監査役監査のよりどころ（監査役監査基準と監査役協会）

会計監査人と異なり、監査役もしくは監査役会、監査等委員会または監査委員会（以下「監査役等」という）について監査のよりどころとなるものとして、（社）日本監査役協会が作成している監査役監査基準、監査等委員会監査基準と監査委員会監査基準（2021年12月改定）がある。代表的なものとして監査役監査基準で見ていくことにする。基本的な目的は第１条に、「監査役の職責とそれを果たすうえでの心構えを明らかにし、併せて、その職責を遂行するための監査体制のあり方と、監査に当たっての基準及び行動の指針を定めるものである。」「監査役は、企業規模、業種、経営上のリスクその他会社固有の監査環境にも配慮して本基準に則して行動するものとし、監査の実効性の確保に努める。」と定められている。

④　監査役の悩み

就任直後の監査役は、とりあえず「手探りで」仕事を始めることを余儀なくされ、違和感をもつことになる。業務監査については、法律上、取締役の職務の執行を監査する、と定められているだけであり、具体的な内容が明確ではない。そこで、過去に体験した仕事とまったく異なる、抽象的な概念のみであり法律の定めが不明確、形式上の株式会社である、建前論的監査役ガイドや独任制などで監査役は悩むことになる。

名前は「株式会社」となっているものの、実態を十分備えていない形式だけの株式会社も少なくない。こうした会社では、会社運営上の重要事項を決定する実質的な仕組みや、総会のあり方などで、通常の株式会社の標準的な形には、そのままあてはめ難い側面をもっているのが実態である。監査役の取り組みの重点は、内部チェック機能と株主サイドの視点からのモニタリングの機能に置くことである。100％子会社の場合は、経営の最重要事項の決定権を親会社が単独でもつことになり、こうした企業の場合、一般の株式会社に比べて、経営トップにとって株主の存在感が一段と大きいので、株主の意向を軽んじたり、独断専行したりする事態が発生する可能性は、非常に少なくなる。自社の実態を直視して、法制上どのような形の監査機能かを考慮しながら自社での監査役のあり様を見定めて行くことが大事だと思われる。自社の実態から離れて、やみくもに株式会社の建前にそった会社運営のあり方を模索しようとしたり、典型的な監査役業務を実施して、経営サイドと衝突し、そのあげく欲求不満から無気力に陥ってしまったりすることのないようにしたい。取締役と監査役は、同じ会社役員といっても、異なった機能の異質な存在であり、比較して様々考えることは意味がないと明確に認識することが解決策だと考えられる。

取締役が株主からの委託の趣旨に則り職務執行にあたっているかを一年間モニタリングし、期末にその結果を株主等に報告するのが監査役の役割である。監査役が会計期間中に見聞きしてきた諸事情に照らして、帳簿や勘定の報告が適正であるかどうかの判断を、株主に伝えることになる。これが「会計監査」にあたるといってよい。会計的な側面以外の面で、株主の目に見えないところで、取締役が委託の趣旨を踏み外した重大な行為がなかったか、就任期間を通して職務執行にベストを尽くしてきたか等の観点から行う監視活動が「業務監査」にあたるのではないかと思われる。これらの監査を単独で行うべきではなく、相互に連携していることを認識しておけばよい。

⑤　独任制

監査役の独任制に関する明確な法令上の規定はなく、独任制は、その会社に置かれる監査役の人数に関係なく、各監査役が会社の機関を構成し、各自、機関としてのすべての権限を行使でき、１人ひとりが監査全般につき職責を負うことになる。また、他の監査役の意見に拘束されず、各自が信念に基づいて適正な監査を行うことをいう。監査役会設置会社の監査役による監査は独任制が働き、監査委員会または監査等委員会による監査は合議制となるため、これらの委員である取締役には独任制は働かないとされる。つまり、監査役会は独任の監査役の集合体であるが、監査委員または監査等委員は監査委員会または監査等委員会の一員に過ぎないということになる。監査役・監査委員会・監査等委員会によって、取締役等の職務執行監査と並び重要な権限である、監査報告の作成手続に表れてくる。監査役会設置会社では、各監査役が作成した監査報告を監査役会にて集約するが、監査委員会または監査等委員会では監査委員または監査等委員の多数決により監査報告の内容を決定する。関連する会社法の条文は以下のようになる。

（監査役の権限）第381条　監査役は、取締役（会計参与設置会社にあっては、取締役及び会計参与）の職務の執行を監査する。この場合において、監査役は、法務省令で定めるところにより、監査報告を作成しなければならない。
（監査等委員会の権限等）第399条の2
3　監査等委員会は、次に掲げる職務を行う。
一　取締役（会計参与設置会社にあっては、取締役及び会計参与）の職務の執行の監査及び監査報告の作成
（指名委員会等の権限等）第404条
2　監査委員会は、次に掲げる職務を行う。
一　執行役等（執行役及び取締役をいい、会計参与設置会社にあっては、執行役、取締役及び会計参与をいう。以下この節において同じ。）の職務の執行の監査及び監査報告の作成

2　内部監査部門との連携

(1)　内部監査の概要

一般社団法人日本内部監査協会が策定した内部監査基準（平成26年6月）によると、「内部監査とは、組織体の経営目標の効果的な達成に役立つことを目的として、合法性と合理性の観点から公正かつ独立の立場で、ガバナンス・プロセス、リスク・マネジメント及びコントロールに関連する経営諸活動の遂行状況を、内部監査人としての規律遵守の態度をもって評価し、これに基づいて客観的意見を述べ、助言・勧告を行うアシュアランス業務、及び特定の経営諸活動の支援を行うアドバイザリー業務である。」(1.0.1）とされている。

内部監査の対象範囲は、企業集団に係るガバナンス・プロセス、リスク・マネジメント及びコントロールに関連するすべての経営諸活動とされていることから、これらの評価活動は、企業集団の業務活動のほとんどをカバーしており、企業の集団管理を含めていることで内部監査の対象範囲は広いものとなっている（武田和夫「内部統制監査と内部監査」現代監査25号（2015年））。

内部統制から見ると、モニタリングのなかに組み込まれている内部監査であ

るが、内部監査からみると、ガバナンスやマネジメントが体系的に統合されているシステムを検証することになり、対象とするのは内部統制に限られるものではない。こうしてみると、内部監査は金融商品取引法で想定する内部統制の目的を包むように実施され、内部統制に対する内部監査の目的はその一部であるものの内部統制監査における監査人の目的と親和性があるとみなすことができる。

監査役等の監査実施面で、内部監査部門（親会社の部門も含む）との連携の重要性が指摘される。監査役が監査の効果をあげる上で、内部監査部門の協力を得ることは大切である。しかし、一般的にこの間の関係は、必ずしもうまくいっていない例が多いように見える。その理由の大半は、監査役等の誤った尊大さにあるように思える。監査役等に比べると、会計監査人だけでなく、内部監査部門も多くは監査のプロである。監査役等が、体面にこだわらず、自らが直接担いうる監査活動の限界や弱点を率直に認めて、内部監査部門との監査の上での望ましい補完関係を実現していくことを目指すのが実際的である。

⑵　監査役等と内部監査部門との連携

監査役等と内部監査部門との連携については、平成29年1月1日公益社団法人日本監査役協会監査法規委員会が指針を公表している。監査役等と会計監査人の連携に比して、監査役等と内部監査部門との連携については、必ずしも、法的に担保されたものではなく、また、法的に監査制度に組み込まれているわけではない。

監査役監査基準第37条に監査役と内部監査部門との連携の規定はあるが、監査役の監査基準であり、監査役等と内部監査部門の連携は相対的に弱いといえる。

しかし、監査役等がその責務を実効的に果たし、意思決定の過程の合理性を担保し企業価値の向上に資するという視点では、監査役等と内部監査部門の連携は益々重要になっており、コーポレートガバナンス・コード補充原則4-13③が監査役と内部監査部門の連携を求めているのも、こうした背景がある。

第2章

コーポレートガバナンス・コード第4章 取締役会等の責務

【基本原則4】

上場会社の取締役会は、株主に対する受託者責任・説明責任を踏まえ、会社の持続的成長と中長期的な企業価値の向上を促し、収益力・資本効率等の改善を図るべく、

(1) 企業戦略等の大きな方向性を示すこと

(2) 経営陣幹部による適切なリスクテイクを支える環境整備を行うこと

(3) 独立した客観的な立場から、経営陣（執行役及びいわゆる執行役員を含む）取締役に対する実効性の高い監督を行うこと

をはじめとする役割・責務を適切に果たすべきである。

こうした役割・責務は、監査役会設置会社（その役割・責務の一部は監査役及び監査役会が担うこととなる）、指名委員会等設置会社、監査等委員会設置会社など、いずれの機関設計を採用する場合にも、等しく適切に果たされるべきである。

【原則4-13. 情報入手と支援体制】

取締役・監査役は、その役割・責務を実効的に果たすために、能動的に情報を入手すべきであり、必要に応じ、会社に対して追加の情報提供を求めるべきである。

また、上場会社は、人員面を含む取締役・監査役の支援体制を整えるべきである。

取締役会・監査役会は、各取締役・監査役が求める情報の円滑な提供が確保されているかどうかを確認すべきである。

補充原則4-13③ 上場会社は、取締役会及び監査役会の機能発揮に向け、内部監査部門がこれらに対しても適切に直接報告を行う仕組みを構築すること等により、内部監査部門と取締役・監査役との連携を確保すべきである。また、上場会社は、例えば、社外取締役・社外監査役の指示を受けて会社の情報を適確に提供できるよう社内との連絡・調整にあたる者の選任など、社外取締役や社外監査役に必要な情報を適確に提供するための工夫を行うべきである。

内部監査部門が経営者の直轄の組織下にあるため、報告は経営者になされることになるが、「グループ・ガバナンス・システムに関する実務指針」（グルー

プガイドライン）（経済産業省、2019年6月28日策定）の内部統制システムの在り方の中で（内部監査部門との連携）において――監査役等の機能発揮のため、内部監査部門の活用を図ることが有効であるとしている。こうした視点から、内部監査部門から業務執行ラインに加えて監査役等にも直接のレポートライン（報告経路）を確保し、とりわけ経営陣の関与が疑われる場合にはこちらを優先することを定めておくことが検討されるべきであるとしている。これを内部監査部門の「デュアルレポートライン」としている。

コード改訂に係る会議においても、いわゆるデュアルレポートラインの構築の重要性が指摘されたことを踏まえ、補充原則4-13③では、内部監査部門と取締役・監査役との連携の確保のための方法の１つとして、内部監査部門から取締役会だけでなく監査役会に対する適切な直接報告を行う仕組みの構築が示されている。コードの実施にあたり、自社の置かれた状況に照らし、内部監査部門が取締役会や監査役会に対して直接報告を行う仕組みの構築以外の方法により、内部監査部門と取締役・監査役との連携を確保することも可能となる。

第3章

実践編

実践編では、事案の内容、発生原因、開示、対処、取締役会での意思決定などを見ていくこととする。

第１節　行政処分

1　行政処分と行政指導

行政処分とは、行政機関が法律に基づいて、個人や法人に対して「権利を制限する」「権利を与える」「義務を課す」ことである。許認可の意味もあるが、「処分」ということから、悪質な行為に対する注意や罰則に一般的に使われる。行政処分を行う機関として、国の行政機関の他、都道府県知事などが行う場合もある。処分内容は事例により様々であるが、行政処分には強制力があり、処分を無視した場合は刑事罰などに問われる可能性がある。

上場企業の場合は、会社情報の適時開示制度の上場会社の発生事実の中に、免許の取消し、事業の停止その他これらに準ずる行政庁による法令等に基づく処分又は行政庁による法令違反に係る告発があり、事実が発生したら速やかに開示することになる。

例えば、消費者庁は、法令に基づく行政処分として特定商取引法に基づく措置等と景品表示法に基づく措置等についてHPで開示している（https://www.caa.go.jp/business/disposal/）。

2　行政処分の開示事例

事例で多いのが、医薬品、医療機器等の品質、有効性及び安全性の確保等に関する法律（以下「薬機法」という）に基づく、製造販売並びに製造業務の停止に関する行政処分である。

(1)　医薬品業の開示事例

【事例】以下が、ニュースリソースからの抜粋である

> ○○株式会社（本社：＊＊県＊＊市）は＊月＊日、＊＊県から薬機法違反に基づく行政処分を受けた。同社の＊＊工場で製造する、……規格に適合しない……を使用し、製造販売したため。：＊月＊＊日から、○○株式会社を……医薬品製造販売業として＊日間（＊月＊＊日まで)、＊＊工場を医薬品製造業として＊日間（＊月＊＊日まで)、業務停止となる。同社の△△代表取締役社長の同月の月額報酬を＊＊％減俸するなどの処分も同日発表した。

①　発表内容

○○株式会社は、同社の＊＊工場で、省令で定める規格に適合しない……を使用し製造を行った医薬品の製造販売を行っていた。＊＊工場の品質管理業務担当の職員が……試験において、規格に適合させるように改ざんしており、品質管理も適切に実施されていなかった。問題は、前年５月、同社の担当社員が上司に相談する形で、改ざんが発覚し、その後の社内調査で、＊＊＊＊年から問題があったことが確認された。同社は前年６月に＊＊県に報告しており、該当製品は前年７月から自主回収を開始した。当年の初めには該当製品の自主回収はすべて終えた。同社によると、健康被害の報告はないという。

＊＊県は前年６月から当年４月まで、調査や指導を実施。ほかの医薬品などについては、……管理違反の事実はなく、当社の…体制は万全に整っていることが確認されているとしている。

同社は、今回の処分を受け＊月＊＊日の取締役会で△△代表取締役社長の月額報酬を＊＊％、担当取締役の月額報酬を＊＊％減俸することを決定し、発表した。

同社は、「今後も、今般の行政処分を重く受け止め反省し、さらなる業務改善に努め、医薬品を製造販売する企業として各種薬事規制の遵守の徹底を図り、経営陣及び従業員一人ひとりが再発防止に誠心誠意努め、社会からの信頼

回復に向けて全力で取り組む」としている。

なお、今回の処分について同社は、連結業績への影響についてはは軽微としている。

なお、医薬品の製造管理及び品質管理に関する基準としてGMP（Good Manufacturing Practice）があり、GMP体制が保持されている必要がある。

②　取締役会の視点

この内容から、取締役会等の対応が問われることになる。

ア　前年5月に改ざんが発覚（同社の担当社員が上司に相談する形）し、社内調査を実施（発覚後出荷停止）したところ、品質管理業務担当の職員が、規格に適合させるように改ざんしており、品質管理も適切に実施されていなかった。その後の社内調査で、＊＊＊＊年から問題があったことが確認された。発覚の端緒を坦々と示しているが、長年にわたり、法令で定める要件を使用せず、またデータの改ざんも行っていた。

重視すべきは、なぜこのような状況が継続したのかを社内調査等で十分解明することである。単に法令違反であることに気が付いていないだけならば、品質管理部門でのデータ改ざんは起こらないはずである。基本となる製造工程やフローがあるはずであり、内部監査部門の業務チェックがあるといえ、かなりの専門性が必要と思われ発見は容易ではない。したがって、工程のラインでの相互チェック体制もしくは材料の購入部門における適合しない材料の購入などの牽制機能を働かせる必要があった。

イ　前年6月に行政（県）へ報告し、前年7月から製品を自主回収し自主回収のお詫びとお知らせのプレス発表をしていることから、取締役会では情報が共有されている。

ウ　行政機関による調査や指導は必須であるが、事案の内容について十分に把握して、最終的な対応策まで決定するにはかなりの時間を要することになる。

エ　当年8月行政処分のお知らせより、取締役に対する処分は先のプレス発表から年月を経過していることでもわかる。

適時開示情報の抜粋

＊＊＊1年8月12日

行政処分に関するお知らせ

本日、＊＊県から「医薬品、医療機器等の品質、有効性及び安全性の確保等に関する法律」（以下、「薬機法」という）違反に基づく行政処分を受けました。

当社は、今般の行政処分を重く受け止め、慎んで処分を受けるとともに、お客様をはじめとする当社のすべてのステークホルダーの皆様に心からお詫び申し上げます。

記

<処 分>

処分内容

1）業務停止

2）処分理由

根拠法令等

<処分に至った経緯>

＊＊＊0年5月、本製品の……が規格を満たしていないにもかかわらず適合しているものとして製造及び製造販売していることが社内調査で確認されました。当社は、この事実を直ちに○○県へ報告し、＊＊＊0年7月から本製品を自主回収いたしました。その後、○○県による一連の調査及び指導に従い、当社の品質管理及び製造管理に関する業務の改善に鋭意努めてまいりましたところ、このたび、○○県より前記の行政処分を受けることとなりました。

なお、本件以外の……管理違反の事実はなく、当社の……体制は万全に整っていることを○○県にご確認いただいております。

<本製品にかかる健康被害>

本製品に使用されている……であり、重篤な健康被害が発生するおそれはないことを確認しており、これまでに本製品に起因した健康被害の報告はございません。

＜取締役に対する処分＞
　当社は、本件の処分を重く受け止め猛省するため、全ての取締役につきまして、減給することを＊＊＊１年８月10日の取締役会で決定いたしましたので、以下の通りお知らせいたします。
月額報酬の減俸……
＜今後の見通し＞
＊＊＊２年＊月期の連結業績への影響につきましては軽微であるものの、今後状況の変化が発生し、適時開示規則に基づく開示義務に該当する場合には、速やかにお知らせいたします。

　当社は、本件の事実を確認した以降、業務改善のため＊＊工場の医薬品の製造及び出荷を停止し、工程管理に関するあらゆる業務を徹底的に点検するなど、本件の背景にある根本原因を追究し、その結果に基づいた対策を立案し、着実な改善に取り組んでまいりました。
　今後も、今回の行政処分を重く受け止め反省し、更なる業務改善に努め、医薬品製造販売業として薬機法をはじめとする各種薬事規制の遵守の徹底を図り、経営陣及び従業員全員が再発防止に誠意をもって努め、社会からの信頼回復に向けて全力で取り組んでまいります。

以　上

⑵　製造業の開示事例

【事例】　この事案は発覚からプレス発表まで３か月程度であること、さらに１か月後に行政処分の開示を行っている。

＊＊＊２年２月＊日

各　位

□□法に基づく□□□製造における不適切事案に関するお知らせ

＊＊＊１年12月下旬に、当社が製造する□□法適用の……製造・検査工程の一部に不適切な行為があることが発覚しました。＊＊＊２年１月＊

＊日に経済産業省に報告し、本日付で同省から、□□法第＊＊条の規定に基づき、詳細報告及び原因究明・再発防止策の検討をするよう指示を受けました。

お客様をはじめとする関係各位に、多大なご迷惑とご心配をおかけしておりますことを深くお詫び申し上げます。今後、経済産業省及び関係機関のご指導のもと、是正措置・再発防止に努めてまいります。

記

1. 本事案の概要

1）当社で製造する……（□□法上「□□設備」に該当）について、□□法第＊＊条に基づき、当社は＊＊＊＊年に□□□製造業者として経済産業大臣の登録を受けております。当該……の製造において、製造工程の一部を外注することにより、□□□製造業者の**登録時の申請内容と異なる方法で製造・検査を行っていたことが判明**いたしました。

2）対象製品は、……です。その直近3ヶ年における出荷台数約＊＊ 台です。

3）当社は、関連法規に定められている出荷前の、各種検査を全数実施し、合格したものを出荷しております。納品先への説明も始めており、事案の内容及び既納入品の安全性に関する詳細説明を継続して実施し、ご理解を得られるように対処しております。また既納入品において、本事案に起因した事故及びトラブルは、現時点では把握しておりません。

2．背景・原因

現在調査中ですが、本件の重要性に鑑み、事実関係及び発生原因を究明し、再発防止策を講じてまいります。

3．業績の見通し

現時点において＊＊＊2 年3月期第3四半期までの業績への影響は発生しないと見込んでおりますが、第4四半期以降の業績への影響は不明です。今後本件に関して決定又は発生する事実は、速やかに開示します。

以　上

上記のプレス発表の記載（太字：筆者）から伺えることは以下のとおりであ

る。

① 工程の一部に不適切な行為があることが発覚、とあるが、後のプレス発表でも触れられていない。発覚するのは内部告発などによることが多いが、このファーストアクションを重視することで不適切なものが他にないか、再点検するきっかけになる。

② 登録時の申請内容と異なる方法で製造・検査を行っていたことが判明したとある。これが直接的に問題となるが、根拠となる法令があるので、コンプライアンス違反であることは言うまでもなく軽視できる問題ではない。

③ 背景・原因、についても調査中であり、過去の究明をするというよりは、再発防止策という、将来の対策に向かっている。企業内では、過去の経験を将来にどのように生かすかが十分に検討されなければならない。

行政処分の開示

＊＊＊2年3月＊＊日

各位

□□法に基づく経済産業省殿からの行政処分について

＊＊＊2年2月＊日付「□□法に基づく□□□製造における不適切事案に関するお知らせ」のとおり、当社が製造する……の製造において、製造工程の一部を外注することにより、□□□製造業者の登録時の申請内容と異なる方法で製造・検査を行っていたことが判明したことを公表いたしました。これに関連して、本日経済産業省殿より行政処分を受けましたので、ご報告申し上げます。

お客様をはじめとする関係各位に、多大なご迷惑とご心配をおかけしておりますことを深くお詫び申し上げます。今回の処分を真摯に受け止め、是正措置・再発防止に努めてまいります。

記

1. 行政処分の内容（□□法に基づく）

　1）法第＊＊ 条の規定に基づく登録の取消し

　2）規則第＊ 等の規定による認定の取消し

２.今後の対策

監督官庁等のご指導のもと各工程の管理体制を是正し、当社自らの検査に加えて、外部検査機関による検査を経て当該製品を製造・出荷してまいります。

本検査手順変更により、受注から出荷までの期間に影響が出る可能性はございますが、着実に当該手順変更に対応するとともに、今後二度と同様の行為が繰り返されないよう、社内でのコンプライアンス意識のさらなる徹底を図ってまいります。

３.業績の見通し

第４四半期以降の業績への影響は不明です。今後判明次第速やかに開示いたします。

以上

取締役会の視点

事例から見ると、対外的な開示であるため、処分の内容は事実が記載されており、今後の対応については、どのように改善するかが記載されている。しかし、発覚した端緒や社内調査がなされた事実まではあっても、発生原因である根本的なところは詳細には記載されない。第三者委員会等が設置され、報告書が開示される場合は、かなりの部分について開示され、時系列で外部の第三者も把握可能であるが、プレス発表では期待できない。今後の対策を開示するにあたり、発生原因が何であって、どこに問題があり、内部統制システムが機能していなかったのか、内部監査で発見できなかったなど、十分な内容が取締役会に報告され改善策が議論されなければならない。

第２節　課徴金等

1　開示事例集・課徴金検査事例集

(1)　開示事例集と課徴金検査事例集

証券取引等監視委員会は、毎年「開示検査事例集」を取りまとめ公表している（https://www.fsa.go.jp/sesc/jirei/kaiji/20210730-1.htm）。

「開示検査事例集」は、適正な情報開示に向けた市場関係者の自主的な取組みを促す観点から、証券取引等監視委員会による開示検査の最近の取組みや開示検査によって判明した開示規制違反の内容、その背景・原因及び是正策等の概要を取りまとめたものである。

令和３年度版の「開示検査事例集」によると、令和２年版に、令和２年７月から令和３年６月までの間に開示検査を終了し、開示規制違反について課徴金納付命令勧告を行った事例を追加している。追加した内容では、架空循環取引による売上の過大計上、海外子会社による不正会計、関連当事者取引に係る注記の不記載等、近年の開示規制違反の特徴的な事例が紹介されている。また、「監視委コラム」では、開示実務において参考になるよう、最近の開示検査を通じてクローズアップされた開示制度や会計基準のほか、不正会計の実態等について解説している。

証券取引等監視委員会は、また「金融商品取引法における課徴金事例集～不公正取引編～」を平成25年８月より毎年公表している。証券取引等監視委員会（以下「証券監視委」という。）が、主に令和２年４月から令和３年３月までの間に、金融商品取引法違反となる不公正取引に関し課徴金納付命令の勧告を行った事案の概要を取りまとめ、事例として紹介するものである。各事例において、勧告することの意義や特徴等も記載している。なお、「金融商品取引法における課徴金事例集～開示規制違反編～」が、平成29年から開示検査事例集として公表されている。

証券監視委としては、不公正取引の未然防止という観点から、活用され、すべての市場利用者による自己規律の強化、市場の公正性・透明性の確保及び投資者保護につながることを強く期待している。

⑵　課徴金の概要

証券市場への参加者の裾野を広げ、個人投資家を含め、安心して市場に参加できるためには、証券市場の公正性・透明性を確保し、投資家の信頼が得られる市場を確立することが重要となる。証券市場への信頼を害する違法行為に対して、行政として適切な対応を行う観点から、規制の実効性確保のための手段として、平成17年4月1日から、行政上の措置として違反者に対して金銭的負担を課す**課徴金制度**が導入されている。

課徴金の対象となる行為（不公正取引に係るものに限る。）は、以下のとおりである。

①　風説の流布・偽計（金融商品取引法158条）

②　仮装・馴合売買仮装・馴合売買（同法159条11項）

③　現実売買による相場操縦現実売買による相場操縦（同法159条22項）

④　違法な安定操作取引違法な安定操作取引（同法159条33項）

⑤　会社関係者によるインサイダー取引会社関係者によるインサイダー取引（同法166条）

証券市場の公正性と健全性、証券市場に対する投資家の信頼確保の点から、金融商品取引法はインサイダー取引を禁止し、これに違反してインサイダー取引をした場合には、刑事罰が科されたり、課徴金（行政処分）が課されたりする。

> ⅰ）会社関係者（元会社関係者を含む。）であって、ⅱ）上場会社等に係る業務等に関する重要事実を職務等に関し知ったものは、ⅲ）その重要事実が公表された後でなければ、ⅳ）その上場会社等の株券等の売買等をしてはならない。

と定めている。

令和２年度における課徴金勧告事案の特徴は以下のとおりである。

（インサイダー取引）

・上場会社の内部情報を知得できる立場にあったことを悪用し、インサイダー取引規制違反が繰り返し行われた事案を勧告

・複数の伝達ルートが認められた事案を勧告

（相場操縦）

・複数名の違反行為が認められた相場操縦事案を勧告

・PTS（私設取引システム）も利用した相場操縦事案を勧告

・違法な安定操作取引が行われたと認められた事案に法159条３項を初適用

「開示検査事例集」「金融商品取引法における課徴金事例集～不公正取引編～」（証券取引等監視委員会事務局）（以下「事例集」という）によると、開示書類の虚偽記載に対する課徴金の勧告事案がここ数年来、減少傾向にはあるものの、課徴金額は同様ではなく経緯を見守る必要がある。その中にはいわゆる循環取引に代表される不適切な会計処理に係るものが相変わらず見受けられる。令和３年６月までに公表された「事例集」を基に、開示書類の虚偽記載とされた開示事例から、いわゆる循環取引に該当する事案について、当該取引の特徴と発見の困難性を見ていくことにする。

2　循環取引の開示事例

開示事例集から、循環取引の場合を参考に見てみる。

売上の過大計上等

《特色》架空循環取引による売上の過大計上等を行った事案です。

《概要》当社は、架空循環取引による売上の過大計上等の不正な会計処理を行ったことにより、過大な当期純利益等を計上しました。これにより、当社は重要な事項について虚偽の記載のある有価証券報告書等を提出した

ことから、監視委は課徴金納付命令の勧告（課徴金額＊＊＊＊万円）を行いました。
《背景・原因》
・当社は、短期的な業績向上に注力するために個人の成果主義に依拠した経営体制であったことを背景として、十分な内部管理体制を構築できなかったこと
・監査役及び内部監査室において不正リスクへの意識が希薄であったこと
・経営陣は、リスク管理体制の脆弱性を認識しながら、その是正のための取組を行ってこなかったこと
等が考えられます。

⑴　法令違反の概要

当社は、当社が行った不正な会計処理により、過大な当期純利益等を計上したため有価証券報告書等の訂正報告書を提出した。

⑵　不正な会計処理の概要

当社が行った不正な会計処理の概要は、以下のとおりである。

①　架空循環取引による売上の過大計上等

当社は、物品販売とその仕入れを内容とする取引を複数の企業との間で繰り返し、売上及び売上原価を計上した。しかし、当該取引は物やサービスがやり取りされておらず、当社の元社員は、自らが偽造した注文書や見積書を当該複数の企業に送付し、当該複数の企業にその内容に合致した証憑の作成等をさせていた。

したがって、これらの取引は架空循環取引であり、それにより当社は連結財務諸表において、売上及び売上原価を過大に計上した。

②　架空循環取引に係る売上原価等の過大取消

当社は、有価証券報告書等の訂正報告書を提出し、上記①の架空循環取引に係ると判断した売上及び売上原価を取り消した。

⑶　不正の原因とその是正策

本件の不正な会計処理の背景・原因と当社の是正に向けた対応は、以下のとおりである。

①　背景・原因

これらの不正な会計処理の一部は、元社員が首謀して行われていたと認められた。他方、当社において、不正な会計処理が行われた背景としては、主に以下の点が考えられる。

ⅰ）内部統制の問題点

当社は、短期的な業績向上に注力するために個人の成果主義に依拠した経営体制であったこと等を背景として、以下のように十分な内部統制が構築されていなかった。

（ア）過去の不正取引を踏まえた取組みや部門内及び部門間の牽制等による十分なリスク管理体制が構築できていなかったこと

（イ）営業部門において、承認権者は不正リスク等について確認する意識が十分でなく、また各営業案件に関する情報は営業担当者しかわからない状況であったことにより、営業部門内だけでなく他部門による取引内容のチェックが機能しなかったこと

（ウ）管理部門において、不正リスクに対応する役割が不明確かつ連携が不十分であり、さらに、適正な人員が配置されておらず、会計不正に係るリスクを意識したチェック活動が不十分であったこと

ⅱ）監査部門による監査の問題点

（ア）監査役及び内部監査室において不正リスクへの意識が希薄であったこと

（イ）内部監査室の体制・能力、業務監査の範囲、指摘事項に関するフォローアップが不十分であったこと

（ウ）監査役、会計監査人と内部監査室との連携、経営陣と内部監査室との連携が必ずしも十分でなかったこと

ⅲ）経営陣は、リスク管理体制の脆弱性を認識しながら、是正のための取組みが不十分であったこと

② 是正に向けた当社の対応

当社は、主に以下の再発防止策を実施することとしている。

ⅰ）ガバナンスの改革と推進

ⅱ）リスク管理体制の強化

ⅲ）業務執行に係る体制及び社内体制の強化

ⅳ）監査体制の抜本的な見直し

ⅴ）社員の声を集める仕組み

ⅵ）組織文化の改革・形成

ⅶ）会計リテラシー教育及び過去不祥事からの学び・啓蒙

ⅷ）モニタリング体制の継続

⑷ 循環取引

循環取引について対象とする取引を整理すると以下のようになる。

① 目的物（有形物、無形物）が存在するかどうか

② 取引と売買代金が釣り合うかどうか

③ 実取引か架空取引か

④ 対象となるものが存在するが同一性があるかないか

事例により財務諸表に与える影響から「循環取引等が発生しない適切な会計状況に戻すにはどうしたらよいのか」という点について、以下のような指摘ができる。

・現在の会計上のルールの是正が必要となる

・罰則の強化や会計基準の見直しと変更が必要となる

・会計上のルールそのものだけではなくルールの運用に問題がある

・会計に携わる経営者や管理者のモラルの改善、内部通報制度の拡充、内部統制制度の運用改善、監査役や会計監査人への対応が必要となる

このような状況に対応するため、平成25年3月に不正リスク対応基準が公表され、日本公認会計士協会からも会長通牒平成23年第3号が公表され監査人に対する注意喚起がなされており、現状に対応している。

日本公認会計士協会では、循環取引等が疑われる場合の適切な対応について要請している。要点を整理すると以下のようになる。

① 循環取引等の特徴

循環取引等は、経営者、あるいは特定の事業部門責任者等により意図的に仕組まれるため、正常な取引条件が整っているように見える場合が多く、具体的な特徴としては次のようなことが挙げられる。

・取引先が実在することが多い。
・資金決済が実際に行われることが多い。
・会計記録や証憑の偽造が行われることが多い。
・在庫等の保有資産の偽装が行われることが多い。

問題発覚後に調査を実施した結果、取引状況（例えば、書類上のやりとり又は資金の動き）に不整合な点を指摘される場合もあることから、一般的には監査上の対応に問題があったかのように見られることが多い。また、問題が発生した事業は、比較的重要性が低い新規事業や主力以外の事業、あるいは子会社である場合も多い。

② 監査上の対応の困難性と監査人の責任

取引先が実在する場合、資金決済が実際に行われる場合、会計記録と証憑の偽造が行われる場合又は在庫等の偽装が行われる場合においては、財務諸表に重要な虚偽表示が起こり得るという問題意識を持ち難い局面が想定され、これが監査上の対応の困難性につながることが考えられる。また、監査上の傾向として、重要性が低い新規事業や主力以外の事業については、当該企業の監査人の知見不足又はそれまでの監査経験に基づく監査判断をそのまま踏襲してしまうという状況も想定される。

重要な循環取引等を防止又は発見する第一の責任は当然経営者にある。監査上重要な循環取引等を発見することができなかった場合には、結果として監査上の責任の有無及びその程度が問われることになる。

③ 循環取引等を発見できない監査上の要因

循環取引等は、一般に経営者又は内部統制上重要な役割を担う従業員により意図的に行われ、巧妙な隠ぺい行為を伴うという特殊性を含んでいることを踏まえつつも、重要な循環取引等を発見できない監査上の要因を整理すると以下のようになる。

・結果として異常性、不整合、不一致、不釣合いなど不適切な問題があると

認められる場合における、その兆候の見落とし又は追求が不十分（不正のリスクを認識しながらの手続不足など）

・重要な虚偽表示のリスクの評価及び評価結果への対応が不十分

・監査業務に係る審査の機能不全

④　監査手続実施上の留意事項

循環取引等が疑われる場合には、以下を参考に適切な監査手続を選択することが望まれる。

ⅰ）リスクの評価

（ア）業界慣行

業界特有の帳合取引等（帳簿上の取引相手先と商流上の実際の相手先とが異なる取引等）不透明な取引慣行の存在や、取引及びその条件が担当者の口頭による交渉で決定又は変更される業界慣行等

（イ）ビジネスモデルの経済合理性等

会社のビジネス（特に新規事業や特殊な事業）について会社が参入・参画する目的や役割の理解とビジネスモデルの経済合理性の有無等

（ウ）内部統制の不備

ワンマン経営者が連続増収や予算の達成を強く指示する企業風土や特定の個人に権限が集中するような職務分離上の問題

（エ）新規の取引

新たな重要な虚偽表示のリスクが生じる可能性がある新規取引についてのリスク評価

（オ）取引先に対する過度の信頼

不正の隠れ蓑として取引先の知名度や会社規模等、有名企業のOBの関与や有名企業名を用いる場合

（カ）その他不正のリスクや異常点等への対応や監査人交代に関する前任監査人の情報

ⅱ）取引実態の把握

（ア）取引対象物の存在の確認

会社と販売先との関係、販売先の事業内容を理解する。また、取引実態に懸念が残るときには、状況に応じ、エンドユーザーに照会を行って取引対象物の

存在を確かめることが有効である。

（イ）知的財産権の実態把握

特許権、商標権及び著作権などの知的財産権は、その実態が不透明なケースもある。契約上、権利・義務の内容や移転時期等が明らかにされないケースも存在するため、知的財産権に係る将来の成果の実現可能性や経済合理性という観点での裏付けが取れるかなど、実態把握に最善の方法をとることが大切である。

（ウ）権利、役務提供等の実態把握

取引対象が権利、役務提供等である場合、権利自体に法的根拠がない、将来の仮定の成果物を対象とする、あるいは内容が不明確な役務提供など、その存在に実態がないものが含まれていることがある。

（エ）不透明な支出の実態把握

支出については、実態のある購入代金なのか、単なる寄付金なのか、法的に求償権があるものなのか等、経済実態を見極めることが大切であり、それが不明であることを理由として安易に費用又は損失処理をすべきでない。

ⅲ）残高等の確認

監査人は残高等の確認（確認先の選定、確認状の回答、差異の調整、未回答先の代替手続、未発送先の代替手続、確認状の送付先、取引内容の確認、確認回答書の信頼性の検証）について特に留意する。

ⅳ）立会・現場視察

（ア）立会先等の選定

立会先等の選定は恣意性を排除し、かつ網羅性を考慮する。通常選定していない事業所を選択する、往査時期を変更するなど、会社が予期し得ない要素を組み込むことを検討することも大切である。

（イ）外部保管在庫等の現物確認の実施

重要な資産の実在性については、会社の内部資料と突合するだけでなく、外部からの預り証や確認状による回答などの外部証拠を入手することや、保管倉庫の視察による在庫の現物確認を十分に実施することに留意する。

（ウ）仕掛品の現物確認等

仕掛品の基本部品や進捗度の外観を目視すること、又は原価工程表による原価の累積等との整合性を確認することは、監査証拠として有効な場合がある。なお、現物確認等の難易度に応じ、立会担当者の配員についても留意する。

ⅴ）外注先等への往査

原価の内容の大半が外注費で、しかも特定の外注先であるような場合には、会社の担当者に理由を質問するとともに、外注先へ往査し、作業内容等を聴取することが有効な場合がある。

ⅵ）専門家の利用

不動産の鑑定評価やソフトウェア取引における内容確認について、専門家を利用する。

ⅶ）関係会社の監査

（ア）連結子会社の監査水準

親会社に比べ単に子会社というだけで簡略的な手続では望ましくない。

（イ）親会社による子会社管理の内部統制

子会社の財務諸表作成に関して、親会社による子会社の財務諸表作成管理、業務運営に対する管理について、有効な内部統制が機能しているかを確かめる。

（ウ）連結の範囲

連結の範囲から除外しているが、取引、株主等相互に影響を有する会社がある場合は、連結除外の適否について慎重に検討する。

ⅷ）異常性分析

短期的な分析では異常性が顕著には出ていない場合でも、３年から５年ほどの中期的な趨勢を分析すると異常性を認識できる場合がある。

ⅸ）異常点への対応手続

異常点への対応として、以下の手続の実施の必要性を検討する。

（ア）会計システム（総勘定元帳）と業務システム（補助簿）との金額の整合性の確認

販売取引及び購買取引については、会計システムとは異なるシステムを利用している場合において、システム上、会計システムと業務システムとの金額の整合性が確認できず、追加手続が必要なことがある。

（イ）異常な会計伝票の有無の確認

ある勘定科目について、通常、特定部門において所管の業務データに基づく伝票が起票される場合においては、当該起票部門以外の部門で起票される伝票の有無について確認することが必要な場合がある。

⑸　取締役会の視点

先の事例で再発防止策を実施するとされた点を取締役会の視点から再考察する。

①　ガバナンスの改革と推進

ガバナンス（企業統治）は、企業経営の根本であり、事業環境や法定等で変化するものであるが、ガバナンスの対応を行うのは経営者である取締役である。

②　リスク管理体制の強化

企業活動は常にリスク下に置かれている。対外的なリスクではなく、管理体制との関連では、企業内のリスク対応となるため、いかに管理システムを構築するかが取締役会の課題である。

③　業務執行に係る体制及び社内体制の強化

業務執行に係る体制の構築は、取締役会に要求されているが、構築しただけではなく運用され機能している必要がある。事業報告の中でも記載が求められるため、個々の業務だけでなく、企業全体の業務執行体制を強化し、また監督する必要がある。

④　監査体制の抜本的な見直し

三様監査の中で、内部監査がまず中心となる業務執行や管理体制の監査が重要である。次に監査役等の監査で、取締役の監督に当たることになる。最後に監査人監査で会計の専門家としての視点で監査し、三者で連携する必要がある。

⑤　社員の声を集める仕組み

内部通報という仕組みやホットラインや目安箱的な手法もあるが、声を発した社員の保護の問題もある。また、取締役と社員が忌憚なくコミュニケーションをとれる場を設けるのがよい。

⑥　組織文化の改革・形成

伝統的な社風・社訓・社是などの必要なものは残しながら、取引が発生した時点に立ち返ってゼロベースで改革し新しい文化を形成していくことになる。

⑦　会計リテラシー教育及び過去不祥事からの学び・啓蒙

研修や教育という手段があるが、内容を具体的に学び、個々人の行動の中に組み込んでいくことを、定期的に繰り返す必要がある。

⑧　モニタリング体制の継続

取締役会の構成メンバーはモニタリング機能を課されているが、モニタリングで発見された情報が共有されて構成員へ伝達される必要がある。特に内部統制機能が十分に発揮されるような体制が構築・運用されていることが必要である。

第３節　税務調査

1　税務調査の概要

⑴　税務調査の概要

納税の義務は憲法30条に定めるところであるが、同84条において、「租税を課し、又は現行の租税を変更するには、法律又は法律の定める条件によることを必要とする」と規定（租税法律主義）されている。税制の基本は申告納税制度であるが、個々の納税義務者が、義務を正しくかつ完全に果たすことは難しく、脱税が行われる可能性も否定できない。そのため、税務当局による納税義務を検証させ納税義務者が計算した内容について適正性を点検するのが税務調査である。税務調査が有効に実施されるよう、法律によって税務当局及び納税義務者に対し権限及び義務が次のように規定されており、また、この規定に反する行為があった場合には罰則（行政罰及び刑事罰）が適用される。

①　税務当局

権 限	更　　正	税法規定の計算に従っていない場合に計算し直す
	決　　定	申告義務者が申告しない場合に、業種・規模の類似する他社の状況から判断し申告所得を決める
	質問検査権	納税義務者に税金の算出に関する一切の事項について質問し、その帳簿書類や物件を検査する
義 務	守秘義務	税務調査上の知りうる事項について秘密厳守する

②　納税義務者

義 務	受忍義務	税務調査に応じなければならない

③　罰則

税務当局	守秘義務違反	調査上の秘密を漏洩や盗用する
	公務員職権乱用	納税義務者に、義務の無いことを、行なわせたり、行なうべき権利を妨害する
納税義務者	質問不答弁罪	調査官の質問に答えない又は嘘をつく
	検査拒否妨害罪	検査を拒否、妨害、避けたりする
	不実記載提示罪	嘘の記載をした帳簿書類を提示する
	暴行・脅迫罪	調査官の調査執行時に暴行脅迫をする

納税義務者は、税務当局の質問検査権に対して税金計算に係る事項について答える義務があり、税金計算に関係しない事項（例えば、企業秘密、個人のプライバシー）については答える必要はない。また税務調査を拒否する場合でも、正当な理由（例えば、調査官が身分証明書を提示しない、調査官の違法行為に対する抗議のためなど）があれば、上記の罰則は適用されない。納税義務者は、税務調査を受けるにあたり、自己や税務当局の権限と義務を知っておく必要がある。

(2)　税務調査の種類

税務調査は、その調査の目的、対象、方法、時期などから様々である。通常の税務調査は任意調査のことで、特に実地調査を意味する。これに対し強制調査は、査察とも呼ばれ悪質な脱税犯に対する一種の犯罪調査であり、告発を目的として臨検・捜索・差押えをすることができるので、通常の任意調査とは区別される。任意調査は、準備調査と実地調査と区別され、準備調査は、実地調査の準備として、申告書を分析し実地調査を実施すべきか否か、問題点や重点調査項目の有無を判断するために実施される。一方、実地調査は、実際に調査先に出向き、直接相手に質問して、解答を求め、帳簿書類を検査することをいう。実地調査のうち、一般調査は、提出された申告書が税法の規定どおり処理されているかを最終的に確定するための調査であり、帳簿調査が中心となり、必要に応じ倉庫や工場での現地調査が実施される。また、反面調査は、調査対象会社の取引先、取引銀行を調査することによって、申告事項の不信点や不明点を明らかにし、証拠として裏付けを取るために実施され、強力な証拠が入手できるので、税務当局にとって強力な武器となる。

(3) 税務調査の主体

税務調査といっても、調査部門によってその目的や方法が異なっている。税務行政は、財務省を頂点に国税庁、国税局、税務署というピラミッド型の指揮命令系統をとり、各組織や部門が与えられた職務・権限に基づいて課税漏れを防止・発見する体制を敷いている。

税務行政組織を機能別に整理すると次のとおりとなる。

組織名	機　能	税務調査の担当
国税庁	①税務行政を執行するための企画・立案や税務行政上必要な法の解釈 ②企画・立案した内容の国税局への指示 ③国税局や税務署の事務の指導監督 ④税務行政の中央省庁としての各官庁との折衝	
国税局	国税局は税務署の事務を指導監督する立場であるとともに、自らも大規模な法人や大口滞納者、大口脱税者の等の賦課・徴収を行う。税務相談などの納税者サービスも行う機関になる。札幌・仙台・関東信越・東京・金沢・名古屋・大阪・広島・高松・福岡・熊本・沖縄（国税事務所）の12拠点となる。	資本金１億円以上の大会社など大規模な納税者についての徴収を行う執行機関 いわゆるマルサと呼ばれる「査察部」は、悪質な納税者や大口滞納者などを調査摘発する部署
税務署	税務署は管轄区域において内国税の賦課・徴収を行う、税務行政執行の第一線の機関になる。各税務署の署長はその管轄内ですべての内国税の賦課・徴収を行う権限を持っており、全国に約500箇所ある。	資本金１億円未満の中小法人を担当 国税局で担当する大企業・著名人・大口滞納者以外の企業や個人がその対象

⑷　税務調査の範囲

税務調査は、「調査について必要ある時」いつでも実施できることになっており、この「調査について必要ある時」とは、犯罪調査のケースのように具体的嫌疑がなくても、申告の適否を調査する合理的必要性があればよいとされている。このように税務当局の裁量によって税務調査の実施が決まるので、いつ調査が行われるかわからない。ただ、税務当局が無制限に調査を実施できるわけではなく、その対象範囲は法律で規定されている。

この対象範囲を対象事項ごとに分類すると次のとおりとなる。

<table>
<tr><td rowspan="4">対象事項</td><td rowspan="2">直接税</td><td>法人税</td><td>帳簿書類その他の物件</td><td rowspan="4">調査対象</td></tr>
<tr><td>源泉所得税</td><td>事業に関する帳簿書類</td></tr>
<tr><td rowspan="2">間接税</td><td>消費税</td><td>事業に関する帳簿書類</td></tr>
<tr><td>印紙税</td><td>業務に関する帳簿書類</td></tr>
</table>

⑸　税務調査の対象期間

申告納税制度のもとでは、申告によって一応納税額等が確定する。それでも税務調査が行われた場合、問題なければ申告はそのまま認められ（是認）、誤りがあると更正・決定となる。ただし、この更正・決定の処分ができる期間には、制限（更正・決定の除斥期間）が設けられており、古いことを掘り返すと、申告のための帳簿書類などの紛失や、不明となる事項が生じているおそれがあるので、適正で公平な調査不可能になりかねないため。通常、税務調査は、期限内申告書を提出している場合で３年間、申告のミスや事実の隠蔽や虚偽があるものについては、５年から７年前にさかのぼって調査を受けることになる。最長７年であるが（国税通則法70条５項）これは帳簿等の保存期間との関連である。

⑹　税務調査の対象会社

税務調査を受け会社の選定基準については公表されていない。しかしながら、選定にあたっては、会社を過去の申告や調査実績に基づいて、不正等の行われる可能性の高い会社を重点的に調査するようになっている。まず、長期間対象になっていない場合や売上に対して所得が低い場合また同業他社と比較して所得が低い場合を選定していると思われる。次に会社から提出された資料と申告書・決算書が異なる場合、売上が大きく増減している場合や決算書に異常値がある場合などである。また、売上規模の大きい法人であれば、１回の調査で発見できる不正脱漏による所得金額が大きくなってくるので、多額の税金を徴収することが可能と考えられ、対象となる場合もある。

一般的には、税務当局による資料・情報収集活動、密告等により、至急に調査の必要ある法人、経営数字や財務比率が異常に大きく変動している法人、業種的に好況にもかかわらず申告所得が少ない法人等が税務調査対象に選定される可能性が高いが、次のようなケースもある。

①　赤字会社の場合は実施しても、所得が黒字にならないと税金を徴収できない等調査が実施されないと考えられるが、赤字発生の原因によっては調査が実施されることになる。特に、赤字の原因が業績悪化ではなく、会社オーナーの報酬が本人だけでなくその家族名で別途支払いされている場合、グループの子会社・関連会社の債務・損失を負担している場合、同族会社やその役員への無利息貸し付けの場合、会社経費の中に、本来個人が負担すべき私的経費がある場合などである。

②　還付申告については、通常の還付については、調査はなく、欠損金の繰戻し還付については、規定上原則として行うことになっているが、還付請求に理由が明白な場合は調査は省略されるが、更正の請求による還付については、必ず調査が実施される。

(7)　税務調査手続

税務調査の流れは、以下のようになる。

①　事前通知

税務調査に際しては、原則として、納税者に対し調査の開始日時・開始場所・調査対象税目・調査対象期間などを事前に通知する。その際、税務代理権限証書を提出している税理士に対しても同様に通知する。なお、合理的な理由がある場合には、調査日時の変更の協議を求めることができる。ただし、税務署等が保有する情報から、事前通知をすることにより正確な事実の把握を困難にする、又は調査の適正な遂行に支障を及ぼすおそれがあると認められる場合には、通知せずに税務調査を行うことがある（国税庁 HP より）。

《税務調査手続の流れ（イメージ）》

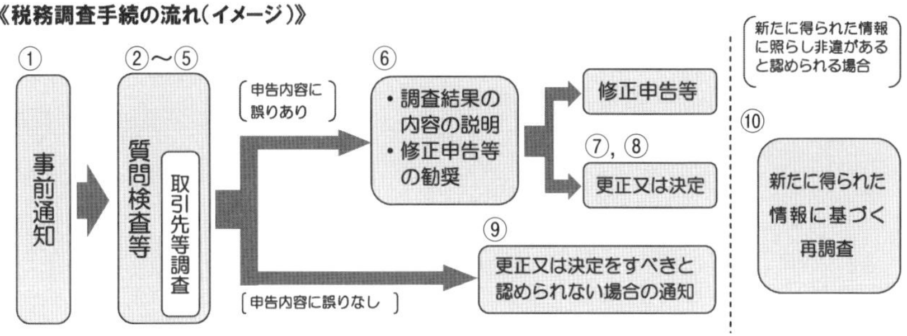

https://www.nta.go.jp/publication/pamph/koho/02.pdf を一部変更

②　身分証明書の提示等

税務調査のため、調査担当者が事務所や事業所等に伺う際には、身分証明書と質問検査章を携行し、これらを提示して自らの身分と氏名を明らかにする。

③　質問事項への回答と帳簿書類の提示又は提出

税務調査の際には、質問検査権に基づく質問に対して正確に回答する。また、調査担当者の求めに応じ帳簿書類などを提示又は提出する。なお、質問事項に対し偽りの回答をした場合若しくは検査を拒否した場合、又は正当な理由がなく提示若しくは提出の要求に応じない場合、あるいは、偽りの記載をした帳簿書類の提示若しくは提出をした場合などについて、法律に罰則の定めがある。

④　帳簿書類の預りと返還

調査担当者は、税務調査において必要がある場合には、納税者の承諾を得た上で、提出された帳簿書類など預り証を渡し預り、預る必要がなくなると、速やかに返還する。

⑤　取引先等への調査

調査において必要がある場合には、取引先などに対し、質問又は検査等を行うことがある。

⑥　調査結果の説明と修正申告や期限後申告の勧奨

税務調査において、申告内容に誤りが認められた場合や申告する義務がありながら申告していなかったことが判明した場合には、調査結果の内容（誤りの内容、金額、理由）を説明し、修正申告や期限後申告（以下「修正申告等」という）を勧奨する。また、修正申告等を勧奨する場合においては、修正申告等をした場合にはその修正申告等に係る異議申立てや審査請求はできないが更正の請求はできることを説明し、その旨を記載した書面を渡す。

⑦　更正又は決定

修正申告等の勧奨に応じない場合には、税務署長が更正又は決定の処分を行い、更正又は決定の通知書を送る。なお、税務署長が更正又は決定の処分を行うことができるのは、原則として法定申告期限から５年間である。

⑧　処分理由の記載

税務署長等が、更正又は決定などの不利益処分や納税者からの申請を拒否する処分を行う場合は、その通知書に処分の理由を記載する。

⑨　更正又は決定をすべきと認められない場合の通知

税務調査の結果、申告内容に誤りが認められない場合や、申告義務がないと認められる場合などには、その旨を書面により通知する。

⑩　新たに得られた情報に基づく再調査

税務調査の結果に基づき修正申告書等が提出された後又は更正若しくは決定などをした後や上記⑨をした後においても、税務調査の対象とした期間について、新たに得られた情報に照らし非違があると認められるときは、改めて税務調査を行うことがある。

2　税務調査の対応

(1)　税務調査前の対応

調査前の検討事項として、通常通知から調査日まで２週間ぐらいある。調査対象期間は、通常過去３期にさかのぼるが、実地調査をスムーズに終えるにあたり、この間に、未整備・未処理の事項をすべて整理することは、不可能である。そこで、この間に優先的に整理すべき事項を検討し、調査でトラブルになることを避けるよう努力すべきである。最近では、書面・帳簿だけでなく、ほとんどがシステムのデータを対象とするので、経理部門だけではなく情報システム部門の応援理解も必須である。またメールに対して調査が及ぶことが十分も考えられるが「メールを全部、一括ダウンロードして、データで提出」といわれたとしても、調査対象範囲との対応を考えれば、すべてのメールというのは無理がありメールの開示要請に対して「取引を特定する」「該当するメールを探して出す」等の協力になると思われる。

直前ではなく、日々も含め検討すべき事項は、次のとおりである。

項　目	内　　　容
定款・議事録	当初作成された定款は、会社の最近の状況に合わせて修正・変更されていない。また、株主総会議事録・取締役会議事録等も作成されていないこともある。例えば、役員報酬の限度額・役員退職金については、定款・議事録の規定に基づくことが必要である。実状に合うよう修正・変更すべきである。
税務署の届出書	評価基準・評価方法について変更する時は、事業年度開始までに届け出ることが必要であるが、その届出書の保管、会計処理が届出書どおりか確認する。
稟議書	会社の本音や取引の裏などが記載されているので、内容を検討し、無用な誤解や混乱が起こらないよう整理し、当該箇所の修正・削除を行う。
社内諸規定	規定に沿った支出（福利厚生費、退職金、出張旅費、リベート他）は税務上認められるので、必要な諸規定を整備しておく。
帳簿書類	総勘定元帳、仕訳帳、補助元帳、明細書が申告の要件どおりか、帳簿書類間の残高の整合性がとれているか、また帳簿書類（電磁的記録を含む）の保存状況を確認しておく。なお、いわゆる、電子帳簿保存法の改正等により、帳簿書類を電子的に保存する際の手続について、見直しが行われている。電磁的記録による保存は、電子帳簿等保存、スキャナ保存、電子取引の３種類に区分されている。 https://www.nta.go.jp/law/joho-zeikaishaku/sonota/jirei/pdf/0021005-038.pdf

領収書・ 請求書	取引の事実内容を証明する重要な証憑であるので、整理・保管状況を確認しておく。
契約書	当初の契約内容に変更があっても改定されていない場合があるので、内容を確認し現況の条件に合わせて変更しておく。
取引の 計上時期	取引が計上基準どおり計上すべき時期に計上されているか、特に売上・仕入・経費の計上タイミングを確認し、架空取引が計上されていないか検討する。
金庫・棚・ ロッカー	会社所有物以外の私物である金・物品を入れないよう片づけておく。取引先以外のカレンダー・記念品、名入りのメモ用紙等のグッズ、取引先以外の電話番号等については、誤解が生じるので整理しておく。

受入体制の整備として、調査官には経理部門が主として応対することになるが、他の営業・製造部門も直接・間接に関係することになるので、税務調査の受入態勢も全社的な視点で考える必要がある。また、社内で一番の実務経験・専門的能力を有す経理部門といえども、プロの税務調査官との対応は大変困難なものと想定されるので、同じく税務の専門家である顧問税理士との打合せも重要なことである。

税務のプロである調査官はできるだけの問題点を指摘し、結果として追徴税額をできるだけ多く取ろうとする。そのような税務調査を前にして、会社としてどのような姿勢で対応すべきか検討しておく必要がある。まとめると次のようになる。

項　目	受　入　姿　勢
社長	税務調査は、会社の会計処理が税法等の基準に正しく準拠して行われたかをチェックするために行われるものであり、例えば売上の計上漏れの指摘があった場合、売上が正しく計上されていないということは、毎期の利益が正しく計上されていないということであり、そのことは正しい利益管理ができていないことを示している。健全な経営をするためにも正しい経理処理や利益管理が必要となるのであり、税務調査の結果を経営改善に役立てようとする姿勢が重要である。

経理責任者	経理責任者として自己が判断して提出した申告書の問題指摘に対して、ミスは素直に認めるとして、調査官から納得いくまで説明を求め、経理上・税務上の観点から経理のプロとしての自覚と責任を持って検討・対処すべきである。指摘事項が納得いくものであれば受け入れ、同じ指摘を受けないよう対策を講じる必要がある。
質問回答者	相手は税務調査のプロである。時には巧みな言葉や威圧的な態度をとることもある。そのような場合は、慌てず、恐れずに、質問に即答するのではなく、質問の趣旨・背景を整理し、必要最低限の返答をすることが大事である。分からないことや前の返答と矛盾を指摘された場合には、調べて返事するようにする。 何よりも、調査官と回答者は同格であるという認識が必要である。調査官は、税法の上で上位の知識を持っているだけのことであって、会社の申告は多少のミスがあろうとも正しい申告を行っている自信を持つことが大事である。自信を持った言葉は、調査官を説得できるものとなる。

⑵　税務調査中の対応

税務調査の狙いは、調査が進むにつれ明白になっていくが、できるだけ調査の早い時期に、狙いを絞ることが重要である。絞るためのポイントは、簿外取引・簿外資産・架空取引・費用の過大計上・期間損益の濫用などである。

税務調査は、調査官にとって能力を発揮する場であり、多額な所得計算の誤り、所得の仮装・隠蔽を発見すれば、調査官としての評価となり、内部での評価につながる。このため調査官は、調査に全力を注ぐが、会社側も無用な税負担は避ける必要があり、調査のために日常の業務活動支障をきたすことになっても問題である。そのため、調査の応対は、慎重かつ迅速でなくてはならない。

調査が終了近くなると、その間に明らかとなった指摘事項が網羅される。問題となる指摘事項がない場合には、調査の打ち切りを申し出るべきである。指摘事項がないことは、本来望ましいことである。このときは「是認通知書」の発行を税務署長に要求し、調査の終了を求めることが必要である。問題となる指摘事項がある場合、説明・反論することによって税務当局を納得させた事項については問題ではなくなる。また、明らかに法律違反である事項については、会社の非をすぐに認めるべきである。ただ、会社が税務署の主張を受け入れることのできない事項については、認める必要はない。会社及び税務当局との間で双方の主張が対立する指摘事項については、一致点を見出せなければ、最終的には税務当局の更正・決定処分という形で決着が図られる。しかし、そうなる前に双方で妥当な解決策を検討することが望まれる。双方とも一定の成果を与えて、一定の立場を守るという考えが必要である。その交渉時に提案ないし検討すべきポイントは次のとおりである。

① 社外流出項目と留保項目：指摘事項を受け入れて当期納税するとしても、翌期以降課税所得の減額によりその税金を取り戻せる項目（留保項目）と取り戻せない項目（社外流出項目）とに指摘事項を分類できる。留保項目は認めやすいが、社外流出項目は認めにくい。

② 重加算税の回避：重加算税の対象となると本税以外に附帯税の負担が発生するので、悪意による所得の仮装・隠蔽でないことを説明し、重加算税を回避する。

⑶ 税務調査後の対策

修正申告は、確定申告の内容についての誤りを納税義務者自らが認め修正するものである。確定申告書に記載した税額を増額する場合、欠損金・還付金が過大である場合に作成される。また、いったん修正すると、後になって修正を取り消すことはできない。税務調査の結果、どのような指摘事項に対して修正申告になるのか、指摘事項を分類すると次のようになる。

	内　容
i	単純な会計処理・事務手続の誤り
ii	会計処理手続の不備
iii	事実に対する会社と税務当局との解釈の相違
iv	税法等の法令の適用誤り
v	事実の隠蔽、仮装

指摘事項のすべてが修正事項となるわけではない。上記ivとvを除いたi～iiiは、税務当局との間で修正申告の対象にするか交渉の余地がある。これら

は、税務調査の前に自ら気付き、すでに翌期に訂正処理が済んでいる事項もあり、また何よりも、申告漏れしていたという認識が少なくなく、交渉した結果、納得いかない指摘事項について修正申告を要求される時は、納得した事項のみで修正申告し、どうしても納得いかない事項については、税務当局の更正に委ねることも考えられる。

税務当局は、更正処分にすることはできるだけ避け、納税者に修正申告書を提出させるよう指導している。これは、更正処分に対して納税者は異議申立が可能になっているからである。税務当局は、この異議申立を受けることを嫌い、異議申立は納税者への指導・説得が不十分だとみなされるためである。

⑷　調査指摘事項のフォローと取締役会

税務調査の指摘事項について、その結果を経営管理に生かし、今後の税務調査で再び指摘されないよう改善策を考える必要がある。会社によっては、今回は厳しい税務調査で、多額の税金を納めたということで終わらせてしまう場合がある。しかし、本来税務調査は、会社の会計処理が税法等の基準に正しく準拠して行われたかをチェックするために行われるものであり、例えば、売上の計上漏れがあるということは、営業部門の実際の売上が少なく計上されているということである。売上の計上が誤っていると利益の金額が誤っていることになり、利益管理が正しく行われていないことを示している。健全な経営をするためにも正しい経理処理や利益管理が必要となる。

税務調査に対しては、多くの人的・物的・精神的なコストをかけ対処するのであるから、調査上の指摘事項を経営管理に生かせば、税務調査上のコストが今後の会社経営にメリットをもたらすことになる。また、税務当局の内部資料には、会社の過去の調査における指摘事項が記入されており、今回の調査では改善を条件として不問となる指摘事項も記入される。次回までに改善されていないと、次回は厳しい判定を下される可能性もある。よって、調査終了後、経理部門で調査結果をとりまとめ、取締役会へ報告するとともに各部門責任者を中心に全社的な観点から改善案を検討すべきである。

第４節　内部統制の不備への対応

１　開示書類の監査

近年における会計上の不正や虚偽表示を受けて、開示書類に対する適正性への関心が強くなってきている。不正リスク対応基準の適用があるなか、監査役等の役割も重要性を増している。計算書類については監査報告を行うことにより適時適切な業務が行われていることになるが、一方、関連の深い有価証券報告書については、監査人の監査が財務報告に関連して行われるが、監査役等の監査報告は行われない。有価証券報告書対する監査をどのような視点を持って対処するかを見ていく。

金融商品取引法による企業内容等の情報開示は、投資家の合理的な投資判断を可能とし投資家保護を目的とした制度である。虚偽の情報開示がなされたのでは、投資家は投資判断を誤り，不測の損害を被ることになる。そこで、情報の真実性・正確性を担保するため、行政による審査（金融商品取引法９条１項、10条１項、24条の２第１項等）や公認会計士・監査法人による監査証明の制度（同法193条の２第１項）がある。さらに、関係者の違法行為を抑止し、情報の真実性・正確性を確保するために、刑事責任、民事責任、課徴金の制度が設けられている。

①　刑事責任

金融商品取引法の定める情報開示規制に違反した場合には、ほとんどの場合に罰則が設けられている。これらは、大別すると、虚偽記戦に対する罰則と開示書類の不提出に対する罰則に分かれる。

②　民事責任

投資家が虚偽の情報開示により損害を被った場合、投資家は加害者に対して民法上の不法行為責任（民法709条）を追及して、損害賠償を請求することが可能である。また、会社法 429 条２項による損害賠償責任の追及もありうる。しかし、民法上の不法行為責任を追及するには、被害者の側で、不法行為者の故意・過失、損害の発生と損害額、不法行為と損害との間の因果関係を立証する必要がある。また、会社法 429 条２項では、役員等の側で無過失を立証するよう立証責任が転換されているが、被害者の側で損害や因果関係を立証しなければならない。そのため、立証が困難で、投資家の救済が図られない場合がある。そこで、金融商品取引法は、投資家の保護を図るため様々な特則規定を設けている。金融商品取引法上の民事責任の規定はかなり複雑であるが、民法や会社法の特則があると捉えておけばよい。

ⅰ）発行市場における民事責任

有価証券届出書に不実記載があった場合、当該有価証券を当該募集または売出しに応じて取得した者に対し、損害賠償責任を負う（金融商品取引法 18 条１項)。この責任は、無過失責任と解されており、発行会社が無過失を証明しても免責されない。また、損害額が法定されており（同法 19 条１項)、損害を被った投資家の側で損害を立証する必要はない。ただし、投資家が、記載が虚偽であり、または欠けていることを知っていたとき（悪意の場合）は、発行会社は免責されるが（同法 18 条１項ただし書)、その立証責任は発行会社にある。

さらに、発行会社の損害賠償責任だけでは、粉飾決算の予防や投資家の被った損害の救済に十分でない場合がある。そこで、有価証券届出書の不実記載に関しては、発行会社の役員（取締役、会計参与、監査役、執行役等）及び公認会計士・監査法人も、損害賠償責任を負わされている（同法 21 条１項１号３号)。

責任の性質等について整理すると、発行会社の責任は、無過失責任であるが、役員等の責任は過失責任である。ただし、故意・過失がなかったことの立証責任は役員等の側に転換されており（同条２項１号２号)、投資家の保護が図られている。また、投資家が、記載が虚偽でありまたは欠けていることを知っていたとき（悪意の場合）は、役員等は免責されるが（同条１項ただし書)、その立証責任は役員等の側にある。

ⅱ）流通市場における民事責任

有価証券報告書等に不実記載があった場合、有価証券を取得した者は、発行会社に対して、不実記載により生じた損害賠償請求をすることができる（21 条の２第１項)。この責任は、無過失責任と解されており、また、投資家の立証の便宜のため損害額の推定規定が置かれている（同条第２項)。ただし、有価証券を取得した者が不実の事実を知っていたときは、発行会社は免責されるが(同条第１項ただし書)、悪意の立証責任は発行会社の側にある。

発行会社が不実の有価証券報告書を提出した場合、不実であることを知らないで（善意の場合)、募集または売出しによらないで有価証券を取得した者（すなわち流通市場において有価証券を取得した者）は、役員及び公認会計士・監査法人に対して、損害賠償を請求することができる（同法22条１項)。役員及び公認会計士・監査法人は、有価証券報告書に不実の記載があった場合についても同様に損害賠償責任が課せられている（同法24条の4、22条)。

つまり、善意の立証責任は、虚偽の記載のある有価証券届出書の提出会社の役員等の賠償責任（同法21条１項）の場合と異なって、請求者の側にある。なお、役員及び公認会計士・監査法人は、不実の記載について故意・過失がない場合には免責されるが（同法22条２項)、その立証責任は役員等の側にある。

2　内部統制報告書と監査役等

内部統制報告書は有価証券報告書と一体となり提出されるが、企業内における業務執行や財務報告の局面で、内部統制を十分に機能させる必要がある。

なお、ここでは、監査人に要求されている、監査役等との、内部統制の不備に関するコミュニケーションについてとりあげる。

(1)　内部統制の不備に関するコミュニケーション

監査人は、監基報315「企業及び企業環境の理解を通じた重要な虚偽表示リスクの識別と評価」（最終改正2019年６月）11項において、重要な虚偽表示リスクを識別し評価する際、監査に関連する内部統制を理解することが求められている。このリスク評価の過程のみならず、監査の他の段階においても内部統制の不備を識別することがある。識別した不備のうち、どのような不備について監査役等や経営者とコミュニケーションを行うかを選択することが求められている（監基報265「内部統制の不備に関するコミュニケーション」２項)。

財務諸表監査の過程で監査人が識別した内部統制の不備に関して、職業的専門家として識別し、監査役等及び経営者のそれぞれの注意を促すに値すると判断した不備について、適切にコミュニケーションを行うことである。

開示すべき重要な不備との関係

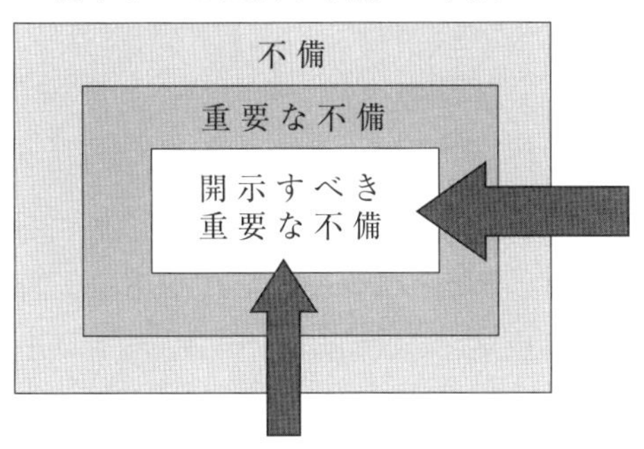

内部統制評価制度の「開示すべき重要な不備」
法令によって特定の用語又は定義を使用することが要求されている場合にも適用

・内部統制の不備又は不備の組み合わせが重要な不備となるかどうかの判断
・重要な不備の兆候

内部統制の整備及び運用が不適切であり、財務諸表の虚偽表示を適時に防止又は発見・是正できない場合または財務諸表の虚偽表示を適時に防止又は発見・是正するのに必要な内部統制が存在しない場合に内部統制の不備は存在する。そのうち、**内部統制の重要な不備**（significant deficiency）とは、監査人が職業的専門家として、監査役等の注意を促すに値するほど重要と判断した内部統制の不備又は不備の組合せをいう（同5項⑵）。

⑵　内部統制の不備の識別

内部統制の不備（単独又は複数組み合わさった不備）の程度は、実際に虚偽表示が発生したかどうかだけでなく、虚偽表示の発生可能性及び潜在的な虚偽表示の影響の大きさによっても影響を受ける。内部統制の不備又は不備の組合せが重要な不備となるかどうかの判断において、監査人の検討事項には例えば以下の事項が含まれる（同A6）。

・不備が、将来において財務諸表の重要な虚偽表示をもたらす可能性

・関連する資産又は負債における不正の起こりやすさ
・公正価値に関する会計上の見積り等、見積金額の決定に関わる主観的判断の程度と複雑性
・不備の影響を受ける財務諸表の金額、勘定残高又は取引種類において発生した又は発生する可能性のある取引量・件数
・財務報告プロセスにおける内部統制の重要性
・内部統制の不備から生じた事象の原因と頻度
・内部統制の複数の不備の組合せによる影響

監査人は、実施した監査手続の結果、発見した事項を検討し、内部統制の不備に該当するかどうかを判断し、内部統制の不備を識別した場合、実施した監査手続に基づいて、内部統制の不備が、単独で又は複数組み合わさって重要な不備となるかどうかを判断しなければならない。

財務報告プロセスにおける内部統制の重要性としては、例えば、経営者による監督、不正の防止・発見に係る内部統制、重要な会計方針の選択と適用に係る内部統制、企業の通常の取引過程から外れた重要な取引に係る内部統制などがある。

重要な不備の兆候には、例えば、以下のものが含まれる（同 A7）。

・統制環境に脆弱性があるという証拠がある
・通常整備されていると想定される企業のリスク評価プロセスが欠如している
・企業のリスク評価プロセスが脆弱であるという証拠がある
・識別した特別な検討を必要とするリスクへの対応が十分でないという証拠がある
・企業の内部統制によって防止又は発見・是正されなかった重要な虚偽表示が監査手続によって発見された
・誤謬又は不正による重要な虚偽表示の修正を反映するため、以前に公表した財務諸表の修正再表示又は訂正報告書が提出されている
・経営者に財務諸表の作成責任を遂行する能力がないという証拠がある

(3)　重要な不備の報告（不備に関するコミュニケーション）

監査人は、監査の過程で識別した重要な不備を、当該事項の重要性を反映し、監査役等がその監視責任を果たすため、適時に、書面により監査役等に報告しなければならない（同８項）。

また、監査人は、適切な階層の経営者（内部統制の不備を評価し必要な是正措置を講じる責任と権限を有する者）に、以下について適時に報告しなければならない（同９項）。

ⅰ）重要な不備（経営者に直接報告することが適切ではない場合を除く。）

この報告は書面により行われ、その時期は監査役等への報告の前後いずれでもよい。

ⅱ）監査の過程で識別したその他の内部統制の不備のうち、他の者により適切な階層の経営者に報告されておらず、監査人が職業的専門家として、適切な階層の経営者の注意を促すに値すると判断したもの

監査人は、重要な不備を報告する際、重要な不備に関する書面によるコミュニケーションの内容は以下の通りである（同10項）。

ⅰ）不備の内容とそれによって見込まれる影響の説明

ⅱ）監査役等及び経営者が、当該報告の前提を理解するための十分な情報

・監査の目的は、財務諸表に対する監査人の意見を表明することにある旨
・監査には、財務諸表の作成に関連する内部統制の検討が含まれるが、これは、状況に応じた適切な監査手続を立案するためであり、内部統制の有効性に対して意見を表明するためではない旨
・報告する事項は、監査人が、監査の過程で識別し監査役等に報告するに値するほど重要と判断した不備に限定される旨

(4)　取締役会の視点

内部統制を構築整備するのは取締役である。したがって内部統制が不備なく機能しているかをモニタリングするのも、取締役に課せられている。また内部統制報告書を作成するのも取締役である。内部統制報告書の文言も以下のようになっている。

１【財務報告に係る内部統制の基本的枠組みに関する事項】
代表取締役社長××××は、当社及び連結子会社（以下「当社グループ」）の財務報告に係る内部統制の整備及び運用に責任を有しており、企業会計審議会の公表した「財務報告に係る内部統制の評価及び監査の基準並びに財務報告に係る内部統制の評価及び監査に関する実施基準の設定について（意見書）」に示されている内部統制の基本的枠組みに準拠して財務報告に係る内部統制を整備及び運用している。

なお、内部統制は、内部統制の各基本的要素が有機的に結びつき、一体となって機能することで、その目的を合理的な範囲で達成しようとするものである。このため、財務報告に係る内部統制により財務報告の虚偽の記載を完全には防止又は発見することができない可能性がある。

２【評価の範囲、基準日及び評価手続に関する事項】
（省略）

３【評価結果に関する事項】
上記の評価の結果、当事業年度末日時点において、当社グループの財務報告に係る内部統制は有効であると判断した。

監査人は、この内部統制報告書に対して意見を表明しており、内部統制そのものを評価し監査意見を表明するわけではない。監査の過程で重要な不備を識別した場合に、コミュニケーションを通じて注意を促すことである。監査意見では、財務報告に係る内部統制は有効であると表示した内部統制報告書を対象とし財務報告に係る内部統制の評価結果について、すべての重要な点において適正という意見になる。また内部統制報告書に対する経営者並びに監査役及び監査役会の責任では、経営者に整備運用責任があり、内部統制報告書を作成し適正に表示すること、監査役及び監査役会の責任は整備及び運用状況を監視、検証することと明示している。監査人の監査報告書は以下のとおりになる。

＜内部統制監査＞
監査意見
当監査法人は、金融商品取引法第193条の２第２項の規定に基づく監査証明を行うため、×株式会社の20＊＊年＊月＊＊日現在の内部統制報告書について監査を行った。

当監査法人は、××株式会社が20＊＊年＊月＊＊日現在の財務報告に係る内部統制は有効であると表示した上記の内部統制報告書が、我が国において一般に公正妥当と認められる財務報告に係る内部統制の評価の基準に準拠して、財務報告に係る内部統制の評価結果について、全ての重要な点において適正に表示しているものと認める。

監査意見の根拠

当監査法人は、我が国において一般に公正妥当と認められる財務報告に係る内部統制の監査の基準に準拠して内部統制監査を行った。財務報告に係る内部統制の監査の基準における当監査法人の責任は、「内部統制監査における監査人の責任」に記載されている。当監査法人は、我が国における職業倫理に関する規定に従って、会社及び連結子会社から独立しており、また、監査人としてのその他の倫理上の責任を果たしている。当監査法人は、意見表明の基礎となる十分かつ適切な監査証拠を入手したと判断している。

内部統制報告書に対する経営者並びに監査役及び監査役会の責任

経営者の責任は、財務報告に係る内部統制を整備及び運用し、我が国において一般に公正妥当と認められる財務報告に係る内部統制の評価の基準に準拠して内部統制報告書を作成し適正に表示することにある。

監査役及び監査役会の責任は、財務報告に係る内部統制の整備及び運用状況を監視、検証することにある。

なお、財務報告に係る内部統制により財務報告の虚偽の記載を完全には防止又は発見することができない可能性がある。

なお、取締役が作成する不備がある場合の内部統制報告書の記載として以下のような例がある。

下記に記載した財務報告に係る内部統制の不備は、財務報告に重要な影響を及ぼしており、開示すべき重要な不備に該当すると判断いたしました。

従いまして、当連結会計年度末日時点におきまして、当社の財務報告に係る内部統制は有効でないと判断いたしました。

当社は、過去の○○の会計処理に誤謬があることが判明したため、過年度の決算を修正するとともに、20＊＊年３月期から20＊＊年３月期までの有価証券報告書及び20＊＊年３月期第２四半期から20＊＊年３月期第３四半期までの四半期報告書について、訂正報告書を提出いたしました。

以　上

上記の誤謬は、○○会計に………………できていなかったことによるものです。これは○○の見積りに関する決算・財務報告プロセスの内部統制の不備に起因するものであると考えており、開示すべき重要な不備に該当すると判断しております。

開示すべき不備が当連結会計年度末日までに是正されなかった理由は、この事実の判明が末日後となったためです。なお、開示すべき重要な不備に起因する必要な修正は、すべて有価証券報告書及び四半期報告書に反映しております。

当社は、財務報告に係る内部統制の重要性を認識しており、以下の再発防止策を講じて決算・財務報告プロセスにかかる内部統制を強化し、財務報告の信頼性を確保していく方針です。

・経理部門の専門知識の強化

・以下……略

第５節　人材確保

1　指名報酬員会

コーポレートガバナンス・コード（2021年６月改訂）によると指名報酬委員会（補充原則4-10①）については、以下のようになっている。

> **補充原則 4-10 ①**
> 上場会社が監査役会設置会社または監査等委員会設置会社であって、独立外取締役が取締役会の過半数に達していない場合には、経営陣幹部・取締役の指名（後継者計画を含む）・報酬などに係る取締役会の機能の独立性・客観性と説明責任を強化するため、取締役会の下に独立社外取締役を主要な構成員とする、独立した指名委員会・報酬委員会を設置することにより、指名や報酬などの特に重要な事項に関する検討に当たり、ジェンダー等の多様性やスキルの観点を含め、これらの委員会の適切な関与・助言を得るべきである。
> 特に、プライム市場上場会社は、各委員会の構成員の過半数を独立社外取締役とすることを基本とし、その委員会構成の独立性に関する考え方・権限・役割等を開示すべきである。

要件を満たすためには、任意の指名報酬委員会設置について、指名報酬委員会規程を制定して、プレス発表が必要となる。取締役の指名や報酬などの透明性を高める必要がある。指名委員会等設置会社でない場合は、法的には必須の機関ではないものの、任意の委員会において検討することが求められている。

この背景には、会社法改正に伴う対応として、改正の施行日が、2021年３月１日とされたため、取締役（監査等委員を除く）の個人別の報酬の内容に係る決定方針（施則121条４号イ、ロ、５号の２から６号の３）の開示が必要となるばかりではなく、施行日前の取締役会での決議が必要となった。指名委員会等設置会社を除く上場会社等においては、定款または株主総会の決議により取締役会の個人別の報酬等の内容が具体的に定められていない場合には、取締役

第５節

の個人別の報酬等の内容についての決定に関する方針を取締役会で決定することが義務付けられている（会社法361条7項）。

取締役の選任、役員報酬制度改定及び取締役の個人別の報酬等の内容に係る決定方針（事業報告に記載）の具体的適用について見ていく。

① 取締役の選任に関する事例

ア 審議事項

指名報酬委員会規程第＊条に定めのある、取締役の選任に関する株主総会議案の原案について審議し、取締役会へ答申を行うこととする。

イ 審議内容

社外取締役○○○○氏より、＊月＊日開催予定の定時株主総会を以って退任の申出があったことから、新たに後任者の選任を行い、▽▽▽▽氏を後任社外取締役として株主総会において社外取締役の就退任を諮ることとなった。

〔選任理由〕

(a) 長年にわたり、□□株式会社において勤務され、取締役まで務められたことから、経営者としての豊富な経験、幅広い見識・知見を有している。

(b) 同社において、技術開発だけでなく、製品に至るまでの豊富な経験を持ち、かつ業界団体の役職を歴任され、業界事情に明るく、幅広いネットワークを有している。

審議結果については、取締役会へ答申を行い、＊月＊日開催予定の定時取締役会にて決議予定である。

以上のような議事録が作成されると考えられる。議論の過程では、退任理由を確認するとともに、新任の候補者をどのように選定したかなどのプロセスと新任者の職歴や承諾書等が資料として提出される。

② 役員報酬制度改定について取締役会への答申に関する事例

掲題の件、役員報酬制度の改定について、指名報酬諮問委員会として取締役会へ答申するものである。

役員報酬制度改定に関する件

ア 概要

役員が業績向上と中長期的な企業価値向上への貢献意欲を高めることで、当社グループ全体の企業価値向上に資する報酬体系を目指し、＊年4月の新年度より制度改定を行う。

イ　報酬構成・水準

（構成）

・現行の実質的に固定報酬のみの構成を改め、役位に応じた固定報酬（月例給与）と業績を反映した変動報酬（賞与）にて構成。ただし、中長期的な業績に連動する報酬（株式報酬）は現段階では導入しない。

・固定報酬と変動報酬の比率は、世間水準に鑑み、初めて変動報酬を導入する当社としては15％〜30％に設定した。

（水準）

・社長は、当社と同規模の従業員数・売上高・時価総額・業界の企業群の水準を踏まえて設定する。

・副社長以下は他社事例も踏まえ、社長を頂点とした役員間格差を設定した上で、現行制度上の報酬水準を踏まえて設定する。

現行報酬制度			新報酬制度			
役位	固定報酬	役位間格差	固定報酬（総額に占める割合）	変動報酬（総額に占める割合）	総額	役位間格差
社長	＊＊＊	1	（70％）	（30％）	＊＊＊	1
副社長	＊＊＊	0.75	（75％）	（25％）	＊＊＊	0.73
専務	＊＊＊	0.60	（80％）	（20％）	＊＊＊	0.65
常務	＊＊＊	0.55	（80％）	（20％）	＊＊＊	0.60
取締役	＊＊＊	0.50	（85％）	（15％）	＊＊＊	0.54

③　取締役の個人別の報酬等の内容に係る決定方針

ア　取締役の報酬等についての株主総会決議に関する事項

取締役（監査等委員である取締役を除く）の報酬限度額は、20＊＊年６月＊＊日開催の第＊＊期定時株主総会において年額＊＊＊百万円以内と決議している。当該定時株主総会終結時点の取締役（監査等委員である取締役を除く）の員数は＊＊名（うち、社外取締役は＊名）である。

第５節

取締役（監査等委員）の報酬限度額は、20＊＊年６月＊＊日開催の第＊＊期定時株主総会において年額＊＊百万円以内と決議している。当該定時株主総会終結時点の取締役（監査等委員）の員数は＊名（うち、社外取締役は＊名）である。

イ　決定方針の内容の概要

当社の取締役（監査等委員である取締役を除く）の報酬は、企業価値の持続的な向上を図るインセンティブとして十分に機能するよう業績と連動した報酬体系とし、個々の取締役の報酬の決定に際しては各職責を踏まえた適正な水準とすることを基本方針とする。

具体的には、取締役（監査等委員である取締役を除く）の報酬は、固定報酬としての基本報酬、業績連動報酬としての賞与で構成する。

ウ　取締役の個人別の報酬等内容に係る決定方針の決定方法

当社は、20＊＊年＊月＊＊日開催の取締役会で取締役（監査等委員である取締役を除く）の個人別の報酬等の内容に係る決定方針（以下「決定方針」という）並びに社外取締役２名と人事担当取締役で構成される指名報酬委員会の設置を決議している。決定方針の内容の概要については以下のとおりであり、その決定方法は指名報酬委員会の審議を経て、取締役会にて決議することとしている。

ⅰ）取締役（監査等委員である取締役を除く）の報酬等の種類別の割合

取締役（監査等委員である取締役を除く）の種類別の報酬割合については、金銭報酬のみとなっており方針は定めていない。

ⅱ）基本報酬（金銭報酬）の個人別の報酬等の額の決定に関する方針（報酬等を与える時期または条件の決定に関する方針を含む）

当社の取締役（監査等委員である取締役を除く。）の基本報酬は、月別の固定報酬とし、役位、職責、在任年数に応じて他社水準、当社の業績、使用人給与の最高水準を考慮しながら、総合的に勘案して決定するものとする。

ⅲ）取締役（監査等委員である取締役を除く）の個人別の報酬等の内容についての決定に関する事項

取締役（監査等委員である取締役を除く）の個人別の報酬額については

取締役会決議に基づき代表取締役社長がその具体的内容について委任を受けるものとし、その権限の内容は、各取締役の基本報酬の額および各取締役の担当事業の業績を踏まえた賞与の評価配分とする。

iv）業績連動報酬等に関する事項（報酬等を与える時期または条件の決定に関する方針を含む）

業績連動報酬等は、事業年度ごとの業績向上に対する意識を高めるため業績指標（各事業年度の売上高、営業利益の予算達成状況や前年実績比）に応じて算出された額を賞与として毎年、一定の時期に支給する。

目標となる業績指標とその値は、中期経営計画と整合するよう計画策定時に設定し、適宜、環境の変化に応じて見直しを行うものとする。

v）当該事業年度に係る取締役（監査等委員である取締役を除く。）の個人別の報酬等の内容が決定方針に沿うものであると取締役会が判断した理由

取締役（監査等委員である取締役を除く。）の個人別の報酬等の内容の決定にあたっては、指名報酬委員会が原案について決定方針との整合性を含め総合的に検討を行っており、取締役会においてもその答申内容を尊重し、決定方針に沿うものと判断している。

vi）取締役（監査等委員）の報酬等は、基本報酬のみであり、監査等委員である取締役の協議により決定している。

2　ハラスメント

厚生労働省は「職場のパワーハラスメントの予防・解決に向けた提言」（平成24年３月職場のいじめ・嫌がらせ問題に関する円卓会議）において、職場のパワーハラスメントの概念と行為類型を整理している。これは、典型例で、網羅するものではない。

(1)　ハラスメントの概念と行為類型

①　暴行・傷害（身体的な攻撃）

②　脅迫・名誉毀損・侮辱・ひどい暴言（精神的な攻撃）

第５節

③　隔離・仲間外し・無視（人間関係からの切り離し）

④　業務上明らかに不要なことや遂行不可能なことの強制、仕事の妨害（過大な要求）

⑤　業務上の合理性なく、能力や経験とかけ離れた程度の低い仕事を命じることや仕事を与えないこと（過小な要求）

⑥　私的なことに過度に立ち入ること（個の侵害）

①については、業務の遂行に関係するものであっても、「業務の適正な範囲」に含まれるとすることはできない。

②と③については、業務の遂行に必要な行為であるとは通常想定できないことから、原則として「業務の適正な範囲」を超えるものと考えられる。

④～⑥については、業務上の適正な指導との線引きが必ずしも容易でない場合があり、こうした行為について何が「業務の適正な範囲を超える」かについては、業種や企業文化の影響を受け、また、具体的な判断については、行為が行われた状況や行為が継続的であるかどうかによっても左右される部分もあると考えられるため、各企業・職場で認識をそろえ、その範囲を明確にする取組みを行うことが望ましい。

発生した場合にどのように対処するかという啓蒙活動がメインであり、上記のような行為類型を挙げていた。パワハラを受けた当事者から、事実として表に出しても、具体的に適正な範囲を超えるかの判断もつきにくく、なかなか認定されず改善されないことも多い状況であった。以下のような典型的な例がある。

・職場内会議において、管理職の高圧的な言動や態度によるパワハラにより精神的苦痛を受けたと社内相談窓口に通報があった。

調査内容

会議同席者、職場同僚等の関係者へのヒアリングを実施した。

検討結果による見解

実施内容をもとに、顧問弁護士の見解を踏まえて、パワハラ事案とは言えないと判定し、加害者とされた管理職へは上長からの口頭指導とし、通報者本人へもすべてを伝えて納得を得た。通報内容及び会議同席者等のヒアリング結果から、会社としてパワハラとして認定することは適切ではないとの結果になった。高圧的な態度かどうかについて、具体的な行動が伴っておらず、パワハラとは認定できない。ただ、通報者がパワハラであるとして強く感じているので、通報者にも確認の上、職場秩序維持の観点から、加害者の役職・職場での影響力に鑑み、改善を促すことが必要である。

ここでのポイントは通報者がパワハラであるとして強く感じている点である。このように強く感じていることが、パワハラにつながることも多いため、初期の段階で芽を摘み、職場の環境秩序を保全する必要がある。

⑵　ハラスメント対策

令和元年６月に女性の職業生活における活躍の推進等に関する法律等の一部を改正する法律が公布され、労働施策総合推進法、男女雇用機会均等法及び育児・介護休業法が改正された（令和２年６月１日施行）。よって、令和２年(2020年）６月１日、職場におけるパワーハラスメント対策は企業の義務（対策強化）となった。本改正により、職場におけるパワーハラスメント防止のために雇用管理上必要な措置を講じることが事業主の義務となり、防止措置が事業主の義務となった。

これまで企業が抱えていたハラスメント対策は、「もし発生した場合にどのように対処するか」が重視されていた、これらのパワハラ防止法によれば企業が担う義務は「発生する、しないにかかわらず、防止する体制づくり」から始まる。

このリーフレットによると、以下のようになる。

職場における「パワーハラスメント」とは職場において行われる
①優越的な関係を背景とした言動であって、
②業務上必要かつ相当な範囲を超えたものにより、
③労働者の就業環境が害されるものであり、
①～③までの要素を全て満たすものをいう。
なお、客観的にみて、業務上必要かつ相当な範囲で行われる適正な業務指示や指導については、該当しません。
職場におけるパワーハラスメントの防止のために講ずべき措置

・事業主は、以下の措置を必ず講じなければなりません（義務）

◆事業主の方針等の明確化及びその周知・啓発

①職場におけるパワハラの内容・パワハラを行ってはならない旨の方針を明確化し、労働者に周知・啓発すること

②行為者について、厳正に対処する旨の方針・対処の内容を就業規則等の文書に規定し、労働者に周知・啓発すること

◆相談に応じ、適切に対応するために必要な体制の整備

③相談窓口をあらかじめ定め、労働者に周知すること

④相談窓口担当者が、相談内容や状況に応じ、適切に対応できるようにすること

◆職場におけるパワーハラスメントに係る事後の迅速かつ適切な対応

⑤事実関係を迅速かつ正確に確認すること

⑥速やかに被害者に対する配慮のための措置を適正に行うこと（注１）

⑦事実関係の確認後、行為者に対する措置を適正に行うこと（注１）

⑧再発防止に向けた措置を講ずること（注２）

（注１）事実確認ができた場合

（注２）事実確認ができなかった場合も同様

◆そのほか併せて講ずべき措置

⑨相談者・行為者等のプライバシー（注３）を保護するために必要な措置を講じ、その旨労働者に周知すること

（注３）性的指向・性自認や病歴、不妊治療等の機微な個人情報も含む

⑩相談したこと等を理由として、解雇その他不利益取扱いをされない旨を定め、労働者に周知・啓発すること

・事業主に相談等をした労働者に対する不利益取扱いの禁止

事業主は、労働者が職場におけるパワーハラスメントについての相談を行ったことや雇用管理上の措置に協力して事実を述べたことを理由とする解雇その他不利益な取扱いをすることは、法律上禁止されています。

（リーフレット（簡略版）「2020年（令和２年）６月１日から、職場におけるハラスメント防止対策が強化されました！」（https://www.mhlw.go.jp/content/11900000/000635337.pdf））

パワハラを受けたと感じる当事者が相談できる（言い出せる）環境（周囲の気付きも含めて）を整備して、相談者が、いつ、どのような方法で相談（社内のみでなく社外の窓口を含む）し解決していくか、これらの仕組みを構築することが課せられている。

また本人が通院や出社拒否など心のダメージがある場合、解決までに長期化する場合もあり、上下関係で起こる場合は、規則や社会通念と自分の勝手な思い込みの違いを都度説明し、上位者は「じっくり・親切・丁寧・温かい」指導が望まれる。ハラスメントと注意指導・叱責は紙一重であるのでその違いを充分に理解する。

第６節　投資意思決定

1　投資をするかどうかの意思決定

(1)　貨幣の時間価値

設備投資計画は、経営構造の変革を伴い効果が長期間にわたる。したがって、どのような投資案件を実施するか決定することは企業の将来を左右する重要な意思決定である。設備投資の複数の代替案の評価は、個々の投資プロジェクトを対象とし、経済的効果の現れる数期間の全体損益を比較することになる。したがって、収益及び費用が期間配分計算される発生主義会計での利益の概念ではなく、キャッシュ・フロー（現金流出入額）が用いられる。そして長期にわたる投資効果を比較するため、**貨幣の時間価値**が考慮される。

貨幣の時間価値を考慮しなければならないのは、現時点と将来のある時点では、時間の経過によってお金の価値が異なるからである。今、手元にある100万円を銀行で３年満期の定期預金に預けたとする。現実的ではないが仮に利率が５％の複利とすると、毎年度末に利息が元金に繰り入れられ、３年後には1,157,625円（＝1,000,000円×$(1+0.05)^3$になる。つまり、確実に５％の利息がつくのであれば、３年後に受け取る1,157,625円と現在の1,000,000円との価値は等しいのである。いいかえると、３年後に受け取る1,157,625円を現在の価値で評価すると、1,157,625／$(1+0.05)^3=1,000,000$より1,000,000円であるといえる。

現在		１年後		２年後		３年後
1,000,000	⇒	1,050,000	⇒	1,102,500	⇒	1,157,625
	× 1.05		× 1.05		× 1.05	
1,000,000			←	÷ $(1.05)^3$	⇦	1,157,625

これを、利子率をｒ、ｎ年後の資金をＦ、現在価値をＰＶとして一般化すると、ｎ年後の資金Ｆは　$F = PV \times (1 + r)^n$　であり、現在価値ＰＶは $PV = F \times 1/(1 + r)^n$　と表すことができる。

上式で $(1 + r)^n$ を終価係数、$1/(1 + r)^n$ を現価係数という。

将来発生するキャッシュ・フローを現在の価値に置き換えることを割引くといい、ｒは割引率と呼ばれる。この貨幣の時間価値の概念は管理会計の領域だけでなく、退職給付会計、固定資産減損会計、貸倒引当金の見積計算など財務会計においても用いられている。

投資をするかどうかを決定するためには、投下資本利益率や収益還元法で現在価値を測定し、その投資プロジェクトを判断する。

投資金額に対する利益の比率を投下資本利益率と言っているが、

投下資本利益率＝プロジェクトの平均利益額 / プロジェクトの投資金額

で表される。収益還元法は各事業年度の将来の予想利益を一定の率で割引くことにより現在価値を求める。

予想利益÷割引率＝現在価値

第６節

また、現時点で投資した資金が今後どれだけの資金のリターンをもたらすかで決定するのが、DCF（ディスカウンテッドキャッシュフロー）法であり、一般的によく用いられている方法である。現在価値の考え方を取り入れ、プロジェクトから結果としてどれだけのキャッシュ・フローが生み出されたのかを計算する。

【事例】　プロジェクトが２つ（Ｘ、Ｙともに投資額は5000）あり、どちらかを選択する必要に迫られている。投資額についてはキャッシュアウトと考えるので、プロジェクトから得られるキャッシュインより控除することになる。各プロジェクトから、今後７年間で得られるキャッシュは次のとおりとする。この場合Ｘでは7600、Ｙでは7800であるので全体のキャッシュはＹのほうが大きくＹを選択ということになる。しかし、ここへ現在価値に割引くという概念を入れると、どのようになるか、割引率１％の場合と５％の場合で考えてみる。

ﾌﾟﾛｼﾞｪｸﾄ	投資額	１年目	２年目	３年目	４年目	５年目	６年目	７年目	差引
X	-5000	1800	1800	1800	1800	1800	1800	1800	7600
Y	-5000	600	1000	1400	1800	2200	2600	3200	7800

割引率	１年目	２年目	３年目	４年目	５年目	６年目	７年目
１％	0.990	0.980	0.971	0.961	0.951	0.942	0.933
５％	0.952	0.907	0.864	0.823	0.784	0.746	0.711

１％の場合のキャッシュ・フロー

	投資額	１年目	２年目	３年目	４年目	５年目	６年目	７年目	差引
X	-5000	1782.0	1764.0	1747.8	1729.8	1711.8	1695.6	1679.4	7110.4
Y	-5000	594.0	980.0	1359.4	1729.8	2092.2	2449.2	2985.6	7190.2

５％の場合のキャッシュ・フロー

	投資額	１年目	２年目	３年目	４年目	５年目	６年目	７年目	差引
X	-5000	1713.6	1632.6	1555.2	1481.4	1411.2	1342.8	1279.8	5416.6
Y	-5000	571.2	907.0	1209.6	1481.4	1724.8	1939.6	2275.2	5108.8

上記のように割引率が１％の場合にはYが（Y = 7190.2 > X = 7110.4）、５％の場合にはXが（X = 5416.6 > Y = 5108.8）それぞれキャッシュインが多くなる。この逆転現象は投資時点から年度を経た多額のキャッシュインについて、割引率が大きい分、現在価値が小さくなるためである。どちらを選択するかは、この情報から経営陣が判断すべきものである。

(2)　新規投資案の評価

投資プロジェクトの優劣を評価する手法の中で代表的なものとして次のようなものがある。

①　正味現在価値法（NPV 法）（net present value method：NPV 法）DCF 法

投資によって発生する将来のキャッシュ・フローを現在価値に割り戻し、その現在価値合計から投資額を控除した値により投資プロジェクトの優劣を比較する手法である。DCF 法（discounted cash flow method）ともいわれる。正味現在価値がプラスであれば、投資を実行したほうが有利であり、マイナスであれば不利であると結論づける。

正味現在価値＞０なら、投資プロジェクトを実行すべき

正味現在価値＜０なら、投資プロジェクトを拒否すべき

【事例】　甲社は新規設備Mを購入するかどうか検討している。新設備M（取得価額500万円）を導入した場合、現在より生産効率が上がり、耐用年数５年にわたって経済効果があることはわかっているが、投資額に対して有利なのかどうか検討していない。各年度に発生すると予測される収益、費用の見積り額及び関連する条件は次のとおりである。

単位：万円	１年度	２年度	３年度	４年度	５年度
売上	800	810	1,200	1,000	800
現金支出費用	690	680	1,000	880	680
減価償却費	100	100	100	100	100

＜条件＞

a. 減価償却方法は定額法で５年後の残存価値はゼロである。

b. 甲社は黒字企業であり、法人税の実効税率は30％である。

c. 資本コスト６％である。

d. 運転資本需要は無視している。

e.

現価係数	１年	２年	３年	４年	５年
６％	0.943	0.890	0.839	0.792	0.747

まず初めに、年々のキャッシュ・フロー（CF）を予測する。投資案の評価においても、代替案を選択した場合に変化する差額CFのみが考慮される。年々のCFは利益から求めることができ、税引後利益に減価償却額を加算して算定する。減価償却費は費用に計上されているが現金支出を伴わないからである。

１年度のCF ＝税引後利益＋減価償却費

＝（売上－現金支出費用－減価償却費）×（１－実効税率）＋減価償却費

＝（800 － 690 － 100）×（1 － 0.3）＋ 100 ＝ 107

同様に各年度のCFを計算する。(0年度は設備投資額でマイナス)

単位：万円	0年度	1年度	2年度	3年度	4年度	5年度
CF	－500	107	121	170	114	114

次に、年々のキャッシュ・フロー見積り額に現価係数を乗じて、その合計額を集計する。

単位：万円	1年度	2年度	3年度	4年度	5年度	現在価値合計
CF	107	121	170	114	114	——
係数	0.943	0.890	0.840	0.792	0.747	——
現在価値	100.90	107.69	142.80	90.29	85.16	526.84

以上のように現在価値合計は526.84万円と計算される。現在価値合計から投資額を差し引いた額が正味現在価値（NPV）であり、この投資案では、NPV＝526.84－500＝26.84万円となる。つまりこの投資による経済的効果は現在価値に置き換えて526.84万円あり、この経済効果を得るための投資額は500万円であるから、この設備を購入したほうが26.84万円有利であり、購入すべきであると判断する。

②　内部利益率法（IRR法）

貨幣の時間価値を考慮する投資評価方法として他に内部利益率法（Internal Rate of Return Method）がある。これもDCF法の1つといわれる。内部利益率法では、投資額と現在価値合計額が等しくなる内部利益率を計算し、それが資本コストより大きければ投資案の採用は有利であり、小さければ不利であると判断する。

内部利益率＝投資案の正味現在価値がゼロになる割引率

内部利益率＞資本コストなら、投資プロジェクトを実行すべき

内部利益率＜資本コストなら、投資プロジェクトを拒否すべき

資本コストとは投資のために必要な資本に要するコストで、調達源泉別資本コストを加重平均した加重平均資本コスト率（weighted average cost of capital :

WACC）が用いられる。また、資本コストは、他の投資機会に投資すれば得られた利益を犠牲にした機会損失と考え、最低限超えなければならない必要収益率（ハードルレート）とも捉えられる。

先の事例において割引率が6％から8％の場合の正味現在価値をそれぞれ計算すると次の表のとおりとなる。

		6％		7％		8％	
年度	CF	現価係数	現在価値	現価係数	現在価値	現価係数	現在価値
0	－500	1	－500	1	-500	1	-500
1	107	0.943	100.90	0.935	100.05	0.926	99.08
2	121	0.890	107.69	0.873	105.63	0.857	103.70
3	170	0.840	142.80	0.816	138.72	0.794	134.98
4	114	0.792	90.29	0.763	86.98	0.735	83.79
5	114	0.747	85.16	0.713	81.28	0.681	77.63
正味現在価値			26.84		12.66		-0.82

割引率と現在価値には、割引率が大きくなると現在価値は小さくなり、割引率が小さくなると現在価値は大きくなるという関係がある。正味現在価値がゼロとなる内部利益率は上の表から7％と8％の間（8％近く）にあることがわかる。補間法を使って求めることもできるが、表計算ソフトを使って求めることもできる。このプロジェクトの場合、内部利益率が資本コスト6％よりも上回っているので投資を実行すべきである。

内部利益率法では比率により投資案を比較するので、規模の異なる投資プロジェクトを比較するのには都合がいい。しかし、専ら経営者は投資による価値創造額を重視するので、正味現在価値法がその点では優れている。

また、内部利益率法の計算では、年々のキャッシュ・フローが内部利益率で再投資されるという仮定が置かれている。常に投資案と同程度の利益率の投資機会があるとは考えにくく、内部利益率法の問題点を指摘できる。正味現在価値法では資本コストで再投資されるという仮定が内在している。

③　回収期間法

設備投資の経済性計算の方法として、日本では実務上広く用いられているのが回収期間法である。回収期間法は投資額の回収期間の上限を予め決めておき、期限までに資金回収できる案を採用するという方法である。回収期間が短い投資案が有利と判断される。回収期間法には貨幣の時間価値を考慮した方法（割引回収期間法）が用いられることもあるが、ここでは貨幣の時間価値を考慮しない回収期間法を見ていく。

【事例】　次のようなキャッシュ・フローが予測される投資プロジェクトA案、B案を回収期間法により比較する。現時点（0年度）の設備投資額はどちらの案も500万円である。

単位：万円	0年度	1年度	2年度	3年度	4年度	5年度
A案	－500	100	100	200	300	100
B案	－500	100	200	300	100	100

各年度の累積キャッシュ・フローを計算すると次のようになる。

単位：万円	0年度	1年度	2年度	3年度	4年度	5年度
A案	－500	－400	－300	－100	200	300
B案	－500	－400	－200	100	200	300

A案では3年度までに400万円回収され、残りの100万円が4年度に回収される。年間を通じてキャッシュ・フローが平均的に発生すると仮定すると、回収期間は次のように計算される。

A案の回収期間＝3年＋100万円／300万円＝3.33年

同様に、B案の回収期間＝2年＋200万円／300万円＝2.66年

よって、B案の回収期間の方が短く、回収期間法によればB案を採用すべきという結論になる。

【事例】　次の表のようなキャッシュ・フローのC案とB案ではどうだろうか。

単位：万円	0年度	1年度	2年度	3年度	4年度	5年度
C案	－500	100	200	300	200	200

B、C案とも3年度までのキャッシュ・フロー見積額は同額であり、C案の回収期間も2.66年となり、回収期間法では両案の優劣はつかない。しかし、

資金回収後（4年度以降）のキャッシュ・フローを見れば、C案のキャッシュ・フローの方がB案より多く、C案のほうが有利な投資案といえる。

このように回収期間法は、計算が簡明で理解されやすく、投下資金の早期回収を優先する経営者にとっては有効な評価方法であるが、資金回収後の収益性を考慮していないという短所がある。

仮に資本コストが5％として各案の正味現在価値を比較してみると次のとおりとなり、C案が最も有利である。

	NPV	計算過程　単位：万円
A案	184.00	100 × 0.952+100 × 0.907+200 × 0.864+300 × 0.823+100 × 0.784-500
B案	196.50	100 × 0.952+200 × 0.907+300 × 0.864+100 × 0.823+100 × 0.784-500
C案	357.20	100 × 0.952+200 × 0.907+300 × 0.864+200 × 0.823+200 × 0.784-500

④　投資利益率法

投資利益率法は投資額に対する利益の比率により投資案の優劣を判断する方法である。式の分母には総投資額がとられることもあるが、ここでは平均投資額をとる場合を紹介する。

$$平均投資利益率 = \frac{平均年間利益}{平均投資額}$$

先の事例のA、B、C案で、設備投資額は耐用年数5年、残存価額ゼロの定額法で償却計算するとして、平均投資利益率を計算してみる。

（年々のキャッシュ・フロー）＝（税引後利益）＋（減価償却費）より、（税引後利益）＝（年々のキャッシュ・フロー）－（減価償却費）であるから、例えばA案の平均年間利益は（0＋0＋100＋200＋0）／5年＝60万円となる。よって、平均投資利益率は次のとおり計算される。

60万円÷500万円／2＝24％

同様にB案、C案についても計算すると次のような結果となる。

	A案	B案	C案
平均投資利益率	24％	24％	40％

投資プロジェクト期間中のキャッシュ・フロー合計が等しいＡ案とＢ案は、キャッシュ・フローのあらわれるタイミングが異なっていても等しい利益率となる。投資利益率は、会計上の利益を用い、計算が簡便で、投資額に対する収益性が考慮される（Ｃ案の利益率が最も高い）反面、現金流出入のタイミングが無視されてしまい、また、貨幣の時間価値も考慮されていないという欠点がある。

2　撤退に関する意思決定

意思決定の中で最も困難と考えられるのは、現在進行しているプロジェクトについて、このまま継続するか中止するべきかという、撤退に関する意思決定である。問題となるのは、すでに実行されているが、当初の計画どおり収益や利益が計上されておらず、投資が回収できていないような状況、さらに投資が回収できる見込みがない場合などである。選択肢としては、投資が回収できなくても活動を停止して損失を最小限でとどめるか、活動を継続するか、環境の変化を見極めて休止するかなどがあるが、撤退や停止の意思決定は今後の予測を含み困難なので会計的なガイドラインを設定することが考えられる。例えば累積損失が一定の額を上回った場合や投資の回収が予定期間の1.5から２倍を経過しても困難な場合、減損が短期間に２回行われる場合などである。これらの場合、特にプロジェクトを立ち上げた責任問題にもなるのでその際の取扱いも明確にしておく必要がある。また、立ち上げを担当した部門の取締役がまだ、取締役会の構成員である場合など、責任が及ぶ場合もあり、決定しにくいことなどが考えられる。このような場合も含めて、建設的な議論をするためには、しがらみのない社外取締役を中心に、真摯な議論をし、損失基準額を明示することである。

本来は決定された戦略を実現するために意思決定を行い、管理会計は経営戦略に必要となる情報を提供する役割を担っているはずである。管理会計のためのシステムが有効に機能していれば大きな問題となる前に察知され、検討課題になるなどそれなりの対応がなされることになる。

【事例】　販売業を営むＸ社は×１年に、製造会社Ｚの50％の議決権を

4000万円で購入保有した。これは、製造業を販売業に組み込むことにより川上から川下へと新たな販売チャンネルを構築し、売り上げ増につなげるシナジー効果を目的としたものであり、当時の取締役会の決議により投資を実行した。Z社は、A社長が100％株を保有する一代で築いたオーナー会社であるが、結果、うち50％をA社長より購入した。当時のZ社の純資産は5000万円で、当期純利益は500万円の損失であった、将来性を考慮して50％（5000万円×50％＝2500万円）に対し4000万円とした。なおZ社を連結の範囲には含めていない。その後の推移は以下のとおりである。

単位：万円	×2年	×3年	×4年	×5年	×6年見込
Z社の損益	△800	△500	100	△800	△1200
Z社純資産	4200	3700	3800	3000	1800
同上50％	2100	1850	1900	1500	900
X社のBS価額	4000	4000→1850	1850	1850	1850

×3年にZ社の業績悪化を受け、保有株の減損処理を行った（減損損失2150＝4000－1850）。次いで×6年の見込みで再度減損処理を行うことが検討される状況となった。

そこで、減損処理ではなく、Z社から撤退することを取締役会で決定し、A社長へ900万円で全額売却することに合意した。売却損失（1850－900＝950）が計上されることになる。

この事例では、Z社への投資継続ではなく撤退を選択している。実際は投資の失敗と捉えられる。営業施策テコ入れ等の支援は行っているという前提で検討すべきは、①取得時の意思決定と価格②減損時及びその後の対応である。

営業上の取引は継続するとしても、×3年の減損時に資本関係の解消を検討していたかどうかである。つまり会計上は減損処理であるが、将来の利益計画などを十分検討しても、投資の実行から数年しか経過していないので、資本関係の解消は難しい状況と考えられる。×4年には少額でも利益の計上があることなども、決定を難しくしている。この時に取締役会において、今後の方向性について、十分に議論がなされた上での減損処理を実施すべきである。

３　有価証券の取得

⑴　政策保有株

投資の中でも、よく見られるのが有価証券の取得である。政策保有株式とは、企業が他社との営業上の関係などを構築・維持するために保有している株式（Cross-Shareholdings）のことである。株式の持ち合いは企業慣行として普及していた。買収防衛対応や営業上の関係などを構築・維持する目的があった。政策保有株式の保有は、企業の経済合理性や株主のモニタリングの有効性を損ねる懸念があることから、コーポレートガバナンス・コード（原則1-4）では、政策保有株式の保有理由を説明すべきであるとされている。市場性のある株式ではなく、非公開株式を取得する場合もある。市場の時価がないため、いかに非公開株式を算定評価するかの論点があり、複数の算定方式から選択する場合や併用する場合もある。そもそも価格は、需要（買い手）と供給（売り手）で決定されるので、その決定価額が妥当かどうか検討される。

⑵　非公開株式の算定評価方法

有価証券の取得をしようとする場合、公開株式であれば市場の時価があるのでこれに準拠して取得価額が決まってくるが、非公開株式の場合は、算定評価することになる。非公開株式の算定評価方法には、純資産方式、収益方式、配当還元方式、比準方式等があるが、これらの方法にはそれぞれ長所・短所があり、これらを踏まえて事案の背景、会社の規模と状況を総合的に判断して、その事案にもっとも適合した評価方法を選択しその取得対価とすることになる。方法としては以下のように様々なものがある。

①　純資産方式

企業のストックとしての純資産に着目して、企業の価値及び株価を算定評価する方式である。この方式は、純資産の評価の観点から、以下のように分類される。

ｉ）純資産を帳簿価格で評価する簿価純資産法

ii）純資産を時価で評価する時価純資産法

iii）純資産を清算処分時価で評価する清算処分時価純資産法

② 収益方式

企業のフローとしての収益または利益に着目して、企業の価値及び株価を算定評価する方式である。この方式は以下に分類される。

i）収益を利益として展開する収益還元法

ii）収益を資金上の収入として展開するDCF法

この方式によって算定された株価は、組織体としての企業の動的価値を表し、継続企業を評価する場合、理論的に優れた方法である。その反面、その算定過程に将来損益の予測という不確実な要素が混入するために評価の客観性が欠けるが、純資産方式等との併用方式により採用されることが一般的である。

将来のキャッシュフローを金利やリスクを考慮した割引率で割引いて求めた現在価値が企業価値であると考えている。一種の超過収益力を考慮することになる。

③ 配当還元方式

企業のフローとしての配当に着目して企業の株価を算定評価する方式である。収益方式は、企業の利益全体を果実と見るのに対し、この方法は株主の受け取る配当金のみを果実と見る点で異なっている。この方法は、受取配当金のみを果実と見る少数株主としての株式評価に優れているが、企業全体のストックまたはフローの価値を考慮しないという点で限界がある。

④ 比準方式

対象会社と、公開会社のうち業種、規模が類似する会社（類似会社）、または業種の平均の株価と比較して、対象会社の価格を算出する方法である。この方式は、比準する株価により、以下に分類される。

i）評価対象会社と事業内容、企業規模、収益の状況等で比較的類似すると見られる複数の会社の株価と比較する類似会社比準方式

ii）評価対象会社と類似する業種の平均株価を比較する類似業種比準方式

iii）評価対象会社の株式に実際に取引事例がある場合、その該当価格を基にして株価を算出する取引事例方式

⑤ 併用方式

対象会社の純資産（ストック）及び収益または配当（フロー）に着目して評価された値のいずれか１つに依存することなく、ストックとフローの価格を単純または加重平均して算出する方式である。

その他の考慮点としては、売主と買主の位置（営業種目の異動)、株主構成、取得の意図（事業再編に絡むかどうか)、経営上の内部環境や外部環境の変化に大きな影響を受けるかどうか、などがある。算定評価方式の決定にあたり複数の方法を併用していくことは意味のある評価方法といえる。

第７節　取締役会の実効性評価

1　コーポレートガバナンス・コードによる評価

コーポレートガバナンス・コードは、上場会社に取締役会の実効性評価を毎年行い、その結果を開示することを求めている。

【原則 4-11. 取締役会・監査役会の実効性確保のための前提条件】
取締役会は、その役割・責務を実効的に果たすための知識・経験・能力を全体としてバランス良く備え、ジェンダーや国際性、職歴、年齢の面を含む多様性と適正規模を両立させる形で構成されるべきである。また、監査役には、適切な経験・能力及び必要な財務・会計・法務に関する知識を有する者が選任されるべきであり、特に、財務・会計に関する十分 な知見を有している者が１名以上選任されるべきである。
取締役会は、取締役会全体としての実効性に関する分析・評価を行うことなどにより、その機能の向上を図るべきである。
補充原則 4-11 ③　取締役会は、毎年、各取締役の自己評価なども参考にしつつ、取締役会全体の実効性について分析・評価を行い、その結果の概要を開示すべきである。

補充原則では、「取締役会」に、「取締役会全体の実効性」に関して「分析・評価」を行うことと「結果の概要を開示」することを求めている。評価手法については、「各取締役の自己評価なども参考にしつつ」としているが、この趣旨は、各取締役が自己及び取締役会についての評価を行うことが、スタートとなると考えられるため、少なくとも自己評価という形で各取締役の評価の実施を求めていることとなる。したがって、自己評価するところから始めるとして、手法についてはアンケートが一般的であり、その他、協議、インタビューなどの方法がとられる。

自己評価を行うこと以外の評価方法や開示内容については特定されていない

ため、各社の判断に委ねられることになる。よって、様々な対応があり、コーポレート・ガバナンス報告書による開示も、分量や内容に差がある。

コードでいう「各取締役の自己評価」を収集する過程で、率直な評価を引き出すための仕組みを作ることの重要性を指摘したものである。日常的に見知っている同士で評価をしあう場合、互いの遠慮や忖度が働き、実相を隠してしまう可能性がある。そのため、外部の眼を入れて客観性を高めることも考えられる。また、コードでいう「取締役会全体の実効性」だけでなく、取締役会の中に設けられる各種の委員会も評価対象にすべきとも考えられる。

ガバナンス報告書で開示する取締役会の実効性評価の内容も様々にわたる。取締役会が機能することがわかればよく、また評価の手法等の開示で十分であるということもある。つまり、適切なプロセスにより取締役会の実効性評価が行われることが、取締役会の運営が適切に行われているという推定を可能にする。どのような評価手法で行ったかは、取締役会の実効性を判断する上で、重要な情報となる。

「結果の概要」だけでなく、評価手法も含めて開示して、適正な方法で評価を行っていることを外部に示す対応をとる会社が増加してきている。評価方法として、アンケート形式を利用する会社が現状では多いが、意見交換の場を設けて協議によって評価実施をする場合もある。また、複数の手法を併用する対応もある。

取締役会の実効性評価では、「結果の概要」を開示することが求められているが、簡潔に取締役会の実効性が確認できた旨を記す場合や、評価の過程も含めて長文の開示を行うこともある。どの程度の記述をするかは、各企業に委ねられているため、相当な差がある。このような開示の中でも、実効性評価の結果見出された課題について記載する例もある。つまり、評価を行うことにより、取組みが不十分である、改善の余地が見出されることになるので、これらを開示するということになる。課題を開示することは、取締役会における問題点が存在することが判明する。取締役会の課題として記されるのは、議題や審議の状況、運営としての資料の事前配布の徹底や審議時間の確保するための議題などである。課題を記した場合、翌年までに解消して同じ課題が残っていないようにすることが望ましいが、課題を記載する取組みは、継続して新たな課題を見い出し続けることも必要になろう。

2　評価事例

以下は、アンケート方式の場合の、課題内容と、具体的な指摘事項及び自由記載欄を、書き出した事例である。なお、監査役設置会社で執行役員が陪席する場合を想定している。

(1)　取締役会の構成について

取締役会の構成員については概ね適切といえるが、女性の社外役員をメンバーに入れることが望まれる。取締役の役職分担において、担当を定期的に入れ替える等の牽制の仕組みが必要である。

〈多様性について〉

・女性の取締役をジェンダーの観点からも入れたほうがよいが適任者がいない

・企業経営経験者を構成員に追加することも検討に値する

・女性の社外役員をメンバーに入れることが望まれる

・女性社外取締役を加え社外取締役を＊名にして、より多様な意見を経営に反映させることできれば、SDGsの観点からも望ましい

〈その他〉

・取締役の役職分担において、担当を定期的に入れ替える等の牽制の仕組みが必要である

・現状は適切な構成といえるが、ガバナンス機能がより適切なレベルに到達した際には企業経営経験者を構成員に追加することも考える

⑵　取締役会の運営について

取締役会の運営に関して、取締役ではない執行役員も参加する場合もあり、説明及び質疑にあたることが多い。また説明内容も会社のマクロ的企業経営に応えるものというよりは、執行役員が関与したミクロ的な内容が多い。運営も形式的であり、自由な議論意見交換がなされているとはいいがたい。また、取締役会の議事録の校了が遅すぎる。

〈資料について〉

・議案内容について、何を決議するのか文頭、コンパクトに記載する

・経営会議等資料をそのまま流用しているケースも含めて、資料に工夫の余地がある

・非常勤役員にとっては直前の資料配布は準備不足となるため、事前検討の必要がある経営会議での決定事項を取締役会に諮る場合、非常勤役員への資料配布には時間的余裕が必要である

〈事前説明について〉

・社外役員や非常勤役員、ともに事前説明を実施したほうが理解しやすい

〈その他〉

・議題が多く予定時間に収まらない。審議事項ではないが業績等の報告事項が執行サイドで十分議論されないまま、取締役会で説明される。その内容を事前メール等で報告されることはあるが、全体で議論されるまでには至っていない。数字が確定するタイミングの問題と考えられるが、事前に執行サイドで議論する時間が必要と考える

・取締役会では社外役員から非常に活発かつ有意義な意見が提示されているが、一方通行となる傾向がある。社内取締役の一層の発言を求める

⑶　取締役会の決議事項及び報告事項の棲み分けについて

取締役会と経営会議という組織上の棲み分けはなされているが、経営会議から取締役会へ上程されるものと、取締役会で大枠を決定し詳細な内容は

後の経営会議に諮問するなど、機動性が欠如している。

・大型投資案件において、投資の総額や使い方の方向性は取締役会で決議し、内訳については経営会議に一任する
・個別の付議について、長期借入金契約締結、更改の都度個別に付議するのではなく中長期の資金計画に基づき年度で包括承認する方法もあり、そのほうが全体像を把握できる
・執行役員が自己又は第三者のためにする当社との取引については簡略も可能である

⑷　取締役会での議論について

議論について定例報告、決議事項、報告事項があるが、この順番で議論する必要はなく、特に定例報告は必要であるが、各部門を概略的に捉えること、また、予算実績比較を行う場合に、差異原因を明確にして、年度の着地点の根拠のある数字をわかりやすく報告すべきで、改善の余地が大いにある。取締役・監査役だけでの議論の時間を増やすべきで、取締役ではない執行役員の説明を減らし、担当取締役からの説明・発言を増やすべきである。

〈経営に関する議論について〉
・経営戦略面の議題が少なく十分でない
・個別案件及び業績に関する議論は十分かつ適切に行われているが、根本となる経営方針や戦略、リスク、事業環境の変化に対する見方など、さらに時間を割いて議論する必要がある
・議論が十分でないケースや、背景の説明が不十分と推定されるケースもあり、経営会議の議論やその意思決定内容のレベルを上げることが必要である

〈執行に関する課題について〉
・執行サイドの議論を十分行った上で取締役会での議論につなげる努力が必要である

・取締役会に上程する前の経営会議（執行役員会）における議論が不十分である。結論を出すという意思決定がなく先送りの結論が多い。取締役会に上程されても承認できないことがよくある。誰が、いつまでに、がない
・業績報告について取締役会で報告する前に経営会議レベルで議論を済ませる必要がある

⑸　役員に必要な知識のうち、今後、会社から習得に向けた支援が必要であると思われるもの

IT 環境、コンプライアンス遵守、収益認識、CF を含めた資金繰り

・会社法、内部統制等この分野の教育が不足していると思われる
・会社経営上の法規の変更説明は、もう少し機会を増やすほうがよい
・IT 環境、コンプライアンス遵守、会計基準の適用、資金繰りなどが考えられる
・コーポレートガバナンス・コードの理解を深める
・計画的に実施する必要がある
・他社の社外役員経験者によるセミナーがあるとよい

⑹　株主（投資家）との対話について

将来的に対話の場をもう少し増やすことが望まれる。

・株主総会、プレス発表等のみで、別の機会を設定する必要がある
・IR 活動を充分に行えていない
・投資家とは今より以上に対話をしてその理解を得るように努めた方が良い
・HP の掲載情報を拡充し積極的に発信することを検討する
・ラージミーティングやスモールミーティングなどでの、投資家の反応を知らせてほしい

(7) 社外取締役自身の取組みの評価について

社外取締役への情報提供が整理されておらず、定例取締役会の直前に、多くの情報が短期間に提供されるので、時間的に逼迫することがある。

〈改善事項や課題について〉

・社外取締役との意見交換を積極的に取り組みたい

・審議事項の説明は背景の説明も行うよう努めているが、案件の重要性に応じて、簡素化するケースがあり、社外役員が理解不足となる可能性を感じる

〈意識している事項や要望事項について〉

・役員間の議論が深まることを期待して質問する

・社長以外の取締役・執行役員との面談の機会を作る

(8) 取締役会運営全般について

取締役会運営をもっと柔軟に行うことが必要、さらに取締役会で報告や再決議を含む決議された項目について、その後のフォローをもっと見える化すべきである。

〈議論すべき事項について〉

・経営戦略面の議題（全社戦略策定）を増やす

・執行役員が同席して全＊＊名で開催している。大宗の議論をするために、取締役会メンバー＊名（プラス監査役＊名）だけの時間を設けることが必要、取締役会の実効性を向上するために不可欠と考える。

〈経営と執行の分離について〉

・会社経営方針を決めるのが取締役会だという位置付けで考えた際、業績報告等に関しては、執行役員間で議論をきっちりと実施する時間と仕組みを作ることが必要である

〈資料配布について〉

・事前説明がなされればよいが、資料をもう少し早めに配布することで取締

役会に向けて準備がしやすい
・外部環境の変化や他社事例を踏まえ、運営向上に不断に努める必要がある

3　取締役会で議論すべき案件

取締役会で議論すべきことをまとめると以下のようになる。取締役会には、意思決定機能と監督機能という２つの機能があるが、意思決定機能を重視したマネジメントモデルと、監督機能を重視したモニタリングモデルという２つのモデルがある。取締役会を活性化し、モニタリングモデルに近づけていくための課題である。

(1)　経営会議との関係性、連携の在り方について

・取締役会事務局の位置付けを明確にし、組織名称としてあまり聞くものではないが、一般的には経営企画室が該当すると考えられる。経営会議の事務局とも異なるが、取締役会も経営会議も、役員に関する会議体は１つの部署が担当すべきである。経営をリードする組織は、社長直轄の組織１つでよいと思われる。
・取締役会事務局という名称は別にして、非常に重要なミッションを担っているはずである。特に、取締役会付議基準の見直しが重要である。経営会議で済ますもの、経営会議から取締役会に上げるもの、それらの仕分けや選別は１つの組織で行うべきである。
・経営会議との連続性や棲み分けという点では、経営会議の事務局メンバーも取締役会事務局に入って、同じメンバーが両方の会議に関与することで、無駄がなくなるのではと考えられる。
・事務局の在り方については、社内でもう一度よく議論し、検討すべきである。
・誰に聞けば確定した情報が得られるのか、情報を一元化する。
・取締役会で議論すべきことという点においては、最近ではガバナンスやコーポレートに関する議題が多くなっているが、各事業を今後どうしていくのか、そのような議題が少ない。個別の事象に対して説明する機会はあっても、事業全体を俯瞰して戦略を議論する機会を設けられていない。

・事業戦略面の議題を取締役会に諮り、意見を頂戴し、経営に反映していくべきである。事前の経営会議においても同様にビジネスに関する議題が少ないので、もっと前からそのような議論をする必要があると、危機感がある。

⑵ 社外役員への適時的確な情報提供

・十分な情報提供を受けていると思っているが、文書だけだと理解が難しい場合もあり、社内の方から説明するブリーフィングのような形をとってもらえると理解しやすくなるので、例えば、取締役会の前に社外役員を対象にブリーフィングの機会を設けることなど、検討する必要がある。

⑶ 取締役会の参加者としての執行役員の取締役会出席の是非

・経営陣の層が決して厚いとは言えない中、執行役員にとっても、社外役員の方々の発言を直に聞くことは非常にありがたい機会であるため、基本は執行役員も参加することとしたいが、案件によっては、取締役・監査役のみとすることで議論を深められる場合もあると思うので、めりはりをつけていくことがよいと考えられる。
・原則は執行役員にも入ってもらいケースバイケースで、退出してもらうことでよい。

⑷ その他

・一般株主との対話がほとんどない。主幹事証券に頼めば機関投資家やアナリストを呼んでくれると思うので、彼らの意見をしっかり聞いて、経営にフィードバックすることが重要だと思う。主幹事証券と対話を始めていたが、進展していない状況である。中期計画をベースにどんなことができるのか、対外的な意味ではアニュアルレポートにも改善の余地が大いにあるので、時間軸を定めてしっかりやっていく必要がある。
・取締役会に上程される議題や資料について、「これは執行部門内で議論すべきことで、本来取締役会で議論すべきことではない」との意見が出る場合があるが、事案について認識を持って上程されているのか、どこまでを経営会議で議論して、取締役会ではどんな視点、目線、ポイントで議論すべきか、という意識を持って検討されているかを見直す必要がある。それがひいては議論のレベル感を向上させることにつながることになる。経営会議と取締役会の役割は明らかに違うのに、資料は経営会議資料のエッセンスをそのまま入れていることが多く、これでは視点や目線が変わっておらず、形や議題を変えても話の中身が変わらない。

・様々な課題について、その後どうなっているのかフォローが必要である。例えば、関係会社の将来の方向性をどうするのか、進展がない場合などである。自社の事業の発展という意味では非常に重要なテーマであるが、進捗状況が報告されずに据え置かれている。経営会議の議事録では、「協議をしに当該会社に行く」で終わっており、その後どうなったのかがわからない。取締役会で議論すべきテーマは簡単には決まらないといえる。やり方は現状のままで良いので、気になったテーマは経営会議に上程し、経営会議でさらに取締役会に上げるものを選別すれば良い。何が正解かは断言できない。

第4章

参考事項
株主総会と取締役会

第１節　株主総会の機関としての機能

1　株主総会の決議事項

株主総会は、株主を構成員とする会社の機関で、取締役の選解任、会社の定款変更、合併等の会社の組織などに関する重要事項について法律及び定款の定めに従い、会社の意思を決定する、最高意思決定機関である。

株主総会の決議事項については、取締役会設置会社においては、株主総会で決議できる事項は、法律及び定款で定められた事項に限定されている（会社法（以下「法」という）295条２項）。また、法律で定められた株主総会の決議事項を、取締役会等の株主総会以外の機関の決議事項とする定款の定めは無効となる（法295条３項）。株主総会の決議方法については普通（通常）決議、特別決議、勧告的決議がある。法律の規定により株主総会の決議事項とされている主要な事項を決議方法に従ってみると、次のようになる。

(1)　普通（通常）決議事項

議決権を行使できる株主の議決権の過半数にあたる株式を有する株主が出席し（定足数という）、その議決権の過半数をもって決議される。なお、定足数については、定款の別段の定め（出席した議決権を行使することができる株主の議決権の過半数をもって行う規定）によって排除することができ（法309条１項）、実際にも、多くの会社が定款で排除している。

ただし、取締役・監査役を選任または解任する決議の定足数は、定款の規定によっても、これを総株主の議決権の３分の１未満に引き下げることはできない（法341条、特殊普通決議ともいう）。主な普通決議事項は、以下のとおりである。

①　剰余金の配当（法454条１項）。

なお、会計監査人を設置しており、取締役（監査等委員会設置会社にあっては、監査等委員である取締役以外の取締役）の任期を1年としている会社（監査役会を置かずに監査役を設置している会社を除く）は、剰余金の配当等を、定款で取締役会の決議事項とする旨を定めることができる。

② 取締役の選任及び解任（監査等委員である取締役の解任は特別決議）（法329条1項・2項、339条1項）

③ 監査役の選任（監査役の解任は特別決議）（法329条1項、339条1項、309条2項7号）（監査等委員会設置会社、指名委員会等設置会社を除く）

④ 会計監査人の選任及び解任（法329条1項、339条1項）

⑤ 取締役・監査役の報酬等の決定（退職慰労金の決定を含む）（法361条、387条）

⑥ 取締役との役員等賠償責任保険契約の締結（法430条の3第1項）（取締役会設置会社の場合は取締役会決議）

(2) 特別決議

議決権を行使できる株主の議決権の過半数にあたる株式を有する株主が出席し、その議決権の3分の2以上にあたる多数をもって決議する（法309条2項）。なお、定款の定めにより、定足数を議決権の行使ができる株主の議決権の3分の1以上まで引き下げることができ、議決権の3分の2以上という議決要件も例えば4分の3以上というように厳格にすることができる。主な特別決議事項は、以下のとおりである。

① 定款の変更

② 事業の全部又は重要な一部の譲渡、他の会社の事業全部の譲受け、重要な子会社の譲渡

③ 監査役及び監査等委員である取締役の解任（監査等委員ではない取締役の解任は普通決議）

④ 新株・新株予約権の有利発行

⑤ 株式併合

⑥ 資本金額の減少

⑦ 合併契約・吸収分割契約・新設分割計画・株式移転計画・株式交付計

画・株式交換契約の承認
⑧　解散

⑶　特殊の決議

特別決議よりも、さらに厳格な要件が定められている決議事項がある。

例えば、全株式について株式の譲渡制限を定める定款変更決議は、議決権を行使することのできる株主の半数以上で、かつその株主の議決権の3分の2以上にあたる多数の議決を必要とする（法309条3項）。また、公開会社でない株式会社において、剰余金の配当、残余財産の分配または株主総会における議決権に関し、株主ごとに異なる取扱いを行う旨を定款で定める際には、総株主の半数以上で、かつ、総株主の議決権の4分の3以上にあたる多数の議決が必要となる（同条4項）。

⑷　勧告的決議

会社法や定款で定められた株主総会の決議事項ではないが、株主総会での議案として株主の意思の確認を行う場合の決議を勧告的決議という。例えば、敵対的買収防衛策の導入については、会社法や定款で定める株主総会の決議事項でない場合でも、株主の意思を確認するために勧告的決議として議場に諮るケースも多く見られる。

⑸　報告事項

定時株主総会での主な報告事項は、次のとおりである。
①　事業報告（法438条3項）
②　会計監査人設置会社における計算書類（法439条）
③　会計監査人設置会社における連結決算書類及び連結計算書類の監査の結果（法444条7項）

2　株主総会の議案

株主総会参考書類（以下「参考書類」という）とは株主に対して、議決権の行使について参考となるべき事項を記載した書類として交付される書類（法301条1項・302条2項）であり、書面投票制度（法298条1項3号）・電子投票制度（同条1項4号）のもとで、株主が適正な議決権行使を行うための書類であり、①議案（会社法施行規則（以下「施則」という）73条1項1号）の内容を明確に記載し、②取締役会の提案理由（施則73条1項2号）、③さらに必要な議案については議決権行使のための必要な内容の記載を、これらの制度を採用する全会社に義務付けている（施則74条から92条）。さらに、監査役等が株主総会に報告すべき事項（法384条、389条3項、399条の5）があればその内容の概要（施則73条1項3号）を記載しなければならない。

なお、上場会社では、参考書類の作成にあたり、コーポレートガバナンス・コード（CGコード）の内容を意識することも多い。CGコードは、コンプライ・オア・エクスプレイン（適用するかさもなくば説明せよ）の考え方に基づいており、参考書類の法定記載事項とは別枠のものであるが、コンプライであれば、参考書類の作成にあたり、その適用内容を意識しておく必要もある。

例えば、CGコード補充原則1-2①は、「上場会社は，株主総会において株主が適切な判断を行うことに資すると考えられる情報については、必要に応じ適確に提供すべきである。」としており、同原則についてコンプライに該当する場合、参考書類において情報提供を行う必要がある。

上場会社において、会社作成の議案は、機関投資家を含む大株主との間で経営権を巡る紛争が生じている場合などの場面でない限り、通常は、事前の議決権行使や当日出席の大株主の賛成により問題なく可決される。しかしながら、近年においては、海外投資家を含む機関投資家の保有の向上、株式持合の解消に伴う安定株主の減少、さらに、機関投資家の議決権行使の厳格化（日本版スチュワードシップ・コードの影響）などにより、会社提案が、問題なく可決されない状況がある。例えば、社外役員の選任議案等について候補者の独立性が低いなどの要件が不十分な場合などは機関投資家を中心に反対票が投じられることも多く、賛成率は65％～80％程度となることもある（一部には独立性の問題から、会社が提案した社外取締役選任議案が否決された事例もある）。

上記のことを踏まえ、各社においては、自社の前年からの株主構成の変動も加味して、機関投資家の保有比率が高い場合を中心に、議案の作成時から、自社の株主の中で保有比率が上位である機関投資家が公表する議決権行使基準（日本版スチュワードシップ・コード指針5-2参照）や、機関投資家の議決権行使に対して大きな影響力を持つ議決権行使助言会社であるISS（Institutional Shareholder Services）等が公表する議決権行使助言基準を意識しておく必要がある（https://www.issgovernance.com/file/policy/active/asiapacific/Japan-Voting-Guidelines-Japanese.pdf）。

主要な議案について個々に見ていくことにする。

(1)　剰余金の処分議案

株主に対する剰余金の配当は、株主総会（法459条1項の定款の定めがある場合は取締役会）において剰余金の配当を決議することにより行われ（法454条1項）この決議は普通決議となる。

また、株主に対する剰余金の配当は、事業年度を通じて何回でも行うことが可能である。任意積立金の積立てやその取崩しなど会社から財産の流出を伴わない計数変動についても株主総会の決議が必要となる。

・期末配当等の剰余金の処分を行う場合は原則として株主総会（法459条1項の定款の定めがある場合は取締役会）の決議により、次の事項を決議する必要がある。

①　剰余金の配当を行う場合（法454条1項）

i）配当財産の種類（当該株式会社の株式等を除く）及び帳簿価額の総額

ii）株主に対する配当財産の割当てに関する事項

iii）当該剰余金の配当がその効力を生ずる日

②　損失の処理、任意積立金の積立てその他の剰余金の処分を行う場合（法452条）

i）増加する剰余金の項目（会社計算規則（以下「計規」という）153条1項1号）

ii）減少する剰余金の項目（計規153条1項2号）

iii）処分する各剰余金の項目に係る額（計規153条1項3号）

③　上記事項に加え株主総会参考書類には「提案の理由」（施則73条1項2号）を記載しなくてはならないが、配当方針・内部留保方針等を提案の理

由として記載することとなる。

④　主な留意点

ｉ）「剰余金の配当」と「剰余金についてのその他の処分（別途積立金とする場合等）」は規定する条文は異なるが、両者を一つの議案として差し支えないと解し、「剰余金の処分」が両者を統合する上位概念とされていることから「剰余金の処分の件」としている。この場合、条文の順番に記載する（剰余金のその他の処分を先にする）考え方や株主にとって重要性が高いと思われるもの（剰余金の配当）を先に記載する考え方がある。

ⅱ）提案理由は、事業報告や決算短信等の記載との整合性が必要である。

ⅲ）自己株式は配当の対象外となる（法453条）。

ⅳ）配当が効力を生ずる日は、通常、総会の翌営業日とする。

⑤　剰余金配当の決定権限（手続規制）

剰余金配当の決定権限は原則として株主総会が有する（法454条１項）が会社法は、一定の要件を満たす会社については、定款の定めをもって剰余金の配当の決定権限を取締役会に委任することを認めている（法459条）。

具体的には，前記定款に加え、次のｉ）～ｖ）の要件を満たす必要がある。

ｉ）取締役会設置会社であること

ⅱ）会計監査人設置会社であること（強制設置の会社と任意設置の会社が含まれる）

ⅲ）監査役会設置会社、監査等委員会設置会社または指名委員会等設置会社であること

ⅳ）取締役（監査等委員会設置会社においては監査等委員である取締役以外の取締役）の任期が１年とされていること

ｖ）計算書類について、最終事業年度に係る計算書類が法令及び定款に従い株式会社の財産及び損益の状況を正しく表示しているものとして法務省令で定める要件（会計監査報告の内容に無限定適正意見が含まれている等）に該当すること（法459条２項、計規155条）

上場会社であれば、監査等委員会設置会社においては監査等委員である取締役以外の取締役）の法定任期を定款で１年に短縮すれば満たすことになる（た

だし、CGコード補充原則1-1②参照)。

(2)　定款変更議案

定款変更議案の場合、株主総会参考書類には，提案の理由を記載しなければならないとされていることから冒頭に変更の理由（趣旨）（施則73条1項2号）（提案の理由とする場合もある）として定款変更を提案する理由を具体的に記載し、定款の変更内容（議案の内容）をとして現行定款と変更案を具体的・網羅的に記載する。変更の内容について、通常、新旧対照表（変更部分に下線）の形式で左右に並べて記載し変更箇所に下線を引くのが一般的である。

条文の新設、削除等により、条数の変更が生じる場合、他の箇所で定款の条数を引用しているときには、当該引用箇所においても条数の変更が必要となる。なお、条文を新設する場合、条数の変更が生じないよう既存の条数に枝番号を付ける（第○条の2等）ことも考えられる。

(3)　取締役選任議案

株式会社には、取締役を置く必要がある（法326条1項）。また、**公開会社、監査役会設置会社、監査等委員会設置会社、指名委員会等設置会社**では、取締役3名以上で構成される取締役会を設置することになる（法327条1項、331条5項)。取締役会の設置が義務付けられる会社についても、設置の旨の定款の定めが必要となる（相澤哲ほか編著『論点解説新・会社法』270頁（商事法務、2006年))。取締役は株主総会で特則による普通決議により選任することとなる（法329条、341条)。

なお、特則による普通決議とは、議決権を行使することができる株主の議決権の過半数（3分の1以上の割合を定款で定めた場合にあっては、その割合以上）を有する株主が出席し、出席した当該株主の議決権の過半数（これを上回る割合を定款で定めた場合にあっては、その割合以上）をもって行われる。

①　選任議案

取締役（監査等委員会設置会社における監査等委員である取締役の選任に関しては後述）の選任議案に関する参考書類は、会社の類型によって記載すべき事項が異なる。要約すると主要なポイントは次の5つに集約できる。なお、候補者が複数名以上いるときは、各人別に賛否の表示ができるような議決権行使書の作成が求められている（施則66条1項）。

・略歴（施則74条1項1号）
・就任の承諾（施則74条1項2号）の有無
・候補者の有する当該株式会社の株式の数（施則74条2項1号）
・株式会社との間の特別の利害関係（施則74条2項3号）の有無
・選任の理由（施則73条1項2号、74条4項2号）

取締役選任議案に記載すべき事項（施則74条）は、1項では一般的記載事項、同2項は公開会社（法2条5号）記載事項、同3項は公開会社かつ他の者の子会社等である場合の記載事項、同4項は候補者が社外取締役候補者である場合の記載事項に区分されている（森・濱田松本法律事務所編『株主総会の準備実務と議事運営〔第5版〕』（中央経済社、2021年）、三菱UFJ信託銀行コンサルティング部編『新株主総会なるほどQ&A〔2021年版〕』（中央経済社、2021年））。

以下、特に留意すべき事項について見ていく。

一般的記載事項はすべての会社において必要となり、公開会社・非公開会社を問わずに共通して、i）候補者の氏名、生年月日及び略歴、ii）就任の承諾を得ていないときはその旨、iii）会社が監査等委員会設置会社である場合において、監査等委員である取締役以外の取締役の選解任等につき、監査等委員会の意見（法342条の2第4項の規定による監査等委員会の意見）があるときはその意見の内容の概要（監査等委員会設置会社においては、監査等委員以外の取締役に対する監督をより有効なものとする観点から、監査等委員会が監査等委員以外の取締役の選解任等にも意見を述べることが認められており（法342条の2第4項）当該意見陳述がなされる場合の記載事項）、iv）候補者との間で責任限定契約（法427条1項）を締結しているか締結する予定があるときはその内容の概要（平成26年会社法改正により責任限定契約を締結できる者の範囲が拡大）、v）候補者との間で補償契約を締結済または締結する予定があるときはその内容の概要（令和元年改正で追加）、vi）候補者を被保険者とする役員等賠償責任保険契約を締結済または締結する予定があるときはその内容の概要（令和元年会社法改正で追加）を記載する。

また、公開会社記載事項では、i）候補者の有する当該会社の株式数（種類株式発行会社では株式の種類及び種類ごとの数)、ii）重要な兼職の状況、iii）当該会社と特別の利害関係があるときはその、iv）既に当該会社の取締役であるとき（再任の場合）は地位と担当を記載する（施則74条2項各号)。

さらに、監査役会設置会社（公開大会社）かつ有価証券報告書提出会社に社外取締役を置くことが義務付けられている（法327条の2)。候補者が社外取締役候補者ある場合の記載事項には、i）社外取締役候補者である旨、ii）社外取締役候補者とした理由、iii）候補者が社外取締役に選任された場合に果たすことが期待される役割の概要（令和元年改正で追加)、iv）当該会社または他の株式会社で社外取締役または取締役・執行役等として不祥事の予防策または善後策をとったかどうか、v）過去に社外取締役・社外監査役以外の形で会社の経営に関与したことがない者であったとしてもその者が社外取締役としての職務を適切に遂行できると判断した理由、vi）現時点または過去10年間（令和元年改正において対象期間が5年間から10年間に延長）のオーナー株主であったこと等社外取締役候補者の独立性に関わる事項を会社が知っているときはその旨、vii）社外取締役・監査役への就任年数などを記載する(施則74条4項各号)。

なお、コーポレートガバナンス・コード「原則3－1 情報開示の充実」では、(iv）取締役会が経営陣幹部の選任と取締役・監査役候補の指名を行うに当たっての方針と手続、(v）取締役会が上記（iv）を踏まえて経営陣幹部の選任と取締役・監査役候補の指名を行う際の、個々の選任・指名についての説明、が求められている。

(4) 監査等委員である取締役選任議案

監査等委員会設置会社において、監査等委員である取締役は、監査等委員でない取締役とは区別して選任される（法329条2項）ため、参考書類の記載事項も、他の取締役とは区別されて規定される、①一般的記載事項（施則74条の3第1項)、②公開会社記載事項（同2項)、③公開会社かつ他の者の子会社等である場合の記載事項（同3項)、④）候補者が社外取締役候補者である場合の記載事項に区分される（同4項)。

基本的には、監査等委員である取締役以外の取締役に関する参考書類の記載事項と類似の事項についての記載が求められている。記載の内容は、通常の一般的記載事項に加え、監査等委員の選任議案を株主総会に提出するには監査等委員会の同意を得る必要がある（法344条の2第1項）。さらに会社法342条の2第1項の規定による監査等委員である取締役の意見があるときはその意見の内容の概要、監査等委員会は、監査等委員である取締役の選任を株主総会の目的とすること、または、監査等委員である取締役の選任議案を株主総会に提出することを請求することができ（法344条の2第2項）この議案が同法の規定による請求により提出されたものであるときは、その旨（施則74条の3第1項4号）を参考書類に記載する必要がある。また、監査等委員である取締役の候補者に関しても、株式会社との間に特別の利害関係がある場合には、その事実の概要の記載が求められるが、公開会社である場合にのみ記載が求められる取締役の場合（施則74条2項3号）と異なり、公開会社・非公開会社を問わず記載が必要である（施則74条の3第1項2号）。

公開会社記載事項については、保有する当該株式会社の株式の数、監査等委員である取締役に就任した場合において施則121条8号に定める重要な兼職に該当する事実があることとなるときはその事実、候補者が現に当該株式会社の監査等委員である取締役であるときは、当該株式会社における地位及び担当、公開会社かつ他の者の子会社等である場合の記載事項がある。

(5) 監査役選任議案

株式会社では、定款により監査役及び監査役会を設置することができる（法326条2項）。また、監査等委員会設置会社及び指名委員会等設置会社を除く取締役会設置会社及び会計監査人設置会社では、監査役を置く必要がある（法327条2項・3項）。

また、公開会社でないもの、監査等委員会設置会社及び指名委員会等設置会社を除く大会社は、監査役会及び会計監査人の設置が必要である（法328条1項）。大会社でない場合も、上場会社については監査役会（指名委員会等設置会社及び監査等委員会設置会社を除く）と会計監査人を設置しなくてはならない（上場規程437条）。監査役や監査役会の設置が義務付けられる会社においても、当該機関を設置する旨の定款の定めをしないと、当該機関の設置はできず選任をすることもできないことになる。監査役会設置会社の場合、監査役は3

名以上で、その半数以上は、社外監査役（法2条16号）である必要がある（法335条3項）。このため、監査役会設置会社の場合は、社外監査役が最低でも2名必要となるため、欠員となった場合に備えて員数に余裕を持って選任するかあるいは補欠役員の予選制度（法329条2項）を活用する等の検討が必要になる。会社法では、欠員に備えた補欠役員の選任（予選）が制度化されている（法329条2項、施則96条）（欠員が生じた場合、上場会社の場合は都度の株主総会を開催することは容易でない）。したがって、監査役は株主総会で選任となり、決議は特則による普通決議となる（法329条、341条）。

監査役選任議案の上程に際し、監査役（監査役が2人以上ある場合にはその過半数、監査役会設置会社である場には監査役会）の同意を得る必要がある（法343条1項・3項）。

監査役に関しては、基本的には取締役に関する参考書類の記載事項と類似の事項についての記載が求められる。一般的記載事項（施則76条1項）、公開会社記載事項（同2項）、公開会社かつ他の者の子会社等である場合の記載事項（同3項）、候補者の中に社外監査役候補者がいる場合の記載事項が定められている（施則76条4項）ことも取締役と同様である。

また、監査役（監査役会設置会社である場合には監査役会）は，監査役の選任を株主総会の目的とすることまたは監査役の選任議案を株主総会に提出することを請求することができ（法343条2項・3項）、この場合、当該請求による議案である旨を参考書類に記載する必要がある（施則76条1項4号）。

監査役候補者と株式会社との間に特別の利害関係がある場合には、その事実の概要の記載が求められるが、公開会社である場合にのみ記載が求められる取締役の場合（施則74条2項3号）と異なり、監査等委員と同様に公開会社・非公開会社を問わず記載が必要である（施則74条の3第1項2号）。

公開会社において、監査役候補者が現に当該株式会社の監査役であるときには、参考書類に当該株式会社における地位を記載する（施則76条2項3号）。取締役選任議案の記載（施則74条2項4号）と異なり担当は記載されない。

監査役選任議案の記載事項は、①一般的記載事項、②公開会社記載事項、③公開会社かつ他の会社の子会社である場合の記載事項、④候補者が社外監査役候補者である場合の記載事項に区分される（施則76条）。

一般的記載事項としては、議案が監査役（会）の請求による提出であるときは、その旨、監査役の選任、解任または辞任に関する監査役の意見、辞任監査役の意見があるときは、その意見の内容の概要の記載が必要になる。

候補者が社外監査役候補者である場合の記載事項として、当該候補者が現に当該株式会社の社外監査役（社外役員に限る）である場合において、当該候補者が最後に選任された後、在任中に当該株式会社において法令または定款に違反する事実その他不正な業務の執行が行われた事実（重要でないものを除く）があるときは、その事実ならびに当該事実の発生の予防のために当該候補者が行った行為及び当該事実の発生後の対応として行った行為の概要、当該候補者が過去10年間に他の株式会社の取締役、執行役または監査役に就任していた場合において、その在任中に当該他の株式会社において法令または定款に違反する事実その他不正な業務の執行が行われた事実があることを当該株式会社が知っているときは、その事実と当該事実の発生の予防のために当該候補者が行った行為及び当該事実の発生後の対応として行った行為の概要を記載することになる。

(6) 会計監査人の選任・解任・不再任に関する議案

株式会社では、定款により会計監査人を設置することができ（法326条2項）、また、監査等委員会設置会社及び指名委員会等設置会社では、会計監査人を置く必要がある（法327条5項）。また、大会社（公開会社でないものを除く）では会計監査人の設置が必要となる（法328条）。

会計監査人の設置が義務付けられる会社についても、会計監査人を設置する旨の定款の定めをしなければ、会計監査人を設置することはできず、その選任をすることもできない。会計監査人は、原則として株主総会により選任・解任・不再任が決定されるが、これらの議案提出については、監査役（会）設置会社では監査役（会）が監査等委員会設置会社では監査等委員会が、指名委員会等設置会社では監査委員会が、その議案の内容の決定権限を有する（法344条、399条の2第3項2号、404条2項2号）。会計監査人の議案に関しての決議は普通決議となる（法309条）。会計監査人の任期は、選任後1年以内に終了する事業年度のうち最終のものに関する定時株主総会の終結の時までである

（法338条1項）が、いったん選任された会計監査人は、当該定時株主総会において不再任決議等がなされた場合を除き、原則として当該定時株主総会において再任されたものとみなされる（同条2項）。

議案の通常の記載内容として、候補者が公認会計士または監査法人である場合、区分に応じ、その氏名、事務所の所在場所、生年月日及び略歴もしくはその名称、主たる事務所の所在場所及び沿革を記載する。また監査役等が当該候補者を会計監査人の候補者とした理由、会計監査人の選任、解任または辞任に関する会計監査人の意見、辞任会計監査人、解任された会計監査人の意見があるときは、その意見の内容の概要が記載される。公開会社の場合は、当該会社を含む親子会社及び関連会社からなる企業グループ全体から受ける財産上の利益が開示の対象となる（施則77条10号）。

解任議案については、監査役等が、議案の内容を決定した理由（施則81条2号）等を参考書類に記載する。会計監査人は、いつでも株主総会の決議で解任できる（法339条。ただし正当の理由がない限り会計監査人からの損害賠償の問題は生じる）。

不再任議案については、監査役等が、議案の内容を決定した理由（施則81条2号）等を参考書類に記載する。会計監査人の任期は、原則として1年であるが、別段の決議がないと自動的に再任となる（法338条1項・2項）。この場合の別段の決議としては、現任の会計監査人を再任しない旨の決議である、以外にも、X会計監査人の後任にY会計監査人を選任する旨の決議も含まれると解されている（上柳克郎ほか編代『新版注釈会社法(6)』544頁（有斐閣、1987年）、岩原紳作編『会社法コンメンタール(7)』511頁（商事法務、2013年））。なお、法339条で解任すべき正当な理由を要求しているのに対し不再任決議等については再任しない正当な理由は要件とならない。

第２節　取締役会の機関としての概要と機能

１　取締役会の決議事項

取締役会は、会社の業務執行に関する決定権限（法362条１項）を有しているが、あらゆる事項について決定することは時間的にも空間的にも実務上は困難なため、業務執行機関に委任して効率的な業務執行を確保することになる。一方、一定の重要な事項については、取締役会において議論を尽くして慎重に意思決定する必要がある。会社法では、取締役会において必須となる決定事項（決議事項）を定めるとともに、それ以外の事項については、社内規程や個別決議により、決定を代表取締役、業務執行取締役などに委任することが可能となる（法363条）。これは、代表取締役による独断を防止し、他方、業務執行の決定について運用を機動的に行うためのものである。

会社法で、取締役会における法定決議事項は、その決定を取締役に委任することはできない。株主総会の招集、代表取締役の選解任など個別条文で定められている事項（法298条４項、362条２項３号等）のほか、重要な業務執行の決定事項として、次の７つが例示列挙されている（法362条４項各号）。

①　重要な財産の処分及び譲受け

②　多額の借財

③　支配人その他の重要な使用人の選任及び解任

④　支店その他の重要な組織の設置、変更及び廃止

⑤　募集社債の総額等（法676条１号に掲げる事項）その他社債を引き受ける者の募集に関する事項として法務省令で定める事項（施則99条）

⑥　取締役の職務の執行が法令及び定款に適合することを確保するための体制その他株式会社の業務並びに当該株式会社及びその子会社から成る企業集団の業務の適正を確保するために必要なものとして法務省令で定める体

制の整備（施則100条）

⑦　役員等の株式会社に対する損害賠償責任（会社法426条1項の規定による定款の定めに基づく同法423条1項の責任）の免除

これら決定事項の判断基準となる「重要な」あるいは「多額の」については具体的な基準が定められておらず、会社の業種や規模、総資産や利益に対する割合や影響度、その目的等を勘案して判断すべきものになる。実務上、会社において決議事項となるか否かは、取締役会規則や内規などで定めることになる。具体的に、営業部門で特定の得意先に対して、スポットで3か月の売上高の5％の値引きをするとした場合に、営業担当の取締役にはこの情報は部門内で共有されるが、取締役会での決議が必要かどうかは、内規などと照らし合わせることになる。3か月間という期間・5％という割合だけでなく金額的に数十万から数千万になる場合など、利益金額に対する影響度を考慮して、決定される。

また、取締役会で決定した決議事項は、代表取締役はその決定に従って業務を執行しなければならない。よって、取締役会で緊急に決定すべき事項が発生した場合は、臨時取締役会（リモート会議の手法があるため必ずしも対面の必要はない）を開催するか、または定款で定めている場合は取締役全員による「書面または電磁的記録による同意」によって決定することになる。決定による遅延が会社に損失を与えるような場合は、代表取締役の責任で決定し、事後すみやかに取締役会の承認を受けることになると解される。

監査等委員会設置会社においては、取締役の過半数が社外取締役である場合には、取締役会決議により、監査役（会）設置会社の取締役会決議事項とされている重要な業務執行（株主総会の招集に関する事項の決定、利益相反取引の承認など所定の重要事項を除く）について、取締役に決定させることができる（法399条の13第5項）。

指名委員会等設置会社の場合も同様に、取締役会決議により、監査役（会）設置会社の取締役会決議事項とされている重要な業務執行の一部について、執行役に決定させることができる（法416条4項）。

2　各機関設計における取締役会の違い

監査役（会）設置会社、監査等委員会設置会社、指名委員会等設置会社において、それぞれ、取締役会の位置づけや運営は異なる部分がある。

⑴　取締役会の位置づけ及び役割の違い

監査役（会）設置会社においては、取締役会が業務執行の決定を行い、その決定により取締役が業務執行を行う。重要な財産の処分等、取締役会の専決事項については代表取締役等へ権限を委譲することはできない。

監査等委員会設置会社及び指名委員会等設置会社においても、取締役会が業務執行の決定を行うが、重要な財産の処分等の一定の範囲において、取締役または執行役への委任が認められている。社外取締役が過半数を占める委員会による監査・監督機能があることから、取締役会の果たす監督機関としての役割が重視されているためこのような制度設計となっている。

⑵　取締役会の運営の違い

取締役会の招集手続・決議・議事録等の運営に関しては、いずれの機関設計を選択した場合でも原則として同じである。ただし、監査等委員会設置会社及び指名委員会等設置会社においては、委員会が選定する委員に招集権、執行役に招集請求権（一定の場合には招集権）が与えられている。

⑶　内部統制システム

「取締役の職務の執行が法令及び定款に適合することを確保するための体制その他株式会社の業務の適正を確保するために必要なものとして法務省令で定める体制の整備」（法362条4項6号、5項、「**内部統制システム**」という）を取締役会の権限で決議することが大会社の取締役会設置会社において義務付けられている。なお指名委員会等設置会社の場合は、取締役ではなく執行役の職務の執行となる。監査役（会）設置会社における内部統制の体制としては株式会社の業務並びに当該株式会社及びその子会社から成る企業集団の業務の適正を確

第２節

保するために必要なものとなる。監査等委員会設置会社及び指名委員会等設置会社の取締役会においても同様である（法399条の13第1項1号ハ、416条1項1号ホ）。

会社の規模が大きくなると、取締役が直接、個々の活動を監視することは不可能となり、会社の業務執行が適正かつ効率的に行われることを確保するため、取締役が、業務執行が適正に行われるような体制を設定するとともに、不正等の兆候を早期に発見し是正できるような組織を作り上げることが求められている。具体的に記載しなければならない事項については、会社法施行規則100条1項各号に規定が設けられている。ここで「内部統制とは、基本的に、業務の有効性及び効率性、財務報告の信頼性、事業活動に関わる法令等の遵守並びに資産の保全の4つの目的が達成されているとの合理的な保証を得るために、業務に組み込まれ、組織内のすべての者によって遂行されるプロセスをいい、統制環境、リスクの評価と対応、統制活動、情報と伝達、モニタリング（監視活動）及びIT（情報技術）への対応の6つの基本的要素から構成される。」と定義される（財務報告に係る内部統制の評価及び監査の基準2019年12月企業会計審議会）。

監査役（会）設置会社の場合、取締役の職務の執行が法令及び定款に適合することを確保するための体制に加え（施則100条1項及び3項）法務省令で定める体制の主な内容は、以下のとおりである。

・取締役の職務の執行に係る情報の保存及び管理に関する体制
・損失の危険の管理に関する規程その他の体制
・取締役の職務の執行が効率的に行われることを確保するための体制
・使用人の職務の執行が法令及び定款に適合することを確保するための体制
・その他の株式会社並びにその親会社及び子会社からなる企業集団における業務の適正を確保するための体制

監査役設置会社である場合には、上記に規定する体制には、次に掲げる体制を含むものとする。（同条3項）

・監査役がその職務を補助すべき使用人を置くことを求めた場合における当該使用人に関する事項
・上記使用人の取締役からの独立性に関する事項

・上記使用人に対する監査役の指示の実効性の確保に関する事項
・その他の当該監査役設置会社の監査役への報告に関する体制
・上記の報告をした者が当該報告をしたことを理由として不利な取扱いを受けないことを確保するための体制
・監査役の職務の執行について生ずる費用の前払いまたは償還の手続その他の当該職務の執行について生ずる費用または債務の処理に係る方針に関する事項
・その他監査役の監査が実効的に行われることを確保するための体制

その上で、この内部統制システム構築の決議の内容及びその運用状況の概要を、事業報告により開示しなければならない（施則118条２号）。

内部統制システム整備の具体的な水準については、各社の判断に委ねられているが、会計不正や企業不祥事が日常化しないように、チェックシステムを構築して未然防止を図り、各会社の実態・事業特性に適合したコーポレートガバナンス、リスク管理、内部統制システムを自主的に構築していくことが重要となる。

この決議事項は、事業報告に記載されているが、その内容は長文になることも多く、取締役会決議に先立ち、構成員がその内容を理解し実践してきている必要がある。事業環境の進展や事業リスクの変化など、前年度の記載内容から加筆修正されることも多い。そのため、原案は経営企画等の専門部署が作成するとしても、取締役は事前に読み込んで十分に理解をしなければ、決議に加わる意味がないといえる。

⑷　取締役会の具体的な運営

一般的な取締役会について時系列で考える。

①　開催通知（最近では社内メール等）送付：日時・場所、出欠予定の返信
②　議題と資料の準備、構成員への送付
　議案区分：決議事項・報告事項・協議事項
③　開　催

議案を決議事項・報告事項・協議事項に大きく３つに区分している。決議事項・報告事項については先に述べたとおりである。取締役会で決議事項であっ

たものが議論された上で、否決され起案部門に差し戻される場合や、議決するには時期尚早・吟味不十分として差し戻される場合もある。決議事項であれば、決定の時期までのリミットがあり、また大きな瑕疵がない場合は一部修正の上、代表取締役に一任する方法も考えられる。リミットがあるから何が何でも、という決定は、本来の、取締役会で十分な議論を尽くすという意味が薄れてしまう。そこで、事前に協議事項として上程し、構成員で情報共有をして、内容を充分に議論し、内容の修正や根拠の資料の添付などを行い次回以降の決議とする場合がある。つまり協議事項とすれば決議をするわけではないので、上程部門の監督も含み、議論を尽くす事項として取り扱うことになる。さらに構成員が忌憚なく話す内容から企業実態が見えることがある。

④　議事録の作成と確定

議事録については、発言内容の一言一句まで記載する必要はないものの、要約した場合は発言者の意図と食い違っていないか確認をとるべきである。修正を含め次回の開催通知までには確定するが、それぞれの議案の帰結（可否）も記載する。また、監査役は議決には加われないものの、その発言の趣旨は記録に留め、社外取締役も同様である。

3　コーポレートガバナンス

(1)　コーポレートガバナンス・コード

日本における株式会社の機関設計については、従来は監査役会設置会社を基本としていたため、重要な個別の業務執行については取締役会で決議を要する、いわゆる**マネジメントモデル**であった。したがって、この場合の取締役会の機能は、経営に関する意思決定が中心となる。

ところで、コーポレートガバナンス・コードにおいて、会社の持続的成長と中長期的な企業価値向上のために、日本の目指すべき方向は**モニタリングモデル**であることが示されており、そのため、取締役会は独立した客観的な立場から、経営陣に対して実効性の高い監督を行うべきであるとしている。

一方、従来から日本においては会社法上で、取締役会において一定の意思決定がなされるため、取締役会には一定数の業務執行取締役を構成員としてきており、マネジメントモデルとして取締役会が形成されてきていた。マネジメントモデルでは、取締役会は意思決定の場であり、執行部門が中心で、社外取締役は外部の視点から、執行部門の意思決定状況を監督するという企業が多いのが現実である。さらに、経営会議等の業務執行サイドの会議体で実質的に決定したものを、社外取締役が出席する取締役会で追認するといった企業も実態としては少なくなく、取締役会自体が形骸化しているといわれている。モニタリングモデルへ移行中であり、企業にとっては大きな転換点になっている。

一方、近時、多くの企業において執行役員制度が採用され、経営会議等で実質的な意思決定を行い、取締役会で最終的な承認を行う形態が増加してきたこと、また複数の機関設計の中から自社に適合する形態を選択することが可能となったため、指名委員会等設置会社では執行役に、監査等委員会設置会社においては業務執行取締役に業務執行の意思決定が委譲できるようになった。一連のコーポレートガバナンス改革により、日本企業においても取締役会の重要性が認識されつつあるが、従来型の企業においては、取締役会と経営会議等の執行部門と意思決定機関との役割分担を明確化し、取締役会での意思決定事項を、経営会議等に可能な限り移譲する。それと並行して、意思決定過程等を適切に監督するための仕組みの構築を再度見直す必要がある。

コーポレートガバナンス・コード基本原則４において取締役会や、取締役・監査役の役割を示すとともに、意思決定機能を重視した「マネジメント型」から、監督機能を重視した「モニタリング型」を志向していることがわかる。

コーポレートガバナンス・コード
【基本原則４】

上場会社の取締役会は，株主に対する受託者責任・説明責任を踏まえ，会社の持続的成長と中長期的な企業価値の向上を促し、収益力・資本効率等の改善を図るべく，

(1) 企業戦略等の大きな方向性を示すこと
(2) 経営陣幹部による適切なリスクテイクを支える環境整備を行うこと
(3) 独立した客観的な立場から，経営陣（執行役及びいわゆる執行役員を含む）・取締役に対する実効性の高い監督を行うこと

をはじめとする役割・責務を適切に果たすべきである。こうした役割・責務は、監査役会設置会社（その役割・責務の一部は監査役及び監査役会が担うこととなる）、指名委員会等設置会社、監査等委員会設置会社など、いずれの機関設計を採用する場合にも、等しく適切に果たされるべきである。

同一の企業において企業側と社外取締役側の情報共有が必要である。また、重要なファクターとなる独立社外取締役の役割についても言及している（経済産業省CGS研究会資料より）。

日本企業の実態として、取締役会が、経営会議など執行部門での実質的な意思決定を追認する構造であり、取締役会としての監督機能が何かを充分に議論しないままに、会社機関の選択の変更が可能になり、この状況では、コーポレートガバナンスの強化につながるとはいえない。日本のコーポレートガバナンス改革については、従来のマネジメントモデルから、モニタリングモデルへの転換に主眼がおかれ、会社法の改正やコーポレートガバナンス・コードの制定、さらには実務指針の公表などが行われてきたが、会社機関の選択や、社外取締役の取締役会における比率などからも、途上であることは明確である。しかし、ガバナンス報告書や統合報告書においては、今後コーポレートガバナンスの進捗状況や課題を開示し説明する必要がある。コーポレートガバナンス報告書においては「Comply or Explain」という原則があり、コーポレートガバナンス・コードに対しての実施状況だけではなく、モニタリングモデルへの移行状況についての説明を開示することは、重要になってくると思われる。

モニタリングモデルに基づく取締役会であれば、重要なポイントとして、①執行と監督の分離、②独立性の確保、③持続性の担保という要件を満たす必要がある。

ただ、現実的な問題として、社外取締役としての人材が十分に確保できないという問題から、モニタリングモデルへの移行には時間を要することになる。さらに、構成員である各取締役において、監督という内容について、経営上の助言・アドバイスに留まるのか、取締役会での議決権を通じて重要な意思決定事項を確認するのか、さらには指名と解任権を背景に業務執行全般の事前事後の評価を行うのか、明確にしておく必要がある。

最近の企業動向から、社外取締役の増員、取締役会での議論の活性化や実効性評価の実施、さらに明確に取締役会の役割を監督機能と位置付ける方向性を示したものもあり、その意味では取締役会における執行と監督の分離からモニタリングモデルへの移行を多くの企業が意識している。

⑵　コーポレートガバナンスの開示資料

「コーポレート・ガバナンス・システムに関する実務指針」が公表（平成29年3月策定　平成30年9月改訂　コーポレート・ガバナンス・システム研究会（以下「CGS研究会」という。）された。この実務指針では、取締役会の機能としては①経営陣（とりわけ経営トップである社長・CEO）の指名や報酬の決定を通じて業務執行を評価することによる監督を行う機能（監督機能）と②個別の業務執行の具体的な意思決定を行う機能（意思決定機能）があるが、どちらの機能を果たす上でも必要となるのは、基本的な経営戦略や経営計画を決定することである。

一方、日本企業では取締役会の監督機能が曖昧なため、独立社外取締役のミッションと、要求されるスキルも曖昧である。さらに、中長期視点での独立社外取締役の採用スタンスや計画を公表している企業も数が少ない。また、独立社外取締役を、誰がどのような基準で決定するかも曖昧である。

「市場構造専門グループ報告書」（2019年12月金融審議会市場ワーキング・グループ）の内容を受けて、東証1部2部、マザース、ジャスダックを、プライム、スタンダード、グロースという3つの市場区分に再編された（2022年4月より施行）。プライム市場の位置づけが「国際的な投資対象企業」であることを考慮すると、多くの機関投資家を有する米国、英国におけるガバナンス水準がベンチマークとされることとなる。

「デジタルガバナンス・コードの策定に向けた検討」（「デジタルガバナンスに関する有識者検討会」事務局 経済産業省2019年9月）においても一定の形でコード化することで一定の規範化を行う方向が進言された。

「グループ・ガバナンス・システムに関する実務指針」（2019年6月に経済産業省のCGS研究会）において、ガバナンスの対象は上場企業単体ではなく、企業集団全体に及ぶことが明示された。

第4章

近年において、中長期的な社会の維持という観点から、社会の構成員である企業においてもまた機関投資家の投資活動においても、CSRやESG、さらにはSDGsなどサステナビリティ（持続可能性）の概念の重要性が認識されている。

上記の経緯から、コーポレートガバナンス・コードの改訂も進められ、東証の市場再編の議論において、特にプライム市場に属する企業に対しては、「より高度なガバナンス水準」が求められている。東京証券取引所は、コーポレートガバナンス・コード（以下「コード」という。）の改訂に係る有価証券上場規程の一部改正を行い、2021年6月11日から施行している（2021年6月11日改訂公表）。

金融庁及び東京証券取引所が事務局をつとめる「スチュワードシップ・コード及びコーポレートガバナンス・コードのフォローアップ会議」からの提言を踏まえ、改正を行うもので、主なポイントは以下のとおりである。

①　取締役会の機能発揮

②　企業の中核人材における多様性の確保

③　サステナビリティを巡る課題への取組み

このうちの、取締役会の機能発揮については以下の点が挙げられる。

・プライム市場上場企業において、独立社外取締役を３分の１以上選任（必要な場合には、過半数の選任の検討を慫慂）

・指名委員会・報酬委員会の設置（プライム市場上場企業は、独立社外取締役を委員会の過半数選任）

・経営戦略に照らして取締役会が備えるべきスキル（知識・経験・能力）と、各取締役のスキルとの対応関係の公表

・他社での経営経験を有する経営人材の独立社外取締役への選任

④　上記以外の主な課題

・プライム市場に上場する「子会社」において、独立社外取締役を過半数選任または利益相反管理のための委員会の設置

・プライム市場に上場する企業において、議決権電子行使プラットフォーム利用と英文開示の促進

特に市場再編により、プライム市場が注目されるが、プライム市場へ移行す

ると、独立社外取締役のさらなる確保も含めた、取締役会の機能強化が重大な関心事となる。これから、どのような観点で取締役会の機能強化を行い、そのためにどのような取締役構成が適切であるかについて、多くの企業が具体的な検討に入っている。

コーポレートガバナンス・コードの改訂は、「業務執行と監督の分離」を促すモニタリングモデルを指向したものである。モニタリングモデルの基本的な考え方では、取締役会において中長期の経営の方向性を決定し、個別の業務執行は経営陣に委任し、取締役会は経営陣の業務執行状況を監督しその成果を評価するとともに、人事に反映させるという形になる。

取締役会の重要な役割・機能は経営陣による業務執行を監督することになり、その場合、取締役会は経営陣から独立した存在であることが重要となる。取締役会の機能強化のポイントとして独立社外取締役の質量両面での充実が言及されている。

ガバナンスにおける会社機関の設計についても、モニタリングモデルへの移行を念頭に入れた継続的な議論と改正がなされている。アフターコロナの回復過程において、ひたすら自社の利益を追求する姿勢は歓迎されず、むしろ社会との協調、共生のもとでの回復が望まれることが想定される。その意味では、モニタリングにおけるサステナビリティ要素の取込みがより重要になってくる。

(3)　社外取締役

独立社外取締役の質的な向上については、2020年に日本取締役協会が「行動ガイドライン」を、経済産業省CGS研究会が実務指針を公表している。今後は、独立社外取締役が主体となって、モニタリングモデルに基づき、取締役会において実効性の高い監督を継続して行うことの仕組みである、いわゆる「ボード・サクセッション」をどのように構築するかを、積極的に議論、検討してゆく必要性が高まると思われる。

2020年7月に公表された経済産業省CGS研究会「社外取締役の在り方に関する実務指針（社外取締役ガイドライン）」では特に、社外取締役の5つの心得において、社外取締役が業務執行から独立した立場であり、経営の中長期の方向性を考えつつ、執行サイドの監督にあたるべきであり、必要に応じて執行トップである社長・CEOの選解任権を行使しうる旨が整理されており、取締役会が今後、本格的にモニタリングモデルに移行することが相当に意識されている。社外取締役の５つの心得を示しておく。

社外取締役の５つの心得

1)　社外取締役の最も重要な役割は、経営の監督である。その中核は、経営を担う経営陣（特に社長・CEO）に対する評価と、それに基づく指名・再任や報酬の決定を行うことであり、必要な場合には、社長・CEOの交代を主導することも含まれる。

2)　社外取締役は、社内のしがらみにとらわれない立場で、中長期的で幅広い多様な視点から、市場や産業構造の変化を踏まえた会社の将来を見据え、会社の持続的成長に向けた経営戦略を考えることを心掛けるべきである。

3)　社外取締役は、業務執行から独立した立場から、経営陣（特に社長・CEO）に対して遠慮せずに発言・行動することを心掛けるべきである。

4)　社外取締役は、社長・CEOを含む経営陣と、適度な緊張感・距離感を保ちつつ、コミュニケーションを図り、信頼関係を築くことを心掛けるべきである。

5)　会社と経営陣・支配株主等との利益相反を監督することは、社外取締役の重要な責務である。

【参考資料】

・「上場会社等における会計不正の動向（2021年版）」経営研究調査会研究資料第８号（日本公認会計士協会、2021年７月）
・「金融商品取引法における課徴金事例集～不公正取引編～」（証券取引等監視委員会事務局、2020年６月）
・「開示検査事例集」（証券取引等監視委員会事務局、2020年８月）
・「グループガバナンスの強化と持続的な企業価値の向上に向けて」（経済産業省、2019年６月）
・「独立社外取締役の行動ガイドラインレポート」（日本取締役協会 独立取締役委員会、2020年３月）
・「コーポレートガバナンス・コード」（東京証券取引所、2021年６月改訂）
・「社外取締役の在り方に関する実務指針（社外取締役ガイドライン）」（経済産業省、2020年７月）
・「討議資料 財務会計の概念フレームワーク」（企業会計基準委員会、2006年12月）
・「監査における不正リスク対応基準 監査基準の改訂及び監査における不正リスク対応基準の設定について」（企業会計審議会監査部会、2013年３月）
・「監査基準委員会報告書240 財務諸表監査における不正」（日本公認会計士協会 監査基準委員会、2019年６月）
・「公認会計士・監査審査会のモニタリング活動の公表について」会計監査ジャーナル2020年11月号
・「監査役等と内部監査部門との連携について」（公益社団法人日本監査役協会 監査法規委員会、2017年）
・武田和夫「内部統制監査と内部監査」現代監査25号（2015年３月）
・「パネルディスカッション～IPOの現状と成長に向けての提言」会計監査ジャーナル2021年３月号

【参考文献】

・青柳文司『現代会計学〔第８版〕』（同文館、1996年３月）
・青柳文司『会計学への道』（同文館、1981年10月）
・青柳文司『会計士会計学』（同文館、1983年11月）
・飯野利夫『財務会計論〔改訂版〕』（同文館、1986年６月）
・社団法人日本取締役協会『社外取締役の教科書』（中央経済社、2020年12月）
・ジェレミー・ホープ著、米田隆監訳『CFO 最高財務責任者の新しい役割』（ファーストプレス、2007年６月）
・広田真一『株主主権を超えて』（東洋経済新報社、2012年６月）
・長谷川俊明『新しい取締役会の運営と経営判断原則』（中央経済社、2015年３月）

・樋口達＝山内宏光『コーポレートガバナンス・コードが求める取締役会のあり方』（商事法務、2016年1月）
・古田清和『基礎からわかる管理会計の実務』（共著、商事法務、2009年7月）
・古田清和『実務のための財務会計〔改訂版〕』（同文館出版、2007年3月）
・古田清和『親子会社・グループ企業監査役等の実務対応』（LABO、2016年1月）
・古田清和『会計学実践講義――制度の概要・事例から、関係者の視点まで』（共著、同文館出版、2007年4月）

第1章

・遠藤博志ほか編『戦後企業会計史』（中央経済社、2015年2月）
・ウィリアム・R・スコット＝パトリシア・C・オブライエン著、太田康広ほか訳『新版 財務会計の理論と実証』（中央経済社、2022年6月）
・村田直樹ほか『企業会計の基礎理論〔第3版〕』（同文舘、2021年3月）
・伊藤邦雄『企業価値経営』（日経BP、2021年4月）
・名和高司『パーパス経営』（東洋経済新報社、2021年5月）
・ロバート・サイモンズ著、國部克彦監訳『7つの問い――戦略実行のエッセンス』（中央経済社、2021年3月）
・辻正雄『会計基準と経営者行動――会計政策の理論と実証分析』（中央経済社、2015年7月）
・小林啓孝ほか『スタンダード管理会計〔第2版〕』（東洋経済新報社、2017年3月）
・天野雄介編著『管理職のための実践スキル講座』（中央経済社、2021年4月）
・吉川晃史『企業再生と管理会計――ビジネス・エコシステムからみた経験的研究』（中央経済社、2015年3月）
・藤哲朗＝沖山誠『会計の地図』（ダイヤモンド社、2021年3月）
・バルーク・レブ＝フェン・グー著、伊藤邦雄監訳『会計の再生 21世紀の投資家・経営者のための対話革命』（中央経済社、2018年4月）
・吉川達夫ほか編著『海外子会社・海外取引のためのコンプライアンス違反・不正調査の法務』（中央経済社、2015年2月）
・株式会社AGSコンサルティング、AGS税理士法人『図解＆事例 経営承継の仕組み・方法・実際』（中央経済社、2021年4月）

第2章

・武田雄治『「経理」の本分――部署の存在意義 業務の原則、部員の心得』（中央経済社、2019年12月）
・宮田矢八郎『コンサルティング会計』（PHP研究所、2007年12月）
・浅野雅文編著、武田雄治著『決算・監査コストの最適化マニュアル』（中央経済社、2021年5月）
・高田敏文編著『会計・監査研究の展開』（同文館、2021年1月）

・梅澤真由美『「経理」の勉強法――配属3年目から始める知識・スキルの身につけ方』（中央経済社、2020年4月）
・西村明『管理会計の挑戦――リスク・スラック・バランス』（中央経済社、2021年1月）
・中神康議『三位一体の経営』（ダイヤモンド社、2020年11月）
・公益財団法人日本証券経済研究所編著『日本のコーポレートファイナンス』（白桃書房、2020年11月）
・あずさ監査法人編『CFOのためのIT利活用の強化書』（中央経済社、2020年8月）
・ショーン・スタイン・スミス著、伊藤和憲＝小西範幸監訳『戦略的管理会計と統合報告』（同文館、2018年11月）
・葭田英人『コーポレートガバナンスと社外取締役・社外監査役』（三省堂、2020年3月）
・柏木里佳『最近の企業不祥事 不正をなくす社外取締役・監査役とは』（税務経理協会、2020年4月）

第3章

・今井祐『新コンプライアンス経営――近年における数々の不祥事事件を踏まえて』（文眞堂、2021年3月）
・星野雄滋『経営会計 経営者に必要な本物の「会計力」』（ロギカ書房、2017年11月）

第4章

・三菱UFJ信託銀行法人コンサルティング部『新株主総会実務なるほどQ&A〈2021年版〉』（中央経済社、2021年3月）
・経営法友会会社法研究会編『取締役ガイドブック〔全訂第4版〕』（商事法務、2021年7月）
・森・濱田松本法律事務所編、宮谷隆＝奥山健志著『新・会社法実務問題シリーズ.4 株主総会の準備事務と議事運営〔第5版〕』（中央経済社、2021年6月）
・山田英司『ボード・サクセッシヨン 持続性のある取締役会の提言』（中央経済社、2021年3月）
・野村アセットマネジメント『日本企業に対する議決権行使基準の改訂』（2020年10月）
・コリン・メイヤー著、宮島英昭監訳『株式会社規範のコペルニクス的転回』（東洋経済新報社、2021年4月）
・三枝一雄ほか『最新基本会社法〔第2版〕』（中央経済社、2021年4月）
・秋坂朝則『株式会社法読本』（中央経済社、2021年5月）
・日本コーポレート・ガバナンス・ネットワーク 取締役会事務局懇話会編著『取締役会事務局の実務』（商事法務、2021年3月）
・広田真一『株主主権を超えて』（東洋経済新報社、2012年6月）

・樋口達＝山内宏光『コーポレートガバナンス・コードが求める取締役会のあり方』（商事法務、2016年1月）
・竹平征吾ほか『特殊状況下における取締役会・株主総会の実務』（商事法務、2020年3月）

その他文中にも示しているが、金融庁、公認会計士・監査審査会、日本公認会計士協会等のHP等で公表されている資料を参考にさせていただいた。

事項索引

あ　行

RCM……160
IT（情報技術）への対応……156
IFRS（国際財務報告基準）……77
意思決定機能……242,267
一時差異……61,67
一般債権……94
稲盛和夫……33
永久差異……61,67
SDGs……268

か　行

海外事業……89
会計監査……165
会計監査人……38,164,257
会計監査人監査……163
会計上の見積り……7
会計方針……7
開示……3
開示検査事例集……180
開示すべき重要な不備……146
会社法……5
回収可能性……70
回収期間法……228
概念フレームワーク……78
価格裁量権……108
確定決算主義……53
貸倒懸念債権……94
貸倒引当金……94
貸倒れ……94
加重平均資本コスト率……226
課税所得……54
課徴金制度……181
株主総会……246
株主総会参考書類……248
貨幣の時間的価値……222
KAM……3,128
監査……36
監査上の重要な検討事項……3,128
監査等委員……254
監査等委員会設置会社……254
監査役……163,256
監査役監査基準……164
監査役等……164
監視活動……156
間接税……53
間接費……21
監督機能……242,267
管理会計……18,92
期間的対応……22
議事録……264
キャッシュ・フロー計算書……2
キャッシュ・フロー見積法……95
行政処分……172
業務監査……165
金額的重要性……12
金融商品取引法……5
繰延税金資産……64,68,76
繰延税金負債……64
経営者による内部統制の無効化……158
経営者不正……158

経済的利益……57
経済的利益の供与……58
継続企業の前提……30
決済条件……98
決算短信……3
原価維持……27
限界利益……20
限界利益率……20
原価管理……26
原価企画……28
現価係数……223
減価償却方法の変更……11
現在価値……223
原則主義……78
貢献利益……20
公正価値……81
公正な評価額……81
コーポレートガバナンス・コード……249
コストマネジメント……26
固定費……19
個別的対応……22
コンプライ・オア・エクスプレイン……124
コンプライアンス違反……178

さ 行

最高意思決定機関……246
在庫リスク……108
細則主義……78
再発防止策……178
財務会計……18,92
財務諸表の組替え……8
財務内容評価法……95
サステナビリティ……268
時価……82
時間価値……33
執行役員制度……265
実地調査……193
質的重要性……12
資本コスト……33
指名報酬委員会……213
社外監査役……256
社外取締役……254,269
社外取締役の５つの心得……270
社外流出項目……56,202
収益認識……105
収益方式……233
修正後発事象……102
修正再表示……8
修正申告……202
終価係数……223
主たる責任……108
循環取引……182,186
純資産方式……232
情報と伝達……155
正味現在価値……33
正味現在価値法……224
剰余金の配当……250
職業的懐疑心……113
人件費……23,93
申告納税方式……53
税金の期間配分……61
税効果会計……61,63
政策保有株式……232
責任限定契約……253
設備投資計画……222
相当性レビュー……39
遡及適用……8
租税法律主義……192

損益計算書……2

た 行

大会社……53,164
貸借対照表……2
退職給付債務……143
代理人……105
直接税……53
直接費……21
定款変更議案……252
DCF 法……223
定性的情報……18
定量的情報……18
撤退に関する意思決定……230
デュアルレポートライン……169
投下資本利益率……223
当期純利益……79
投資利益率法……229
統制活動……155
統制環境……154
独任制……165
特別決議……246
特別な検討を必要とするリスク……113
取締役会……251,252,259
取締役会の実効的評価……235
取締役選任議案……253

な 行

内部監査……166
内部監査基準……166
内部監査部門……158
内部統制……153,262
内部統制監査……44
内部統制システム……261
内部統制の構成要素……154
内部統制の重要な不備……207
内部統制の不備……146
内部統制への対応……85
内部統制報告制度……110,159
内部利益率法……226
任意調査……193

は 行

配当還元方式……233
配賦基準……25
配賦計算……25
破産更生債権……94
発生原因……179
パワーハラスメント……217
PBO……143
比準方式……233
表示方法……7
費用対効果……158
賦課課税方式……53
不正……111
不正リスク……111
普通決議……246
変動費……19
包括利益……79
報告事項……248
法人税……53
法人税等調整額……64
法人税等負担率……76
法定実効税率……69
保証業務……36
本人……105

ま　行

マネジメントモデル……242
見積り……38
無税……56
モニタリング……156,159
モニタリングモデル……242

や　行

有価証券報告書……4,50
有税……56
予算……16,100
与信管理……96
与信限度……98

ら　行

利益計画……100
リスクの評価と対応……154
留保項目……56,202
ワークシェアリング……23
割引率……223

【著者紹介】

古田清和（ふるた・きよかず）

公認会計士、甲南大学 全学共通教育センター 教授
1980年慶應義塾大学経済学部卒業。1988年公認会計登録。新日本監査法人（現EY新日本有限責任監査法人）を経て2006年4月甲南大学社会科学研究科（専門職）会計専門職専攻教授、2016年4月より現職。公認会計士試験試験委員（監査論）、日本公認会計士協会修了考査運営委員会出題委員（経営に関する理論及び実務）等を歴任。所属学会は、日本内部統制研究学会、日本監査研究学会、日本会計研究学会。
主な著書として、『親子会社・グループ企業監査役等の実務対応』（LABO、2016年）、『社会福祉法人の運営と財務〔第2版〕』（共著、同文館出版、2017年）、『会社役員・財務経理担当者のための監査入門』（共著、同文館出版、2011年）、『基礎からわかる管理会計の実務』（共著、商事法務、2009年）、『新会社法対応　財務諸表の読み方・見方〔第2版〕』（商事法務、2008年）、『実務のための財務会計〔改訂版〕』（同文館出版、2007年）、『会計学実践講義――制度の概要・事例から、関係者の視点まで』（共著、同文館出版、2007年）、『会計リスク・マネジメント』（同文館出版、2003年）ほかがある。

取締役会等の意思決定援助
――会計的アプローチから

2022年7月16日　初版第1刷発行

著　　者　古　田　清　和

発 行 者　石　川　雅　規

発 行 所　㍿ 商　事　法　務

〒103-0025 東京都中央区日本橋茅場町3-9-10
TEL 03-5614-5643・FAX 03-3664-8844〔営業〕
TEL 03-5614-5649〔編集〕
https://www.shojihomu.co.jp/

落丁・乱丁本はお取り替えいたします。　印刷／そうめいコミュニケーションプリンティング

Shojihomu Co., Ltd.
ISBN978-4-7857-2977-6
＊定価はカバーに表示してあります。